河北省教育厅人文社会科学重大课题攻关项目
（项目编号：ZD201431）

郑克卿 等 ◎ 著

大学生社会主义核心价值观培育与践行路径研究

中国社会科学出版社

图书在版编目（CIP）数据

大学生社会主义核心价值观培育与践行路径研究/郑克卿等著.—北京：中国社会科学出版社，2018.12
ISBN 978-7-5203-2537-0

Ⅰ.①大⋯　Ⅱ.①郑⋯　Ⅲ.①大学生—思想政治教育—研究—中国　Ⅳ.①G641

中国版本图书馆 CIP 数据核字（2018）第 109006 号

出 版 人	赵剑英
责任编辑	张　林
特约编辑	宋英杰
责任校对	韩海超
责任印制	戴　宽

出　　版	中国社会科学出版社
社　　址	北京鼓楼西大街甲 158 号
邮　　编	100720
网　　址	http://www.csspw.cn
发 行 部	010-84083685
门 市 部	010-84029450
经　　销	新华书店及其他书店
印　　刷	北京明恒达印务有限公司
装　　订	廊坊市广阳区广增装订厂
版　　次	2018 年 12 月第 1 版
印　　次	2018 年 12 月第 1 次印刷
开　　本	710×1000　1/16
印　　张	18.5
插　　页	2
字　　数	258 千字
定　　价	78.00 元

凡购买中国社会科学出版社图书，如有质量问题请与本社营销中心联系调换
电话：010-84083683
版权所有　侵权必究

目　录

第一篇　社会主义核心价值观历史变迁与时代价值研究

第一章　社会主义核心价值观 …………………………（3）
　　一、价值观 ………………………………………………（3）
　　二、核心价值观 …………………………………………（34）
　　三、社会主义核心价值观的基本含义、特征和意义……（46）

第二章　社会主义核心价值观的历史变迁 ……………（62）
　　一、新民主主义革命时期中国共产党的价值诉求 ……（62）
　　二、社会主义革命和建设时期中国共产党的价值探索 ………（69）
　　三、改革开放新时期中国共产党的价值整合 …………（74）

第三章　社会主义核心价值观时代价值研究 …………（92）
　　一、社会主义核心价值观体现了多个层面的价值追求 …（92）
　　二、社会主义核心价值观凝聚了广大民众的价值共识 …（96）
　　三、社会主义核心价值观彰显了社会主义的价值理念 …（98）
　　四、社会主义核心价值观传承了传统文化的价值精髓 …（101）
　　五、社会主义核心价值观凸显了现代文明的价值特征 …（105）
　　六、社会主义核心价值观构建了实现中国梦的价值坐标 …（112）

第二篇 大学生社会主义核心价值观培育与践行的现状研究

第四章 国内外价值观教育的研究 …………………………（119）
一、国外价值观教育的经验 …………………………………（120）
二、国内价值观教育的现状 …………………………………（127）
三、国内外价值观教育的几点启示 …………………………（134）

第五章 大学生社会主义核心价值观的认同现状 ……………（146）
一、调查对象基本情况 ………………………………………（146）
二、对大学生社会主义核心价值观认同度的总体观照 ………（150）
三、大学生社会主义核心价值观认同方面存在的问题 ………（151）
四、影响大学生社会主义核心价值观认同的主要因素 ………（157）

第六章 培育与践行大学生社会主义核心价值观的必要性 ……（168）
一、世界格局调整期需要固化社会主义核心价值观 …………（168）
二、改革开放攻坚期需要强化社会主义核心价值观 …………（183）
三、青年学生个性整合期需要内化社会主义核心价值观 ……（199）

第三篇 培育与践行大学生社会主义核心价值观的路径研究

第七章 大学生社会主义核心价值观培育与践行的基本目标和构建原则 …………………………（209）
一、大学生社会主义核心价值观培育与践行的基本目标 ……（209）
二、大学生社会主义核心价值观培育与践行的原则 …………（214）

第八章　高校社会主义核心价值观培育与践行的方式 ……（223）
　　一、当前大学生社会主义核心价值观培育必备的
　　　　五个要素 …………………………………………（224）
　　二、当前高校培育和践行社会主义核心价值观的
　　　　主要路径 …………………………………………（225）
　　三、当前高校培育和践行社会主义核心价值观的成效及
　　　　原因分析 …………………………………………（229）
　　四、提高培育和践行社会主义核心价值观实效性的路径
　　　　探索 ………………………………………………（238）

第九章　构建大学生社会主义核心价值观培育与践行的
　　　　　长效机制 …………………………………………（262）
　　一、构建学习认同机制 …………………………………（262）
　　二、构建行为养成机制 …………………………………（268）
　　三、构建典型示范机制 …………………………………（272）
　　四、构建环境熏陶机制 …………………………………（275）
　　五、构建有效反馈机制 …………………………………（282）
　　六、构建评价激励机制 …………………………………（287）

后　记 …………………………………………………………（291）

第 一 篇

社会主义核心价值观历史变迁与时代价值研究

第 一 章

社会主义核心价值观

理论的自觉认识总是优先于理论的自觉实践，因为人们去生活实践的灵魂是人们的价值观念。因此，思想理论的宣传教育总是要走在实践的前面。践行社会主义核心价值观，首先要做的自然就是培育社会主义核心价值观，就是学习、认识、接受它。社会主义核心价值观，从文字概括上看，就是"富强、民主、文明、和谐，自由、平等、公正、法治，爱国、敬业、诚信、友善"这24个字，但要在思想理论高度深刻地认识和把握它的精神实质、精髓和意义，就必须将其放到社会主义核心价值体系中去，甚至要将其放到整个价值观系统中去，在全面认识价值观系统的基础上认识核心价值体系，在认识核心价值观系统的基础上认识社会主义核心价值观。

一、价值观

人的活动及过程和成果，都可以概括为文化，文化的内核和灵魂就是价值观。这就需要在文化大背景下来认识价值观的含义、特征和意义。

（一）价值观的含义

1. 价值

讨论价值观，首先必须搞清楚价值的问题，因为价值观就是关于价值的根本看法或观点。不同语言环境中的"价值"概念有不尽相同的含义。在政治经济学中，马克思的劳动价值论认为商品的价值就是凝结在商品中的无差别的人类劳动。因此，等量价值的商品可以交换。科学研究中，讲某某研究价值，这里的价值往往是就研究内容的作用和意义来说的，一项研究内容的作用和意义有多大，其研究价值就有多高。在日常生活中，人们常常说这样说或这样做有什么价值，这里的价值主要是讲的"有用性"，等于说这样说或这样做有什么用，或有什么好处或坏处。有用就说，没用就别说。当然，有时候，人们确实净说些没用的。当人们说某事物的价值时，往往是说它值多少钱或能带来什么好处，这是讲功利价值。

在价值观意义上研究的价值，一般是哲学意义上的价值。

作为哲学层次上的价值概念，首先是对价值理解的高度抽象或对具体价值的一般概括，因此它具有特殊领域的价值概念所无法比拟的全面性和概括性，亦即它不仅指向人的价值取向、价值理想和价值追求，还涉及价值存在的基本属性、不同形态，涉及价值范畴的所有方面。其次，哲学层次上的价值具有对实物的超越性，有更高的理想特色，比如政治经济学中的价值是劳动的产物，而哲学上的价值则主要是指向未来，根本的含义是指目的和意义，从起源上讲，哲学说的不是劳动创造价值，而主要指的是相关性意义，或是应该、理想、目的、前景、意向、追求等。价值自然产生于人，价值的变化或实现当然也在于人，离开人的过去、现在和未来，也就无所谓价值问题。最后，哲学上的价值因为具有高度概括性、一般性，因而它是具体事物或活动领域的核心与灵魂所在。也就是说，一般意义上的价值研究或价值生活所讨论或反映的价值问题核心是价值判断、价值评价、价值选择、价值追求和价值享受。这其实也就是价值观的一些基本问题。

怎样界定价值？界定价值的模式大概有实体说、属性说、关系说和意义说几种。我们倾向于意义说。意义说认为，价值即事物对于主体的意义。事物或现象的价值首先是个关系范畴，孤立的任何事物或现象都无法确定其意义，但是价值界定又不能仅仅局限于物物关系，还必须扩展至更实质的主客体关系，因为价值主体在讲价值时首先考虑的是事物或现象对于"我"的意义，而不是物对物的关系意义。另外，一个事物或一项活动是否有意义，还在于价值主体是否发现或在多大程度上发现了它的意义，在于价值主体对它的评价，在于价值主体对它的需要程度。这里的根本问题是价值主体的价值判断、价值评价、价值选择、价值追求和价值享受。在这个意义上说，事物或活动的价值完全是取决于价值主体的。超越价值主体的价值存在，不是价值观所研究的价值。

既然价值的界定是客体对于主体的意义，那么价值主体在界定价值时一般就会将价值区分为正价值和负价值，包括好坏、善恶、美丑、益害、福祸等。好、善、美、益、福等，一般就是正价值，坏、恶、丑、害、祸等，一般就是负价值。狭义的价值，往往是指正价值，因为人或主体所追求的价值当然不应该是也不会是负价值，而只能是正价值。就此来说，价值是等于善的。还可以按价值客体来区分价值，比如物质价值、精神价值和人的价值。精神价值以物质价值为基础，是对物质价值的反映，又为物质价值服务。人的价值是物质价值与精神价值的统一，是一切价值中最宝贵的价值。人最高的价值和价值追求就是生存、发展和享有。这也是人的基本权利。与此价值分类相关的基本价值范畴有功利、真善美、自由。

功利指的是使用价值或实用价值，本质特征是实用性。功利价值的主要内涵是物质价值，当然也有精神娱乐和精神权益方面的价值。

真善美，是哲学讨论的永恒主题，主要属于精神价值范畴。真有客观意义上的真、认识论意义上的真、价值论意义上的真。客观意义上的真，就是事物本真，也就是世界本来的面目。这一般属于哲学本体论讨论的问题。认识论意义上的真：一是怎样界定真，什么是真，什么是非真，可以简单地说真就是确切无误；二是认识结果的真，就是主客观相符合。这个真当然要以事物本真的真为前提和基础，否则就无所谓主客观相符合或不相符合了。主客观相符合，就是对认识价值的肯定。也就是说，这样的认识是有价值的。于是，认识论上的真便有了功利性目的，真理是有用，因而人们一直在追求真理。但是，真理与功利又不是直接挂钩的，真理的功利性又不是立竿见影的。因此，现实中，认识发展过程中，追求真理的人往往需要淡泊名利，甚至超越功利；同时，有些真理性的知识并没有直接的功利效用，而主要是科学研究上的价值，科学研究有时是很难用金钱衡量的。爱因斯坦的相对论值多少钱？恐怕谁也确定不了。但是，具有科学价值的真肯定是善的，就是说它是正价值。这里真与善就统一了起来。善：哲学乃求达至善之术，即讨论道德和价值问题。善至少应该包括两层意思：一是人生道德或伦理即内圣；二是实践应用或经世致用即外王。合而言之就是内圣外王。因为，人们认为有道德之为善，有伦理之为善，否则就与禽兽无异；人们还认为能够给自己和社会他人带来利益或幸福的就是善，当我们问"管用吗"的时候，就是在讨论善的问题了。内圣外王的修为境界是为美。善与美或美与善是不能截然分割的，所以我们常常说美德。德是不能用丑来形容的。美的本质是和谐。美在客观即和谐美；美在主观即美感；美在境界即欣赏美和创造美。唯有人能够发现美、欣赏美、追求美、创造美。美本身就是正价值，她能够给人以精神上的享受，她能陶冶人的情操。总之，真善美属于精神价值，既以功利为基础，具有重要的功利价值，又超越功利之上。

  人们追求真善美，更为高级或终极的目的是获得自由。自由，在中国传统文化中就是天人合一的境界，就是己所不欲，勿施于人的仁德境界。在马克思主义体系中，有认识和实践领域的自由，就是对必然的认识并由这种认识来支配我们自己和外部世界，其实质就是对规律的认识和对客观世界的驾驭能力，也就是实现由必然王国到自由王国的转变；在社会或政治上，"自由就是从事一切对别人没有害处的活动的权利"。[①] 社会或政治上的自由强调的是个人利益与社会和他人利益的统一，其实质就是善。在历史发展领域，自由是主体在探求历史发展规律和争取把握历史发展规律而不断实现自身活动的自主权或

---

① 《马克思恩格斯全集》第1卷，人民出版社1966年版，第438页。

主动权，也就是人们争取成为自己历史的主人，摆脱历史的盲目制造者身份。这是追求真，也是追求善，是真与善的合一。在艺术活动领域，自由既是主体对审美客体的和谐的领悟和由此带来的内在美感，又是艺术创造者在掌握了美的规律和本质的基础上对美的一种随心所欲的创造活动及其结果，即美的创造本身。在价值论领域，自由的意义就是既合乎功利目的又合乎真善美的统一。总体上看，自由必须以功利为基础，没有功利性这个前提，价值主体就无法生存和发展，自然就无从谈起什么自由；自由又要以真善美的统一为前提，孤立的真、孤立的善、孤立的美，不可能真正存在和发展，更不可能使主体获得真正的自由。总之，自由的本质是主体基于功利与真善美统一基础之上支配自己和外部世界的能力或权利，是人发展到一定高度的一种境界，是人的人格与尊严的体现。在此含义上讲，自由实质上也就是人的最高价值。

功利、真善美、自由构成哲学意义上的价值系统。在这个价值系统，功利是底层价值，也是最根本的价值，真善美是高层次价值，自由是终极目标或终极追求意义的价值，是人的本质意义上的价值。高一层次的价值以前一层次的价值为基础和手段，前一层次的价值又以高一层次的价值为目的或目标。功利是实现真善美的手段，真善美和功利都是实现终极目标意义上的自由价值的手段。反过来，功利价值的实现要以真善美为指导，真善美的实现要以自由目标为指导。各层次价值相互关联、影响和制约，构成一个价值系统。价值系统的各层次只有协调有序，才能形成和谐的价值体系，进而实现和谐社会。不以物质价值、功利价值为基础或手段，只片面强调精神价值或凭空追求真善美、自由，或者相反，只片面追求物质价值、功利价值，而不以更高层次的真善美、自由为指导，整个价值系统就会坍塌或混乱无序，基于这样的价值系统的价值主体就会出现行为失范，基于这样的价值系统的社会也就无和谐可言。

2. 价值观

价值观，简单说来，就是关于价值的基本理念或观念系统，是价值主体在处理价值问题上所持的立场、观点、态度的总和，它有特定的思想内容和存续形式。现实社会生活中的经济、政治、道德和文化等领域，以及人们的个体生活范围，到处存在着价值问题。人们如何理解和对待价值问题，内心深处相信什么、需要什么、坚持什么、追求什么和反对什么，都是价值观的思想内容。从实质上看，价值观不仅仅是好与坏的界定，还有应该与否、是否需要的判定。大量事物或现象以及人们的活动，有时仅用好与坏是难以评定的，在这种情形下，就需要用应该与否或需要与否来判定。就特定价值主体来说，做某件事情可能于他是不利的，但他又必须去做，或应该去做，这种情形下，就必须抛开好与坏的价值评判，而要运用应该不应该、需要不需要的价值评判。价值观的存在形式主要是人们头脑中的信念、信仰和理想系统。价值观与知识、理论和科学系统是有区别的，它一般不是表明价值主体知道什么、懂得什么、会做什么，而只是表明价值主体相信什么、需要什么、坚持什么、实现什么和反对什么。知道的、懂得的，不一定就是相信的、需要的或坚持的，会做的也不一定就是应该追求的，反对的有时则可能恰恰是会做的。所以，价值观和一个人的学问或理论水平不完全是一回事，知识和科学水平、理论水平是不能代替价值观的。人们的价值观，直接决定于他们的社会地位、生活方式和条件，是基于人们自身利益和需要的产物。正因如此，作为人的有意识的选择和追求，价值观就有了自觉与盲目、真实与虚幻、先进与落后、正确与错误等性质和程度上的差别。在社会和人生作用上，信念、信仰和理想所起的作用往往是超越知识和科学理论的。一个革命战士，他可能不知道革命的知识和大道理，但是他就是有对革命的坚定信念，愿意为革命流血牺牲，这就是他义无反顾参加革命的内在动力。就是说，在许多情形下，只要坚信就足以促使行动。当然，这里不是否定价值观的确立或改变与科学知识和理论修养有内在的关系，更不是反对价值主体追求知识和提升科学理论素养。就最基本的价值观评判来说，要判定一种价值观是否科学、合理、先进，就需要相应的知识和科学理论，否则就无以确定它是否反映了一定主体的权利、条件和需要，是否同事物发展的规律和人类历史进步的趋势相一致。事实或史实,都一再表明价值观的变革者都是人生修为或理论修养极高的个人或群体。

价值观涉及的核心问题是价值判断、价值评价、价值选择、价值追求和价值享受。价值判断就是确定一事物或一现象对于价值主体来说有无价值或有无意义,这是价值观的基础判断或初始判断,因为有无价值直接决定价值主体是否要继续考虑价值评判等一系列问题,价值主体一般不会继续考虑毫无价值的事物或活动。这类初始价值判断往往是感性的、直观的,因而也常常是不周到的,甚或就是引起价值主体的"注意"而已。价值评价即在价值判断的基础上对实物或现象的价值进行价值性质和价值量的判定,是正价值还是负价值以及价值的高低大小。价值评判是价值主体的认真的理性活动。价值评价的依据有两种,一是价值判断的结果,二是价值主体的利益,这两者的统一直接决定着价值主体的价值评判。由于不同价值主体的权利或核心利益不尽相同甚或相反,因此,对于同样一个事物或现象的价值评判也就不同,甚至会有相反的结论。价值选择即在价值评价基础上的价值取向。一般来说,正价值属于价值主体选取之列,负价值则属于价值主体否定或排斥之列。价值追求是价值主体做出价值选择之后的价值行为确定。价值的高低大小则直接决定着价值主体的价值行为的程度,正价值越高越大,价值主体就会投入越大或越积极的价值行动;相反,正价值越低越小,价值主体的价值行动就会越小或积极程度降低。负价值越大,价值主体做出的反对强度就会越大;反之,反对强度就会降低甚或直接不予理睬。如果一项活动对相关行为主体有生命危险,那么这个相关行为主体必然会坚决地、想方设法地避免参与这项活动或受其影响,甚或彻底阻止这项活动的发生。比如,美国在韩国部署萨德系统对中国的国家安全和战略核心利益的负价值是极其强大的,因此中国必然坚决地反对,并会采取必要的反制措施。价值享受是价值观的最高或最后诉求,人们追求正价值,真正的目的或最终的目标是要享受追求正价值的结果,比如追求自由,是为了自身或他人能够享受到自由。享受价值,是追求价值的真正动力。

3. 价值观系统及其类型

价值观不是单一的，而是有不同领域、不同层次或不同类型的价值观相互联系构成的一个复杂而庞大的系统。就是一个社会个体的人，也不可能只有单一的政治价值观而没有其他方面的价值观。道理很简单，就是社会是个复杂系统，而任何个人都是社会关系的总和。不论是社会还是个人，其价值观都是一个包括核心价值观和一般价值观的完整的、内涵丰富的价值观系统，其构成具有层次性。就社会价值观系统来看，其核心价值观构成其核心价值系统，由里到外则是由一般价值观构成的处于从属地位的其他价值系统，主要包括伦理价值观、政治价值观、经济价值观、社会价值观和文化价值观。个人价值观系统要简单得多，但也有主要价值观和主要人生范围的价值观与次要价值观和次要人生范围的价值观之别，在是与非、好与坏的大原则上坚定不移，其余则可以商量，这就是主次价值观存在的表现。

要细分价值观系统的层次或类型，是个比较复杂的问题。由于区分标准或依据不同，划分出的价值观类型也就不同。

最简单的划分，也是被普遍接受的划分，就是按照世界文化区域来区分的中国价值观与西方价值观。中西问题由来已久。中西价值观或东西方价值观，构成当今地球人的价值观系统轴心。西方价值体系的核心是"民主、自由、人权、平等"，当然这只是西方自己向全世界所兜售的，至于他们自己是否真的奉行这种价值观，那就需要具体分析和评判了。此核心价值观之外的价值观，就有很多了，比如个人至上、功利至上、独立、幸福等，不同评论家有不同的归纳和表述。中国社会价值观系统则可分为传统的与当代的。中国传统价值体系的核心价值是三纲五常、忠孝节义、礼义廉耻等，说法也不一。当代中国社会主义核心价值观是富强、民主、文明、和谐，自由、平等、公正、法治，爱国、敬业、诚信、友善。此核心价值观之外的价值观，也是丰富多样的。

德国心理学家斯普兰格将人的社会生活分为六个方面，与之相应地将价值观分为经济的、宗教的、艺术的、政治的、社会的和理论的六类，并把人们对社会生活中上述六个领域的某方面兴趣，看作拥有某方面价值观的表现，因此人格也可以分为相应的六种类型。

冯友兰依据人生觉解程度将价值观区分为自然境界、功利境界、道德境界、天地境界。自然境界的价值观认为人生的价值就像小孩和原始人一样跟着本能或社会风俗走；功利境界的价值观认为人生的意义就是为己追逐功利，当然客观上也有利于他人；道德境界的价值观认为人生的价值是为社会、为他人做有益的事情，因为个人是社会的一员；最后，就是天地境界的价值观，认为人生的价值是为整个宇宙做有益的事情，因为个人是超乎社会之上的宇宙的"天民"。

中国传统价值观系统是丰富的，也是十分成熟的。这里用十个数字来归纳一下传统价值观类型。

"一"：孔子讲，吾道一以贯之。这个一，孔子说是仁，曾子解为忠恕。这是儒家基本思想的核心，是政治道德、人格境界价值观。有仁德的皇帝是仁君，有仁德的人是有极高道德境界的人，孔子认为只有管仲才达到了仁德境界。还有一统，即国家民族完整统一、社会政通人和，这是中华民族关于国家社会的理想追求。

"二"：阴阳二气；一分为二，物生有两，矛盾。这是中华民族传统的、最基本的思维方法，也是和谐价值观的核心表述。阴阳二气和谐则万物生、风调雨顺、社会清明、人心身健康、家庭美满幸福，因此阴阳和谐是传统价值观在多个领域的共性诉求，就是自然和谐、人与自然和谐、社会和谐、心身和谐、家庭和谐。格律诗词、做文章、书画艺术，甚至建筑，都要求讲对仗、迎让、起伏、明暗、曲直等，这些方面做得好的，就是好诗词、好文章、艺术佳品、经典建筑，实质还是对立统一辩证思维的体现和对阴阳和谐的价值追求。比如，格律诗"大地微微暖气吹，高天滚滚寒流急"。"两个黄鹂鸣翠柳，一行白鹭上青天。""落霞与孤鹜齐飞，秋水共长天一色。"这些都是对仗工整的诗句或佳联，读起来朗朗上口，细思考又意境高远。义利观与理欲观，是最为突出的二元对立统一价值观。义是讲利人、利社会、利国家，非否定利，利是主体对自身私利或物质利益的强调和追求。

梁惠王问孟子何以利我国，孟子对以王何必曰利，有义而已。这其实是讲，国王不要只考虑自己的国库富足，要把注意力转到多考虑百姓的富足上，百姓富足了，生活好了，国家就可以富足了，而且还可以吸引他国的百姓来。孟子这里也没有用义来消解利。理欲价值观上，强调以理治欲，也不是要以理灭欲，当然更不能以欲灭理。

"三"：三达德，即智、仁、勇。孔子说：知者不惑，仁者不忧，勇者不惧。三不朽，即立德、立功、立言。这都是讲人生境界观，属于人生价值观。不孝有三，无后为大，即事谓阿意曲从，陷亲不义，一不孝；家贫亲老，不为禄仕，二不孝；不娶无子，绝先祖祀，三不孝。三者中无后为大。这是伦理价值观。三纲，就是君为臣纲，父为子纲，夫为妻纲，这是政治伦理价值观的核心。

"四"：国有四维：一曰礼，二曰义，三曰廉，四曰耻。礼不逾节，义不自进，廉不蔽恶，耻不从枉。故不逾节则上位安，不自进则民无巧诈，不蔽恶则行自全，不从枉则邪事不生。这是管仲讲的基本执政理念和政治价值观。老子讲：道大，天大，地大，人亦大。域中有四大，而人居其一焉。这是张扬人文，是人文价值观。人类的文化和文化追求即智慧、能力和活动及其积极成果是与道、天地同大的。什么是大？天地为大，而人与天地同大，这不是对人文的充分肯定吗？这不就是对人自身及其文化的价值评判吗？当然是的。人与天地同大，就是人是大，人要大，用今天的话说就是人类要发展壮大、要前进。发展壮大、前进，就是价值观，而且追求的是正价值。

"五"：五福，即长寿、富贵、康宁、好德、善终。这是传统文化中的人生幸福观。前几年，中央电视台搞过一个节目讨论什么是幸福，讨论得不亦乐乎，五花八门的幸福观都有。中华传统文化认为，具备或享有五福的人，就是一生幸福的人。长寿，今天世界公认以人均寿命作为衡量一个国家社会发达程度的文明指标。人人都想长寿，而不想今天就死。富贵，富是有钱，今天有钱的人就是有本事、能力强的人。国家富强，富在强前面。贵是身份地位高贵，今天中外还是崇尚高贵者。康宁，就是人生健康、平安。有首歌就叫《好人一生平安》，还有歌曲《常回家看看》中唱到"老人不图儿女为家做多大贡献呀，一辈子不容易，就图个团团圆圆"。团团圆圆也可以说就是平平安安，没有平平安安，也就不可能有团团圆圆。平安，就是康宁，这是中外人生幸福观的共性。西方不是讲人权嘛，人权最基本的就是能够平安生活的权利，像美国，常以人权卫士自居，但其国内枪支泛滥，枪击案时有发生，人们的生命安全受到巨大威胁。这岂不是对"人权卫士"的莫大讽刺。好德，就是讲道德，宣传道德，践行道德，注重人品德行修为。德不孤必有邻，好德则远怨，这自然是人生之幸福了。为人不做亏心事，半夜不怕鬼敲门。鬼敲门当然是不幸了，但是为人好德、有德而不缺德，就是鬼敲门也无妨。连鬼都奈何不了的好人，你说他不幸福谁幸福？相反，德行缺失，多行不义，整天提心吊胆，还有什么淡定可言，还有什么幸福可讲！善终，就是自然老死。人总是要死的，但死的方式有不同，有的人夭折，有的人横祸而死，有的人是自己作死而死，有的是意外死亡，有的是战死沙场，有的是为社会、为他人的利益而死，有的是平安工作一生又安度晚年之后因自然规律而寿终，如此种种的死亡方式，如果可以选择的话，当然是选择善终了。战死沙场固然壮烈，但是如果天下太平，没有战争不是更好吗？所以善终，也是人生一大福分。五福当中，富贵、康宁和好德，都是需要个人的主观努力和实践付出的，不会天生而获，所以五福幸福观是包括个人奋斗的价值观的。五伦，即君臣、父子、夫妇、昆弟、朋友。君惠臣忠属于政治伦理价值观，父慈子孝、夫义妇顺、兄友弟恭属于伦理价值观，朋友有信属于社会价值观。这样的价值观是讲双方配合有序的和谐，讲义务和责任对等，一方的存在是另一方存在的条件，而不是一方绝对消融于或服从于另一方。

"六"：六顺六逆。《左传》中石碏谏卫庄公，提出六顺，即君义、臣行、父慈、子孝、兄爱、弟敬。国君行事合乎道义，臣子奉命行事；父亲慈爱，儿子孝顺；兄长友爱，弟弟恭敬。与此相对的是六逆，即贱妨贵、少陵长、远间亲、新间旧、小加大、淫破义。卑贱的妨碍高贵的，年幼的欺凌年长的，疏远的离间亲近的，新人离间旧人，权势小的超越权势大的，邪淫破坏道义。六顺是正价值，六逆是负价值，舍负取正，这其中有社会秩序价值观、政治伦理价值观，也包括人伦价值观，其实质是"顺"。当然，其中一些不平等思想是需要扬弃的。

"七"：七出，即传统社会中男子有七种理由可以休妻，这七种理由分别是不顺父母、无子、淫、妒、有恶疾、口多言、盗窃。这种社会秩序价值观是典型的重男轻女、男权主义，应在批判扬弃之列。七苦，即佛经中讲的人生苦谛，认为人生有生、老、病、死、怨憎会、爱别离、求不得七种苦难。这是人生价值观。

"八"：八德，即孝、悌、忠、信、礼、义、廉、耻。这是人伦价值观和社会价值观的细化。

"九"：奇数中最大者，极阳之数。九五之位出自《周易》，代表中正和谐，在传统文化中是至高至尊的地位，这是政治社会中的中正价值观。九月九重阳节，是敬老文化，崇阳文化，代表尊老崇阳价值观。

"十"：十全十美，满十满财，十足等，是对完美、和谐的理想价值观的确认。乾隆皇帝自称"十全老人"，其实世间没有十全十美的皇帝，也没有十全十美的老人，但是作为理想的价值观追求，还是有意义的。《礼记·礼运》中讲十义，即父慈、子孝、兄良、弟悌、夫义、妇听、长惠、幼顺、君仁、臣忠。这是十大社会行为价值规范。十恶不赦，则是以否定负面价值观来弘扬正面的政治和社会伦理价值观。"十恶"即十条重罪，有两个出处，一是《齐律》列重罪十条：一曰反逆，二曰大逆，三曰叛，四曰降，五曰恶逆，六曰不道，七曰不敬，八曰不孝，九曰不义，十曰内乱。其犯此十者，不在八议论赎之限。另一出处是隋朝《开皇律》定制的十恶不赦：一曰谋反，二曰谋大逆，三曰谋叛，四曰恶逆，五曰不道，六曰大不敬，七曰不孝，八曰不睦，九曰不义，十曰内乱。犯十恶及故杀人，狱成者，虽会赦犹除名。这十大重罪，也就是政治和社会伦理方面的十大禁忌价值规范，它所肯定的就是忠孝节义、和顺、礼义仁智信，所维护的是封建社会的君权、父权、神权和夫权。

由上述可知，中国传统价值观是个复杂体系，种类齐全，且取舍有道，粗细有致，从天地自然到国家社会，从政治到社会、经济、人伦道德，都有相应的价值规范，尤其是政治伦理和人伦方面的价值规范至为具体详尽。

（二）价值观的特征

价值观的形成、存续和发展有其自身的特殊性质和特点。价值观属于文化领域，和人的思想和行为密切相关，因此，了解价值观的特征就需要与文化和价值主体联系起来，孤立地考察价值观是难以正确而全面地把握其特征的。

1. 价值观的形成是一个由自发到自觉的过程

价值观是特定环境和特定历史条件下的文化积淀，就一个国家或民族来看，这往往是个漫长的由自发到自觉的形成过程。

中国自古是个农业国，以农耕为主，加上特殊的地理环境，就逐渐产生了农耕文明价值观，其特点就是社会求稳定，人与人之间求和谐，重视集体的团结，人与天地之间则求竞争，不是夭天而惧之，而是想方设法制天而用之，合起来就是"天行健，君子以自强不息，地势坤，君子以厚德载物"。农耕是以土地为主，靠天吃饭的，因而特别注重稳定而不是迁徙。在生产力低下的古代社会乃至整个传统社会中，农耕是需要集体的团结来与天地争夺生存空间和条件的，最突出的就是治水。大禹治水的传说集中而典型地说明了治水的重要性和治水是需要多个部落乃至整个民族的共同努力协作的，即使当今的中国在治理洪水时仍然需要全国全社会的力量，于是中央集权制逐渐产生，与之相适应的执政理念即礼、义、廉、耻或仁、义、礼、智、信就被政治家和思想家提出，并经过提倡和贯彻而慢慢形成整个中华民族的独具特色的价值观。都知道前人栽树后人乘凉的说法，其实这个俗语衍生于前人种地后人吃粮的农耕现实。种地不同于游牧打猎，打着了猎物马上就可以吃到嘴里，而种地打粮是需要个过程的，即春播、夏长、秋收、冬藏，然后才能吃到嘴里。"饿死爹娘不吃种子粮"，再典型不过地说明了就是"我"饿死了也要把庄稼种上去，否则就会饿死更多人，家庭或族群就没有了未来。这就是重农抑商价值观的原始因，这就是重视对集体或家庭的付出价值观的原始因，这就是知恩图报价值观的原始因。到季节要播种和收割，这就是"信"；知季节而播种，这就是"智"；管理部落或国家首先要重农富民，这就是"仁"；前人种地后人吃粮，这就是"义"；这一切都要规范起来，严格遵守，这就是"礼"。所以，礼、义、仁、智、信的形成和提出并不神秘，也不是先贤凭空想出来的，而是农耕文明发展的自然成熟过程。

就具体的个人来说，其价值观的形成首先是社会教育的产物，之后则是在社会生活环境中，在社会实践过程中自觉选择和调整的产物。任何个人都是由生物个体的婴儿开始的，而由生物个体成长为社会个体，成长为有自己独特价值观的社会人，是个社会化过程，是社会教育和社会实践影响与主体选择的结果，这就是人是社会关系的总和观在个人价值观形成方面的显现。

2. 价值观具有多样性

由价值观的形成和类型可知，价值观肯定是多样的，而不会是单一的。不同国家社会或民族，不同群体或个人，会有不同的价值观，但国家社会或民族的价值观一般是居于支配地位和起着指导作用的，因而价值观虽然是多样的，但是特定社会或民族却并非是各自为政或一盘散沙的状况。就个人来说，由于每个人的身心条件、年龄阅历、教育状况、家庭影响、兴趣爱好等方面是不会完全相同的，因而他们对生活、职业、社会和他人的价值评判也就不会绝对相同，甚至会发生完全相反的情形。再者，社会分工是客观存在的，而且随着信息化时代的发展，社会分工越来越细，不同社会职业的劳动性质、劳动强度、劳动复杂程度、劳动条件、劳动收益以及所有制类型等诸多方面存在或多或少的差异，另外还有传统思想和时代观念的影响，各类职业在人们心目中的声望地位自然就会有好坏高低之分，这就形成了人们独具个性的职业价值观。职业价值观当然会影响社会价值观乃至个人人生价值观等。因此，可以说，任何两个人的价值观都不会完全相同，就是双胞胎其价值观也不尽相同。至于不同国家社会或民族，其价值观就更不一样了，中国不同于美国，美国也不同于英国，就是我们中国内部不同民族的价值观也不同，尤其是在日常生活观、审美观上有很大差异。所以，用一种价值观，不论这种价值观是社会政治上的，还是个人生活上的，或道德上的，去统一所有国家或地球人的价值观，那是可笑的，当然也是不可能办到的，就是霸权主义者美国也同样办不到。但是，有一点，需要注意，这就是一个国家社会或民族，其核心价值观是统一的，而不是多样的，正是这个统一的核心价值观在基本层面上规范着整个国家社会或民族的行为模式。

3. 价值观具有选择性

价值观，不论其怎样受环境条件和社会发展状况的影响，从价值主体来看，它都是主观评判和选择的结果，选择性是价值观的又一特征。这一方面表明人是能动的，属于文化范畴的价值观是人的能动创造，而不是客观本身就有的现象；另一方面也是为什么同一家庭出身甚至是双胞胎、同一工作科室的人会有不同的价值观的根本主体因。事实上，价值观的多样性，除了价值观的形成是外部因素和主体主观选择相互作用的结果之外，没有更为科学的说明了。地球生物中，只有人类的活动是创造性的，人的价值观的形成自然也是创造性的。创造性的典型特征是选择。没有选择就没有认识，就没有实践活动，自然也就不可能有创造。我国春秋战国时期出现了百家争鸣，中华传统价值观正是在百家争鸣的过程中逐渐形成的。百家，各家有各家的价值观思想，提出了自己的价值观系统，最后在秦汉唐宋时期形成了成熟的中华民族的价值观，它不是百家的简单总和，更不是以一家吃掉其余，而是在百家中各有取舍又加以融和汇通而成。这个过程，是价值主体的认识和选择过程。这是其一。其二，人们形成什么样的价值观，说到底是根据自身利益需要来选择的。国家或民族，群体或个人，各自的需要及核心利益有所不同，因而必然地选择符合并能更好地实现自身利益的价值规范。什么样的价值观能够使价值主体的利益最大化，它就是价值主体的必然选择，如果现有文化中没有相应的价值观，价值主体就会把它创造出来。美国为何选择向全世界推销自己的价值观,而中国这类发展中国家为何主张各个国家或民族有权选择自己的价值观?根本在于价值主体利益驱动其价值观选择,美国要称霸世界,中国则要按照自己的模式自由发展自己的事业,问题就这么简单。其三,价值主体要实现自己的价值观,主要还是要依靠自己的能力和行动,因此,主体条件不同或差异很大的个体就会选择自身条件许可或能够实现的价值观。价值观不能都是理想层面的,有许多是现实生活中的方方面面的价值评判和价值选择,这就使价值主体必须首先考虑自己的条件和能力,否则,就是空想或虚幻,基于空想或虚幻的生活,人生是难以为继的。

4. 价值观具有稳定性

价值观一经形成就具有一定程度的稳定性,国家社会或民族层面上的价值观的稳定性要长一些,有时会是几十年,有时则是上百年,甚至千年不变,个人层面的价值观的稳定性则可能会短得多,但也有一经形成终生不二的。

国家社会虽然在不断发展变化,但行为模式总是要求一定的稳定性,而且一旦确立了适合的行之有效的价值观,总是会有偏好地坚持下去,以期好的社会效果永远继续,这在传统社会中尤其明显。一个农耕民族和一个游牧民族几乎是不可能互换社会治理模式和社会生活模式的。再者,价值观一经形成,并成熟起来,它就会转变成相应的社会治理模式和生活方式。这种既定了的社会治理模式和生活方式往往是一个复杂而严密的体系,具有独特的稳定性,这种稳定性反过来巩固并维持着它的价值观系统。比如,中国传统的价值观和传统的社会治理模式存续了两千多年,这种超稳定性和超长寿性是不能单单由制度模式或宗法体系,或价值观系统当中的任何一项来说明的,而只能是几方面因素相互作用的结果。就是工业社会以来的西方社会,其价值观基本上也是几百年来延续下来的,他们为什么不变来变去呢?恐怕根本原因在于他们认为自己的价值观和社会治理模式给社会和人民带来了持续的发展和繁荣;反过来,西方社会至今还在世界范围内领先,这又在继续巩固着西方社会的价值观。历史上不同文化的碰撞、现实中东西方文化的冲击无不在告诉我们，要让一个社会或民族转变自己的价值观是何等困难，哪怕是一个民族的价值观已经明显不合乎世界文明发展潮流了，要将其送进文化博物馆也是很难的。重男轻女的价值观早已过时了，可是至今它还影响着我们不少的父母和家庭。

一个人虽然每天都在变化，但是要让一个人每天都以截然不同的价值观生活，则是很疯狂的现象，几乎是不可能的。道理很简单，机器需要匀速运动，忽快忽慢就会折损机器的使用寿命。人是高级生命个体，其生活和工作自然也需要规律，需要章法，需要连续性，这就需要有相对稳定的价值观。更为重要的是，一个真正的人，都有自己的主观坚守，有自己的价值观坚守，不会水性杨花，不会是变色龙，这是一个人气节的表现、骨气的表现。革命者夏明翰 1928 年 3 月在就义前写下绝唱：

> 砍头不要紧，
> 只要主义真。
> 杀了夏明翰，
> 还有后来人。

"主义真"就是对中国共产党价值观的坚定不移，就是对救国救民的理想坚定不移，头可断，坚守的信念不能变。再者，人们说一个人十分成熟，其实就是说他的价值观既科学又稳定，其为人处世的原则和方法高明且稳定，否则，如果一个人今天的理想是这个，明天的理想是那个，后天的理想又变了，其他方面诸如兴趣爱好、为人处世之道，也都是这样天天变来变去，试想这样的人是有理想呢还是没有理想呢？是有自己成熟的价值观还是没有呢？当然是没有了。还有，思想本身是有惰性的，价值观一经形成，它本身就具有稳定性，人的惰性来自他的思想或价值观的惰性。这也是人性使然，轻车熟路好走。"秀才造反十年不成"的俗语，就通俗地指出了彻底改变一个人的思维方式、行为模式是十分艰难的道理。

5. 价值观具有历史性

价值观的稳定性并不排斥其具有社会历史性。不同历史时代的划分不仅是单单的生产工具的划分，标准的历史时代的形成必然是其特定的思想和价值观的形成。中国的奴隶社会与封建社会的区分是社会生产方式与意识形态的统一的区分，意识形态是一个社会核心价值观的表现形式。同样，当代中国改革开放前后时代的划分，也是将社会体制和思想价值观二者联系起来划分的。社会体制的变革往往要以思想价值观念的变革为先导，真理标准大讨论就是中国社会主义改革实践的先导。西方也不例外，文艺复兴使西方确定了根本不同于中世纪的思想价值观，这是西方资产阶级革命的先导，是西方现代社会制度的灵魂。事实上，承认了客观环境和社会在不断发展变化，承认了人类主体的积极主动性，也就等于承认了思想文化的发展变化，承认了价值观的发展变化，因为客观环境和社会的发展变化才是人们思想文化创造的真正基础。个人的价值观一经形成也不是绝对不会改变的，当然，个人价值观的改变，往往就是个人人生的改变，反过来个人人生的改变，必然地改变他的价值观。价值观是人生的灵魂，灵魂变则人生变，人生变则灵魂变。所谓重新做人，再世为人，就是说人生价值观彻底颠覆了。一个革命者到变节者的转变、一个反革命到一个革命者的转变、浪子回头、书生造反等，都是个人价值观颠覆的现象。总之，价值观既具有稳定性，又具有历史性和变动性，这种不变与变的统一才是价值观存续和发展的全貌。

6. 价值观具有竞争性

不同价值观之间是具有竞争性的，这是促使价值观发展变化的因素之一。意识形态形式之间相互作用是社会意识发展的重要因素，作为文化内核的价值观，由于其在内容和形式及性质上都是多样的，因此价值观之间的相互影响或竞争是必然的文化现象。当今中西文化竞争，实质是中西价值观的竞争，看谁的价值观才是世界发展所需要的。

中华文明为何在地球上是唯一连绵不断的且还在继续前进，并续写着辉煌的文明？一个重要因素就是得益于文化的竞争，得益于价值观的竞争。在这个竞争过程中，有生命力的、更加符合现实社会发展要求的价值观得以存续并发展起来，与此相反的价值观不是被逐渐淘汰，就是被吸收降为附属地位的次生价值观，这是伴随着中华民族大家庭形成过程中的各民族之间文化竞争的主要内容，也是伴随着中华民族在与外民族交往过程中的文化竞争的主要内容。公认的儒、释、道三大家是中国传统文化的主线，其中佛教文化就是对印度佛教文化的中国化。在民族竞争过程中，中华文明之所以总是胜出，一个根本原因是中华民族的自强不息和厚德载物价值观具有自我革新和开放包容的特性。自强不息是中华民族发展壮大的内在动力，厚德载物、海纳百川的开放性、包容性，使中华民族有容乃大。

作为内心诉求和行为原则的价值观不是空悬缥缈之物，而总是和现实的价值主体连为一体的。现实价值主体之间的竞争，说到底是他们所秉承的价值观的竞争，价值主体之间的竞争行为不过是彼此所坚守的价值观之间的竞争的感性表现方式。诚信经营、童叟无欺与造假药、卖假货是两种截然相反的经营价值观，两者之间自古至今都存在激烈的竞争，将来也会继续竞争下去，尽管在竞争过程中有时会出现后者胜过前者的反常现象，但总体来看，占据优势的总是前者，这是由于诚实经商符合广大消费者的利益，因而会更有市场和生命力。艺术文化的竞争也是价值观竞争的外在表现方式，比如随便两个唱坠子书的，听众肯定去听好听的那个唱手，你唱得不好听，自然就没有人听。"好听"与"不好听"就是价值评判、价值选择、价值追求和价值享受，就是价值观。

7. 价值观具有容他性

价值观之间的竞争，并不意味着你死我活，或仅仅是一方胜出另一方被淘汰，而是在许多情形下，在诸多相对领域，各种不同的甚至是相反的价值观完全可以并行不悖，彼此包容。这就是费孝通先生所讲的"各美其美，美人之美，美美与共"价值评判、价值选择和价值追求观。其实，这在人类历史上民族交往过程中是十分普遍的现象。历史上，我国周边有少数民族父死子可以娶母（当然不是生身母亲），这在汉民族文化中是为大不孝，但两种民族的这种相反的价值观却可以并行不悖，也不影响双方往来。现在公益性组织的价值观和经营性企业的价值观也是截然不同的，一个以提供无偿服务为宗旨，一个以营利为目的，但双方可以甚至是必须同时存在的。这种容他性在个人之间也是普遍存在的，所谓道不同不相为谋，就是价值观不同不相为谋，你走你的阳关道，我过我的独木桥。这在生活中也是常有的现象，有的人认为锻炼身体好，有的人认为不用锻炼身体；有的人认为吃大肉香，有的人不吃大肉，这两类人完全可以同坐吃饭，各取所需。

可见，价值观具有多重特性，有些特性之间看似矛盾，却是并存的不争现实。

（三）价值观的意义

文化是一个民族的灵魂，而价值观则是文化的内核和灵魂，价值观建设就是灵魂建设，就是"心"的建设。价值观的核心价值或意义就在于此。所以，古今中外，成熟的政治家或思想家们，无不重视社会政治思想建设和公民文化思想建设。今天的社会主义文化建设与周朝以德配天的意识形态建设，西方的文艺复兴和今天的软实力外交，从性质上讲都是在抓思想文化建设，其核心是价值观建设。古人讲得民心，康熙讲得士心，士为秀民，士心得则民心得。社会管理者的所谓得民心或得士心，就是让士或民认同和接受其价值观。得人心之后方能得民力，故得人心者昌，失人心者亡。

1. 价值观是文化的灵魂，是民族分野的标志

文化有广义文化与狭义文化之分。广义的文化是指人类在社会历史发展的实践过程中所创造的物质财富和精神财富的总和。狭义的文化，是指作为观念形态的，与经济、政治并列的，有关人类社会生活的思想理论、道德风尚、文学艺术、教育和科学技术等精神方面的内容，也就是精神文化。依据不同的划分方法，可将文化区分为不同的类型。从文化自身的内在逻辑结构和层次上或从文化存在的形态划分，可将其划分为物态文化、制度文化、行为文化、精神文化等；从时间

角度上，可将文化分为原始文化、古代文化、近代文化、现代文化等；从空间角度上，分为东方文化、西方文化、海洋文化、大陆文化等；从不同的社会层面上，分为贵族文化、平民文化、官方文化、民间文化等；从不同的社会功能上，分为政治文化、礼仪文化、服饰文化、饮食文化、校园文化、企业文化等。

　　文化尽管复杂多样，华丽多姿，但其内核和灵魂则是价值观。有人把文化形态与价值观的关系比作形体与灵魂的关系，是相当贴切的。魂主导着体，体以载魂。一切形式或类型的文化都是它所蕴含的精神价值与承载这些精神价值的物质基础和传播形态的有机统一，都是一定价值观的表现形态。思想价值或精神价值即价值观是文化的灵魂，价值观引领着文化发展的方向，规定着文化的性质和服务于社会及人类群体的目标和方式。人类的活动总是为自己的发展而展开的。也就是说，人类的一切活动从根本上讲都为着自身利益，人们提出环保理念和倡导环保行动，根本目的还是人类地球的和谐，这样的价值观就从根本上规定了人类文化发展的大方向，就是与人类社会健康发展的方向一致。总体上看，人类文化不可能也不允许是反人类的。所谓积极的进步的文化与消极颓废、反动的文化之分，根本依据就是看一种文化对人类社会存续发展的作用或价值是积极的还是消极甚至是反动的，如果是前者，那就是积极进步的文化，是后者就是消极颓废或反动的文化，比如邪教组织对人实施精神控制、残害生命、泯灭人性，就是其反人类的邪恶本质。人类文化，必须是从正方向为人类社会发展服务，而不能从相反的方向来影响人类社会的发展。一般来说，政治价值观往往要通过法律文化以强制性的方式来约束社会民众，社会职业、风俗习惯、伦理道德等价值观则往往通过潜移默化形式的文化形态来影响社会民众。

　　价值观又是民族文化分野的标志。就中国文化的存在形态来看，有物态文化、制度文化、思想文化和行为文化等。从物态文化层面分析，中国文化是一种农业文化，即整个文化的物质基础的主导面和支配力量是在自然经济轨道上运行的农业，它所承载的价值观是稳定、人与自然的和谐、重农轻商等。从制度文化层面分析，中国文化是宗法文化，其特点是以父系家长为中心，以嫡长子继承制为基本原则的宗法制度是传统社会制度的主体内容，它所承载的价值观主要是忠孝。从思想文化层面分析，中国文化是以儒、道、法、墨、兵等为基础，融合佛教思想为一体的人本思想文化。儒家讲仁，刚健有为；道家讲道，自然无为而无不为；法家讲赏罚；墨家讲兼爱、尚同、非攻、尚贤；兵家讲自古用兵非好战，不战而屈人之兵；佛家思想讲积德行善、尚和。这各家思想，不仅各以其特有的价值观彼此相互区别开来，又融合为一，形成了具有明显特色的中国传统思想文化。从行为文化层面分析，中国文化是一种礼仪文化，讲道德，重礼仪，华夏乃礼仪之邦。总之，中华文明之所以叫中华文明，不仅因为她是中华民族的伟大创造，更重要的是她以自己独特的价值观系统傲然雄踞灿烂的人类文明之列。

仅就思想文化来看，中国文化的特征表现为四大重要思想、即阴阳五行思想、天人统一思想、中和中庸思想、修身克己思想。阴阳五行思想的价值观是和谐统一、多样性的统一、发展变化的多样性，所以，至今中国的国际观是奉行"双赢"、"多赢"、"共赢"的新理念，而不要我赢你输、赢者通吃的旧思维。天人统一思想的价值观是天人一体，人从自然来，还在自然中；人要顺天应时，因天而用天，用天以利人；天人和谐，天人共生共长，人得永年。所以，今天西方也认识到要解决人类所造成的生态恶化问题，必须吸收中国的天人和谐思想，改变西方那种以征服自然为核心的价值观和行为模式。中和中庸价值观的主要理念是执中守正、执中致和，因时制宜、与时俱进，就中庸修养之道看，其主张的价值观是慎独自修、忠恕宽容和至诚尽性。和而不同，仍然是当今世界所需要的多国、多民族相处的原则。修身克己思想，"一是皆以修身为本"。用以修身的原则就是正价值原则，儒家修身以三达德、五常为基准，道家修身以道和德为基准；墨家修身以志功合为基准。修身的基本过程是立志、为学、存养、力行。任何人要提高自身价值必须通过修身，而要提升修身境界就离不开克己，不能克己就无所谓修身。克己就是要人管住自己的心和身，就是老子说的"自胜","自胜者强"。现在,人们所讲的意商、情商,就是克己的问题。人,只有克己修身成为真正的强者,才有可能实现自身价值。

应当特别提出的是,无论是任何一个民族,如果它的固有文化丢失了,它的价值观丢失了,这个民族也就名存实亡了,或者说离它的灭亡就不远了。在中国历史上曾经有一个非常强大的民族叫契丹,经济、军事上都十分强大。但现在契丹没有了,它的消亡从根本上讲是由于其在与蒙古、汉族的交往过程中被同化了,它的固有价值观或文化消失了。

2. 价值观是国家或民族的精神凝聚力

价值观作为国家或民族存续发展的方向或目标,是国家或民族行动起来的强大精神支撑力和精神动力。细读我们民族发展史,可以清楚看到中华民族是命运多舛的民族,大规模遭受外族侵略的就有七次:第一次是西周末年到春秋战国时期东西南北受到的外族进攻;第二次是秦汉时期匈奴的进攻,时间长达400年之久;第三次是魏晋时期鲜卑等五胡的进犯,时间也有400年;第四次是隋唐时期突厥和吐蕃的侵犯,时间约有300年;第五次是五代至南北宋时期契丹、女真及西夏的侵犯,时间大概也是400年;第六次是元、明、清时期蒙古与满族的侵犯;第七次是近代西方帝国主义和日本帝国主义的侵略。然而,在一定意义上说,也正是这些外族进攻,不断推进中华民族的发展壮大,使中华民族成为由56个民族融合而成的民族大家庭。是什么使中华民族历经沧桑而不衰,且越来越发展壮大?原因可以写成一本书,但最主要的就是中华民族的自信心、自豪感,就是中华民族的自强不息、厚德载物精神。没有自信就会丧失斗争和争取胜利的勇气和行动,没有自强不息,就没有不断发展壮大的基础,没有厚德载物,就不可能吸收容纳不同民族在自己的大家庭中,就不可能吸收不同文化为己所用,没有这一切,也就没有今天的中华民族,也就没有今天的中华文明。只要中华民族的魂在,中华民族就必将能够在人类文明大道上继续自己的辉煌。

近代中国以来，民族复兴就一直是中国人的梦，这个梦的起因或动因就是伟大的民族精神。一个伟大的民族怎能任人欺侮？一个伟大的民族怎能落后于世界文明发展大潮？一个伟大的民族怎能不繁荣富强？一个伟大的民族怎能不续写伟大的辉煌？一个伟大的民族怎能不屹立于世界爱好和平、民主、自由的民族之林？

价值观作为民族之根、民族的精神血脉，是稳定的民族认同，把整个民族紧紧团结在一起，产生巨大的认同抗异力量，维系民族的存续发展的力量。价值观的这种"心理水泥"民族凝聚力，是任何力量都冲不垮的。2005年4—7月，中国国民党主席连战、亲民党主席宋楚瑜、新党主席郁慕明先后率团访问大陆，分别称为"和平之旅""搭桥之旅"和"民族之旅"。连、宋、郁的大陆之行，不仅给两岸架起了相互了解、沟通的桥梁，具有深远的历史意义，还鲜明地体现出中华民族价值观的凝聚功能。连、宋、郁行程显著的共同点之一，就是都安排了各种祭祀活动。宋楚瑜到黄帝陵祭拜中华民族共同的祖先，认祖归宗。他们在祭祀的时候，都非常虔诚地祭拜、献花、献酒、献果，并诵读祭文，表现出浓厚的中华民族的传统习俗和文化底蕴。从连战的"真正地做一个扬眉吐气的中华民族"，到宋楚瑜的"炎黄子孙不忘本，两岸兄弟一家亲"，到郁慕明的"千古中华情，中华千古魂""我带的是中华民族的民族精神回到台湾去"，都可以使人深深地感受到中华文化的巨大凝聚力。爱祖国，爱我中华，是中华文化的重要内核，连、宋、郁等自幼受到中华文化的熏陶，他们心中都有一个"剪不断"的中华情结，一腔爱国热血，一颗赤子之心。所以，他们能认同一个中国的原则，坚决反对"台独"。民族价值观的凝聚功能在民族存亡的历史时期表现得尤为明显。世界史上，苏联战胜德国法西斯，中国打败日本侵略者，一个重要原因就在于，爱国、爱我民族的凝聚功能动员起千百万人民，汇成无敌于天下的抵御外敌的伟大力量。

任何一个民族都不会允许他人践踏自己的民族信仰和民族精神，因为这是民族的灵魂，灵魂不可辱。2012年2月，美国大兵轻率地焚烧伊斯兰教经典《古兰经》，触怒了整个伊斯兰世界。事件的主要内容是：2012年2月20日晚，北约驻阿富汗巴格拉姆空军基地的美军士兵将《古兰经》等宗教书籍当成垃圾处理，有不少《古兰经》被焚烧。这一事件使阿富汗上下一致群情激愤。阿富汗总统卡尔扎伊在第一时间对此事予以强烈谴责。阿富汗各地连续举行大规模示威抗议活动，造成十余名阿富汗示威者死亡，两名美军士兵被阿富汗政府军士兵枪杀。事件本身既表明了美国无视他国、他民族权利的霸道行径，也充分体现了在国家民族重大利益上民族信仰和民族精神的伟大凝聚力。

民族价值观的感召力和凝聚力，在国家民族的大是大非上体现为仁人志士的民族气节。钱伟强在清华读书时，和十几个同学一起到上海集合，由英国人组织到欧洲留学。英国人说，留学生第一站到日本横滨，在这个地方大家可以休息三天。钱伟强他们一听就火了，中日正在交战，我们怎么可以到敌国去旅游参观。他们十几个人一下就把护照撕了，英国人吓坏了，英国人说中国人这种民族气节是值得尊重的。1949年，钱伟强到美国领事馆办签证，美国人先要问问题：如果中美宣战，你能不能站在美国一边？钱伟强义无反顾地说：不能。我是中国人，当然要站在中国一边。1949年10月1日，中华人民共和国成立，给海外的中国留学生带来了民族振兴、国家富强的希望，并在海外掀起了一场为建设新中国服务的留学生回国高潮，以李四光、严济慈、华罗庚、周培源、钱三强、钱学森、邓稼先等为代表的一大批海外华侨科学家毅然回国，为中华民族的伟大复兴呕心沥血，创造出举世瞩目的科学成就。1950年2月，华罗庚搭乘"克利夫兰总统号"踏上归国之旅。美国有关媒体多年后对此事评论说："华罗庚若留在美国，本可对数学做出更大贡献，但他回国对中国的数学十分重要，很难想象，如果他不回国，中国的数学将会怎么样。"华罗庚到了香港发表了《致中国全体留美学生的公开信》，信中写道："朋友们，梁园虽好，非久居之乡。归去来兮！为了抉择真理，我们应当回去，为了国家民族，我们应当回去，为了为人民服务，我们应当回去，就是为了个人出路也应当早日回去，建立我们的工作基础，为了我们伟大的祖国建设和发展而奋斗！"① 这些有民族气节的仁人志士，是中华民族的脊梁。

　　国家民族价值观体现为国家民族行动的基本立场，直接决定着国家民族决策和言行准则。或者说，任何国家民族的行为首先都是为着本民族的利益，以本民族的立场为立场，以本民族的利益为准绳。因此，我们就不难理解美国或日本对于中国的任何正常的军事建设都炒作为中国"威胁"，或威胁地区安全、和平，而美国和日本的任何武器建设和军事行动都被他们自己说成是维护世界和平或地区和平、安全，就不难理解自古就属于中国的南海却被美日操纵的所谓南海仲裁裁定为主权不属于中国。当然，从中国的立场来看，则会是与美日完全相反的结论，南海仲裁是非法的、无效的，南海主权属于中国，中国所有军事建设都是为着国家安全，都是为着维护世界和平，中国越强大，世界和平就越有保证；相反，美国的霸权行径是世界动乱或地区动乱的首要因素，美国霸权之手伸向哪里，哪里就开始发生动乱，那里的安全就开始遭到破坏。这样说来，世界上是否就没有公平、公道、正义可言了呢？当然不是，但是，要想使任何两个国家或民族在重大事情上达成一致的看法或行动，前提就是它们之间的根本利益和利益观要一致，除此之外的一种可能就是其中一国是另一国的附属国。

　　综上所述，一个国家或民族的价值观是其行动起来的目标、内部动力、原则规范，对整个民族具有强大的感召力和凝聚力。因此，在当今以美国为首的西方世界才不失时机、不遗余力地对华展开网络诛心战，以瓦解中华民族的价值观信仰和精神凝聚力。中央电视台将美国的网络诛心战概括为"九大招数"。第一招是灭偶像，即毁灭中国道德标杆，改树美国偶像。第二招是毁信仰，针对中华文明世俗信仰下手，毁灭祖先崇拜，改造为洋人崇拜、基督崇拜。第三招是反人类，

---

① 王振红：《30年没有忘却的记忆——缅怀著名数学家华罗庚》，载中国网，2015年6月13日，网址：www.china.com.cn。

大搞种族歧视，打击当代以及下一代中国人的自信心，维持中国人的自卑感。第四招是反智，传播伪科学，力推环保恐怖主义，打断中国工业化和科技创新进程。科学技术是第一生产力，因为科技的不断进步和生产力的不断进步，大多数中国人终于过上了过去想都不敢想的生活，但是近年来利用互联网疯狂丑化中国工业化进程，丑化现代化城市生活，美化农耕文明才是世外桃源的氛围愈演愈烈，反智色彩极端严重。第五招是唱衰中国，散播崩溃论、社会不公论，打击中国年轻人的积极性。第六招是亡其史，全面诋毁中国历史，全面美化美国历史。第七招是瓦解公信力，利用各种灾难或者重大事件造谣，影响国家和政府以及执法机关公信力，煽动人民与公共权力机关的对立情绪和对政府的不满情绪。第八招是打击幸福感，把中国人所关心的所有话题和领域用海量谣言全面抹黑。第九招是散播政治鸦片，编造虚假政治谎言，神话美国体制，丑化中国体制。令人遗憾的是，美国的网络诛心战是有效果的，只要你我稍一留意，就会听到或发现在对待本国和西方媒体关于同一件事情的报道时，我们周围不少的人选择相信西方媒体的报道，举个小例子：我们的媒体不止一次曝光西方国家的奶粉有不少是不合格的，而我们有的人看后却认为这是在搞民族品牌保护，照样相信国外的奶粉，而不相信自己国家的奶粉。心的变化，也就是价值观的变化，有多么重要，由此可见一斑。中国这么大，中华民族这么多人，如果民族价值观、民族信仰被瓦解了，那就谁也无力幻想能够用新的价值观来使中华民族形成一个团结有序的整体，而只能是再次出现一盘散沙的惨痛局面。这正是诛心战发动者所希望的。

3. 价值观是社会行为原则和规范导向

良性运行的社会，和谐发展的社会，升平治世，是古今中外人们所希望的。要创造这样的社会状态，必须有相应的价值规范，社会各阶层、各领域及人与人之间、人与社会之间都要有相对成熟的价值规范，以规范各类社会行为。这就是价值观的社会行为原则和规范导向意义所在。中国传统社会讲的"十义"，就是对父子之间、兄弟之间、夫妇之间、长幼之间、君臣之间的社会行为规定和准则，各自按照各自的价值规范活动，就会是父子像父子、兄弟像兄弟、夫妇像夫妇、长幼像长幼、君臣像君臣，于是社会关系融洽和谐，社会运行文明，社会工作高效。相反，父不慈子不孝、兄不良弟不友、夫不义妇不听、长不惠幼不顺、君不仁臣不忠，那样社会就是混乱不堪，恶性运行，人人遭殃。传统社会士农工商的价值规范也是很明确的，"农与农言力，士与士言行，工与工言巧，商与商言数"。士要立德于心、建功于世、宣德功于言、泽被后人。士要从政为政权服务，而不能既从政又去经商发财。商人以经营盈利为目标，但应当诚实经商，还要取之于社会用之于社会，即商人要有善行；商人不能既经商又入仕。农民的价值规范就是力耕，以富国家，"仓廪实而知礼节"，富而后受教育识礼节。工以巧为能，能工巧匠，为国家社会提高生产效率。各阶层按照各自的价值规范行动，这就是"不逾节"。商人不诚实经商就是逾节，工不利器、不精益求精就是逾节，农不力耕就是逾节，士既从政服务于政权又经商就是逾节。现在社会提倡"八荣八耻"价值观规范，倡导富强、民主、文明、和谐，自由、平等、公正、法治，爱国、敬业、诚信、友善，这些价值规范就是国家、社会和公民的行为规范。就不同社会领域来说，政治领域有政治行为价值规范，就是以人为本、富国富民、为民、公正、正义；经济领域有经济行为价值规范，就是童叟无欺、诚信不欺、货真价实、绿色、环保、高效等；文化领域有文化行为价值规范，就是弘扬正能量，坚持"双为"（坚持为人民服务、为社会主义服务的方向）和"双百"（坚持百花齐放、百家争鸣的方针），反对制造和传播庸俗文化、妖言惑众。应该注意的是，这些价值规范都是就总体上讲的，而中国现实社会有十大阶层[①]，国家和社会管理者阶层，经理人员阶层，私营企业主阶层，专业技术人员阶层，办事人员阶层，个体工商户阶层，商业服务业员工阶层，产业工人阶层，农业劳动者阶层，城乡无业、失业、半失业者阶层，与各阶层相应的价值规范还没有明确起来，总的价值规范是不能代替具体

---

① 陆学艺：《当代中国社会阶层研究报告》，社会科学文献出版社 2002 年版。

各阶层的具体行为规范的。

4. 价值观是个人行为原则和规范导向

价值观是人生的方向或目标。社会人一个重要的标志就是有自己的人生方向或目标，而不是盲目的个体。这也是每个人自己所希望的，谁都不希望自己的人生毫无方向，对自己的人生不知所云。国民教育的一项根本任务或目的就是把社会个体培养成为有明确人生目标的人。1980年5月26日，邓小平在给《中国少年报》和《辅导员》杂志的题词中把我国青少年教育目标定位为："希望全国的小朋友，立志做有理想、有道德、有知识、有纪律的人，立志为人民作贡献，为祖国作贡献，为人类作贡献。"这是总的目标，具体到不同个体，还要使每个人在接受完学生教育之后都有自己大致明确的社会职业目标和人生奋斗理想。人生方向或目标就是人生价值观的基本内容。这其实就是我们常常自问也去问人的一个常识问题：人为什么活着，或你的人生理想是什么？社会或个人所以要这样做，一是由于个人是积极能动的个体，他是一定要展开自己的人生、实现自己的人生价值的，怎样展开，怎样实现，首先就需要有个人生价值方向或目标。风向哪边刮，水向哪里流，人往何处走，没有方向怎么能行？少年周恩来确定为中华崛起而读书的人生理想，这就使人生成长有了明确且正确的方向。二是由于社会要把众多个人整合为一个有序的社会群体，就需要把每个人纳入符合社会整合需要的规范体系中来，就是说社会是复杂多样的，众人也是各色各样的，但必须通过理想目标教育把人们导入一个大致共同的方向上来，否则人与人之间、人与社会之间横冲直撞，冲突不断，那就会使社会和个人走向自我毁灭。

价值观是人生行动起来的精神动力。人们为什么会行动起来，怎样行动起来？从根本上说就是为着人生目标，就是说价值观是人行动起来的精神原动力。成熟的人都知道，自己的人生目标不会自动来到，除非是将死确定为人生目标，不管你行动不行动，死亡的一天总会到来的。就是把小康之家设定为自己的人生目标，也必须经过认真的谋划和努力的学习、工作才有可能达到。如果像周恩来那样，要为中华崛起而读书，那就必然学习不敢有懈怠，工作不敢有懈怠，生活不敢有放荡，就会把自己的全部时间和精力、智慧用到为中华民族的伟大复兴上来。毛泽东曾说过，人总是要有点精神的。这个精神从何而来？就从人生价值观而来。1949年，有一位解放军将军向毛泽东提建议，主张军队要增加薪水，他举例说，资本家吃饭五个碗，解放军吃饭是盐水加一点酸菜，这不行。毛泽东听后说，这恰恰是好事。你资本家是五个碗，我们吃酸菜。这个酸菜里面就出政治，就出模范。解放军得人心就是这个酸菜。同人民有福共享，有祸同当，这是共产党员的价值观，是解放军的价值观。所以解放军才要保持艰苦奋斗的政治本色。再从一般人生意义上来看，我们每个人恐怕都有相同的经历，这就是每当一个时期我们没有明确的目标追求时，工作或生活就会懈怠下来，日复一日不知要干什么好，人也好像没有精神似的；相反，一旦我们重新确立了近期或较长期的工作或生活目标，就会马不停蹄地行动起来，该准备什么准备什么，该干什么干什么，缺什么就会补充什么，精神头也足了，甚至走起路来都快了不少。这就是目标的督促作用，就是价值观的精神动力作用。

价值观是人生行为的自觉"守则"。价值观本身就是一系列的行为原则和规范，不论谁选择了什么样的价值观，也就等于选择了特定的行为原则和规范。选择了，就会遵守。因为价值观的选择不是强制性的，而是自觉的认可和接受。任何个人要实现自己的人生价值追求，都离不开他自身和社会外部环境条件。就个人自身来说，主要是主观因素，比如，为人生理想干了一段，没有看到预期的希望，就会产生"红旗到底打到多久"的疑问，有了疑问就会影响行动，这时怎么办呢？这时往往必须有坚定理想的信念，当然也有必要论证已定价值追求的合理性和可行性。一旦确证了理想目标的正确性和可行性，就必须坚定不移，持之以恒，否则浅尝辄止，或三心二意，三天打鱼两天晒网，那就什么理想目标都不可能实现。这种坚守，就成为一项内在的铁规，严防行为主体脱轨；这种坚守把人生理想转换成为远方的召唤，召唤人生主体不要停下来，不要有任何犹豫，要走下去，走下去一定会成功的。就社会外部因素来看，一是个人价值追求不能与社会主流价值观相对，要遵守社会主流价值观，否则，就难以实现个人的价值追求。二是价值主体在实现自己的人生价值目标道路上能够抵御得住来自社会方面的各种腐朽价值观的影响。社会上各种思潮都会有的，各种价值观都会有的，腐朽堕落的价值观也是随处可遇的，这不是什么耸人听闻，而是简单的现实。生活在这样的社会中的个人，怎样确保实现自己的人生理想目标？从思想和精神上来说，保证只能来自确定并坚守正确的价值观，用孔子的话讲就是"非礼勿视，非礼勿听，非礼勿言，非礼勿动"。当然，一个人的价值观是可以改变的，但是改变了的价值观仍然是这个人的人生"守则"。人的一生，或人要展开自己的人生，价值观永远都是必须坚守的原则和规范。

价值观还是人生成败的衡量器。人生有了理想，有了方向或目标，又付诸行动，也就必然有结果上的成败。一般来说，经过一生的奋斗，达到了自己的理想目标，就表明人生是成功的；反之，则是失败的。一个人的人生价值观确定为成就一番事业，经过努力拼搏，他终于成就了自己的事业，那时他就会感到幸福满满，就会认为自己的人生是有意义的；如果经过一生的奋斗，他虽然没有直接看到自己的事业的成功，但已经明显确证自己的奋斗为价值目标的实现贡献了有意义的东西，这时他也会感到幸福，也会认为自己的人生是有意义的，这就是保尔·柯察金的人生价值观：

> 人最宝贵的东西是生命。生命对于每个人只有一次。一个人的生命是应该这样度过：当他回首往事的时候，他不会因虚度年华而悔恨，也不会因碌碌无为而羞耻——这样，在临死的时候，他才能够说："我的生命和全部的精力，都献给了世界上最壮丽的事业"——为人类的解放而斗争。

历史上的孔子一生要恢复周礼，他虽然没有实现目标，但他自己以及后人都不认为他的人生是失败的；相反，他的人生是伟大的。当然，从最后结果来看，还有另外的人生状况，这就是悔恨的人生、感到羞耻的人生，就是说人生结果表明原来确定的人生价值追求彻底失败，或确证原来的价值追求根本就是毫无意义的。简言之，是失败的人生。现实中，也有人无所追求，认为人生就是活着，一死就了，而且不论你准备去干什么，并最终干成了什么，不还是一死了之吗？这样一来，仅仅以人生的自然起点和自然终点为全部人生的意义所在，也就无所谓价值观的区别，无所谓人生的成与败。不过，每当我们议论这样的人生时，一般都会说这是无意义的人生，因为自然的生死是所有生物的共性。诚然，还有人追求不能流芳百世，那就遗臭万年。结果他也确实遗臭了现世，但是，这是人生负价值追求，是应该被否定的，起码不是大众化的或社会所提倡的价值观。

二、核心价值观

在整个价值观系统中起着统领作用、居于支配地位的是核心价值体系，核心价值观是核心价值体系的高度概括，是民族精神和时代精神的灵魂，是国家民族最根本的且最为一致的价值规范，是国家富强、民族振兴的精神利器。

（一）核心价值观的含义

1. 核心价值观是核心价值体系的内核和总纲领

一定国家社会的价值观是个复杂庞大的系统。该价值观系统是从国家到社会，从社会阶层、群体到个人，从政治到经济、文化、道德伦理及社会生活的价值观的总和体，而且每个领域或层次的价值观也是一个复杂的小系统。这样的价值观系统往往是个矛盾体系。这在前文已经有论述。在这个庞大而复杂的价值观系统中，总是有个核心，它居于支配地位、起着主导作用，这就是核心价值体系。核心价值体系是关于社会价值观建设的理论体系，由特定的思想基础、国家民族共同的理想、民族精神和时代精神及根本价值观原则规范所构成。核心价值体系中的任何一项内容的缺失都会影响到体系的完整性和成熟度。比如，社会主义核心价值体系是由马克思主义指导思想、中国特色社会主义共同理想、以爱国主义为核心的民族精神和以改革创新为核心的时代精神及社会主义荣辱观所构成的理论体系，其中马克思主义是社会主义核心价值体系的灵魂，社会主义共同理想是社会主义核心价值体系的主题，民族精神和时代精神是社会主义核心价值体系的精髓，社会主义荣辱观是社会主义核心价值体系的基础。这四个方面的内容相互联系、相互贯通、相互促进，是一个有机统一的整体，都是社会主义意识形态最重要的组成部分。这是个完整的、科学的、可操作性强的核心价值观体系。

核心价值观是核心价值体系的提升和高度概括，是核心价值体系的内核和总纲领，核心价值体系以及价值观和价值体系都必须围绕核心价值观，体现核心价值观，以核心价值观为方向和主导；核心价值体系则是核心价值观形成和存续的基础、展开形态和重要载体，两者相互依存、相互作用、相辅相成、有机统一。

核心价值观是一个国家民族、社会及其公民所共同信奉、追求、恪守的基本价值观念和规范，是对社会政治、经济、文化及社会生活等领域的核心利益和基本社会权益的集中反映或价值理念提升，是国家或民族倡导和维护的价值系统，它引领着整个社会的价值判断、价值评价、价值选择和价值追求乃至价值践行沿着规定的方向发展。就国家社会层面来说，核心价值观是社会发展的大方向和由此所必须遵守的根本原则和规范；就社会公民个人来说，核心价值观是由国家基于社会发展的根本目标和需要提出和规定的最基本的也是最高的价值规范。核心价值观不是针对个别社会阶层或个人而定的价值规范，可它作为对社会整体的价值规范又普遍适合于每一个社会阶层和个人。核心价值观不是临时或短时期的权宜规定，而是在整个国家或社会层面具有历史阶段意义的价值规范，就是说它是一定历史时期的基本价值诉求和规范。

2. 核心价值观是个有机组合系统

核心价值观是由一组或数组内容特定、形式固定的价值观规范的有机组合系统，而不可能是内容单一的价值观规范，这是因为国家社会是复杂的社会关系体系。譬如，中国传统社会的核心价值观就是"三纲五常"的价值观系统。"三纲"即君为臣纲，父为子纲，夫为妻纲。纲就是统领、表率的意思。君为臣纲，即君王是臣民的主导者，又要为臣民作出表率；父为子纲，就是父亲是子女的主导者，并要为子女作出表率；夫为妻纲，即丈夫是主导妻子的，但要为妻子作出表率。"上有所好，下必甚焉"，首先是对居上位的人们的价值规范的要求，而不是首先要求居下位或居从属地位的人。居上位或居领导地位的人们总是社会行为的号召者、督促者，因而自己必须身先士卒，率先做到，否则己不正焉能正人。这个原则，其实是具有普遍性的，难道我们今天就不应该这样吗？今天我们不是讲领导要起模范带头作用吗？《海棠依旧》电视剧再现了周恩来总理伟大辉煌的一生，其中周恩来一项重要的风范就是"我是总理，我做不到，怎么要求别人呢？"当然，三纲的阶级内容是应当批判和抛弃的。

"五常"，即仁、义、礼、智、信。仁的价值观，在政治领域就是民本，富民、教民是基本的爱人方式和效果。博施于民而能济众是仁的重要标准，即判断一个人是否做到或达到了仁的境界，最根本的是看他为国民作出的社会功德。据此，孔子认为春秋时期唯管仲达到了仁德的境界。"桓公九合诸侯，不以兵车，管仲之力也！如其仁，如其仁。""管仲相桓公，霸诸侯，一匡天下，民到于今受其赐。微管仲，吾其被发左衽矣。岂若匹夫匹妇之为谅也，自经于沟渎而莫之知也？"这在孟子那里被发展为仁政，在董仲舒那里是统治者应该"博爱而亡私，布德施仁以厚之"。从做人来看，仁展开为恭、宽、信、敏、惠，"能行五者，于天下为仁矣"。恭，首先是做人要庄重而不轻浮、不放纵自己，认真而不随便，一丝不苟，其次还要同样对人恭敬、尊重。所以，恭则不侮。宽，即宽恕，就是宽厚、仁厚、胸怀博大、能容人。所以，宽则得众。信，诚信、守信、诚实不欺。所以，信则人任焉。敏，快捷勤勉、雷厉风行；力行、多实践、笃行。君子闻道，勤而行之，而且行之弗笃弗措也。果能如是，就会敏则有功。惠，仁慈、仁爱、和顺、利他。所以惠则足以使人。爱人者，人恒爱之。

义，是做人在正己而不在正人的价值准则。董仲舒在《春秋繁露·仁义法》中讲："义之法在正我不在正人。我不自正，虽能正人，弗予为义。"做人要重视自我修养，为善从自身做起，以身作则，率先垂范，"自攻其恶"，"躬自厚而薄责于外"。义和利既是相对的，又是相通的。义是讲德，利是讲得，为国家、民人之利而行谓之义，贪己之功而置国家民人于不顾谓之利，故"仁人者，正其义不谋其利，明其道不计其功"。

礼，是传统社会各种典章制度和生活规范。王者正法度之宜，别上下之序，以防欲也。礼者序尊卑贵贱大小之位，而差外内远近新故之级者也。作为价值观的礼，就是要求上自天子、贵族官员，下到黎民百姓，都必须"非礼勿视、非礼勿听、非礼勿言、非礼勿动"。

智，就是"先言而后当"的行为准则。它首先强调的是认识的正确性，是确定行为路线、方针、政策的正确性和可行性，之后才可能求得预期的实际功效；否则，如果"先言"本身就是荒谬或错误的，那么在之后的行上也就别期望"当"了。现在人们也清楚地认为，路线错了而行动上能够成功几乎是不可能的。

信，就领导阶层来说，是"道千乘之国，敬事而信"，就是要取信于民。所谓"民无信不立"，不是讲老百姓自己以信立身，而是说统治阶级如果失信于民就会被老百姓抛弃，就会垮掉。当然，社会一般个人，也都要有诚信，诚信是每一个人做人之基、立身之本，"人而无信，不知其可也"。

总之，"三纲五常"既是对传统社会基本的社会制度和社会体制及人际、人伦关系的基本规定，也是普遍适用于任何个人的核心价值观系统，谁都不能例外。这些基本的价值观规范，对上符合任何一个朝代的统治阶层的核心利益，对下也是每一个人的基本利益得到保障的基本要求。

当代西方经常挂在嘴上的"民主、自由、人权、平等",是西方社会的核心价值系统,它肇始于文艺复兴的人文主义。人文主义精神的核心是提倡人性,反对神性,主张人生的目的是追求现实生活中的幸福,倡导个性解放,反对愚昧迷信的神学思想。在神学统治下的西方,中世纪是没有资产阶级及一切平民的民主、自由、人权、平等可言的。因而,人文精神无疑是当时代表社会进步的资产阶级的价值追求及其政治经济权利的集中反映,是与人类社会发展趋势和大方向相一致的,是积极的、进步的。《人权和公民权宣言》的基本精神是权力分立、法律面前人人平等、私有财产神圣不可侵犯等原则。这正是对资产阶级社会基本经济制度和政治制度的肯定和维护。或者说,它所讲的人人平等的人权只是资产阶级群体内的人的人权,甚至连工人也不可能有与资本家平起平坐的权利。这是毫不奇怪的,也是无可非议的。至于当代西方人所标榜的他们尊重每一个人的人权,并要求所有非西方国家民族也要接受的西方人权观,当然是对西方原本的人权观的抽象,现实中,这在西方不存在,也不可能普遍适用于现代社会。

3. 核心价值观是国家社会自觉建设的思想成果

核心价值观,需要在国家统一领导下,各民族、各社会阶层共同建设。一个国家社会普遍认可接受的核心价值观,不可能是社会自发形成的,而只能是自觉建设的成果。这个自觉建设实践,一般都是由进步的社会阶级基于对社会发展方向的正确把握,及对社会发展需要的正确认识而率先提出、宣传,并动员全社会各阶层力量共同行动起来,逐渐展开并最终完成。一个国家民族的核心价值观,只有真正进入社会各阶层的人们的思想和意识深处,内化为所有社会成员共同的价值观念和行为准则,进而形成整个社会普遍认同和坚信的价值理想、价值信念、价值信仰,才算是最终建立了起来。如果仅仅是一个阶级或阶层在那里提倡,而没有整个社会的响应和认可并自觉践行,这样的价值观就不可能成为核心价值观,甚至它还不是现实的价值观。

(二)核心价值观的特征

核心价值观既具有价值观的一般特征,又有其独特的方面。

1. 核心价值观是理想性与现实性的统一

核心价值观首要的特征就是它既源于现实而又高于、超越现实。源于现实，表明核心价值观是对现实价值观系统和核心价值体系的提升，不是无源之水、无本之木的空中楼阁，这就从根本上决定着核心价值观是现实的价值规范，现实社会的任何阶层、群体或个人都可以而且必须做到，而不是谁都不可能做到的乌托邦规范。核心价值观的现实性，还在于它的根本性，就是说它还是最起码的价值规范，比如，"人而无信不知其可也"；我国社会主义核心价值观中的"爱国"，也是对每一个中国人的起码要求，是每一个中国人的"格"，如果有谁说他不爱国但还是中国人，那只能是他自说自话，全体中国人是不会承认的。但是，核心价值观又不同于一般价值观，特别不同于日常生活价值观，它是对现实社会发展趋势和人类共同本质的反应，是对现实人群体共同利益的抽象，因而是引导全体社会人员进行价值追求和价值实践的价值理想和价值信仰，这不是任何人都可以随时随地信守或能够轻松做到的，而必须有相应的制约手段和坚强的意志力才能实现。比如，孔子最赞赏的弟子颜回也只能做到"三月不违仁"。再如，我们现在倡导的"富强"，也不是全国各族人民只要随便劳动一下就可以实现的目标，如果从毛泽东那一代算起，是需要几代人的努力才能够实现的，所以才把富强纳入中国梦的范畴。还有，就是富强还是个历史范畴。也就是说，我们富强了，世界其他国家民族如果更富强了，那时我们追求富强的目标就还在路上。就爱国、敬业、诚信和友善来看，任何个人一时一地做到是十分平常的事，可是要一个人一生对此持之以恒，那就不是任何个人随便能够做到的。而日常生活价值观则是人们起居之间、一举手一投足之间都在践行着，不需要外来的约束力，也不需要内在的意志力，比如生活型的人，他在人生的方方面面都会自然流露出讲求吃穿和生活享受的价值观念。这就如同一个人做点好事并不难，难的是一辈子做好事的道理一样。所以说，核心价值观对于每一个价值主体来说，既是根本的、起码的要求，又是高要求、高期盼。理想性是核心价值观的根本所在。中国的孔子、老子，西方的亚里士多德、马克思主义思想家，他们所创立的思想理论，都具有理想性，指引着人类社会前进发展的大方向。正是核心价值观的理想性，成为矫正人们的价值追求和价值实践的灯塔，指引和号召着人们始终向价值理想、价值信仰的目标走下去，使人们拥有理想性的精神支柱，朝着共同的价值目标前进。

2. 核心价值观具有共识性和唯一性

共识性，是说核心价值观是由国家正式提出并得到整个社会普遍认同的价值理想、价值信念、价值信仰，而不是某个社会领域或阶层、个人的价值规范。这种共识性规定着所有社会成员的共同的价值取向和价值追求。或者说，核心价值观的共识性就是全社会的方向一致性。一定社会或一个国家民族，在一定时期内，是不可能也不允许同时有两个相反的发展方向的。于是，核心价值观也就具有了唯一性，即一个社会或国家民族在一定历史阶段上不能同时有两类不同的核心价值观。核心价值观又是民族文化和时代精神的灵魂，灵魂和时代精神都是唯一的。事实也是如此，一个人，既爱国又同时叛国，这是很滑稽的事情；一个国家，既追求霸权又同时主张国与国之间是平等的，这也是天方夜谭。唯一性，与核心价值观的系统性并不矛盾。核心价值观是个系统，是说它的价值规范构成不是单一的，而是几个相关方面的有机统一体，这在上文已有说明。唯一性，则是就一个国家民族来说其核心价值观系统是独一无二的。

3. 核心价值观具有超强稳定性

与一般价值观不同的是，核心价值观是一个社会的根本价值准则，属于意识形态范畴。随着时代的变迁和发展，一定社会的一般价值观都会有所变化或发展，价值观系统的内容和形式以及核心价值体系也会发生相应的变化或发展，但核心价值观却基本恒定不变。核心价值观是一个国家和社会发展的价值取向、价值追求的稳定器。一般说来，一定社会的核心价值观与该社会基本的制度和体制是共存亡的。"三纲五常"是中国封建社会的核心价值观，它不可能产生于奴隶社会，也不可能在社会主义中国的今天发展，它只能与封建社会基本的制度和体制并存和发展。同样，民主和法治、自由和平等这样的核心价值规范也不可能发生于封建社会并成为封建社会的核心价值规范，它只能是社会主义根本制度和体制的意识形态内容。这样看来，核心价值观的稳定性是由社会基本制度的稳定性来说明的。

4. 核心价值观具有鲜明的时代特征

核心价值观是服务于社会基本制度的，是社会基本制度主体的核心利益的价值诉求，因而它总是随着社会基本制度的形成而形成、发展变化而发展变化。人类发展历史呈现出不同社会基本制度更替发展的形态，核心价值观自然也就呈现出不同的历史形态。社会基本制度有原始社会、奴隶社会、封建社会、资本主义社会和社会主义等形态，因此，可以肯定核心价值观系统更替发展也就有相应的五种形态，社会主义核心价值观不同于资本主义核心价值观，资本主义核心价值观不同于封建社会核心价值观，封建社会核心价值观不同于奴隶社会核心价值观，这具有必然性。每一个历史时代的核心价值观都是时代精神的精华、思想之魂，都是顺应历史时代而产生并对社会历史的发展发挥了积极的促进作用，因而都是人类思想文化宝库的耀眼明珠，是人类文明的积极成果。虽然核心价值观范畴不同历史时期有相同的部分，但其内容也必然有各自的时代性。"民主"这个价值规范，古希腊有，当代西方资本主义社会有，我国社会主义核心价值观中也有，但是，在这三个不同的社会形态中，"民主"从内容到具体的形式都有不同，"民主"的性质也不同。也就是说，古希腊"民主"的"民"不是资本主义"民主"的"民"，当然更不是社会主义"民主"的"民"，奴隶主的民主能等同于资产阶级民主吗？资产阶级或当代美国的金钱民主能与我国社会主义民主同等性质吗？当然不能。也就是说，只有在特定的时代背景下，才能真正读懂一种核心价值观的内容和形式。

5. 核心价值观具有正向继承性

价值观系统的继承性包含泥沙俱下的特点，历史上积极的价值观和消极颓废的价值观、正确的价值观和错误的价值观，在现实中都可以找到一些。而核心价值观总是吸收历史上的价值观中积极向上的且又符合时代发展要求的因素，这是由核心价值观的性质所决定的。作为国家和民族积极倡导的核心价值规范，只能是正面的、积极的、进步的价值观。一个人有可能自甘堕落，而自甘堕落的民族是没有的。任何民族都有自己的脊梁，否则它就会消亡。鲁迅讲过，我们自古以来，就有埋头苦干的人，有拼命硬干的人，有为民请命的人，有舍身求法的人，这就是中国的脊梁。中国的脊梁最核心的是"忠贞爱国"，这就是中华魂。中华魂是不会从历史上拿取腐臭的东西的，中华魂需要的是阳光、积极向上的价值理念。仍然蓬勃地生活在地球上的其他民族，也同样有自己的脊梁和民族魂。因此，核心价值观的历史继承性总是正向的。

（三）核心价值观的意义

1. 核心价值观对价值观系统的建设具有指导和统摄作用

核心价值观是核心价值体系的内核和高度抽象，是价值观系统的精神之魂，它自然具有一般价值观的作用和意义。同时，核心价值观对价值观系统的建设具有指导和统摄作用，决定着价值观系统、核心价值体系的根本性质、基本方向和总特征，它是核心的核心，导向的导向。中国传统社会的核心价值观决定着传统价值观系统基本上是为封建社会的存续和发展服务的，当代西方的核心价值观决定着西方社会的价值观系统本质上是为西方资本主义社会服务的，毫无疑问，我国社会主义核心价值观决定着中国社会价值观系统是服务于社会主义和中国人民的。价值观系统中，有积极向上的价值观，也有消极颓废的价值观，有正确的价值观，也有错误的价值观，还有中性的价值观。一个人抱定了生活型价值观，这是个人生活价值观选择的自由和权利，谁也不能说他这样生活不对，或者说他这样生活是消极颓废的。这种类型的价值观属于中性的价值观。任何国家社会都应当允许国民人生价值观选择的多样性，人生百态嘛，不能强求生活一律一样。但是，作为国家和民族的核心价值观，从性质上讲，它必须是积极向上的、正确的，因而它对国家和民族的发展，对社会的发展，对每一个国民的社会生活，指引的都是前进的方向，指向的都是高尚的目标，规范的都是正确无误的行为原则和准则。换言之，核心价值观指引着国家和民族前进的方向和目标，规定着每一个国民都必须践行符合国家民族根本利益、符合社会发展趋势和需要的价值规范，这样，不论每一个国民自身生活价值观如何多样，但都必须将自己的行动汇入社会发展的大潮中和大方向上来，而不允许有害于国家和民族、有害于社会。核心价值观规定或约束着每一个价值主体都必须让自己的社会行为释放正能量。也就是说，没有核心价值观，国家和民族或社会就会失去前进的方向，就失去了灵魂，整个社会分子的行为就会失掉基准线，陷入混乱无序的状态。

2. 核心价值观是民族精神和时代精神的行为规范概括，是民族振兴之魂

民族精神是一个民族在长期的共同生活和共同的社会实践基础上形成和发展的，为民族大多数成员所认同和接受的思想品格、价值取向和道德规范，是一个民族的心理特征、文化传统、思想情感等的综合反映。民族精神是民族文化最本质、最集中的体现，是民族之魂。民族精神是民族集体人格的体现，是一个民族区别于另一个民族的精神特质。民族精神还是一个民族延续的血脉、发展的动力、崛起的支撑和挺立的基石，亦即国之魂、民之魂。一个民族如果没有伟大的民族精神，就难以凝聚力量、成就民族的伟业，就难以傲立于世界民族之林。民族精神具有对内动员民族力量，对外展示民族形象的特殊功能。在五千年的发展进程中，中华民族形成了以爱国主义为核心的团结统一、爱好和平、勤劳勇敢、自强不息的伟大民族精神。这种精神早已深深地融入我们的民族意识、民族品格、民族气质之中，是中华民族悠久历史文化的灵魂。这种民族精神，是支撑中华民族生生不息、发展壮大、薪火相传和继往开来的强大精神力量。时代精神是民族精神的时代性体现，民族精神是时代精神形成的重要基础和依托。中华民族精神的时代性体现就是求真务实、改革创新、和谐发展、以人为

本的时代精神。核心价值观正是民族精神和时代精神的价值规范转换，是对民族精神和时代精神的价值规范概括，它直接将民族精神和时代精神转化为民族行为规范。社会主义核心价值观正是对中华民族精神和当代中国的时代精神的高度概括和价值规范抽象。精神是主于内的精气神，价值观则是由内到外的行为规范。也就是说，精神是表明敢于做什么，价值观则是以什么样的现实价值规范去做。行动起来的精神才是活的、有力量的、无往而不胜的。比如，爱国主义是一种民族精神，爱国就是行为规范。梁思礼的爱国行动是其爱国主义精神的体现。梁思礼，中国航天事业奠基人之一、中国科学院院士、国际宇航科学院院士。他说过这样一段话："我在美国有一个好朋友林桦（现在他已经去世了），当年我们都在美国留学，我回国了，他留在了美国。他是波音宇航公司的首席科学家，我曾是航天部的总工程师。他搞的是美国的洲际导弹（民兵导弹），我搞的是中国的洲际导弹。他的年薪是 30 万美元（20 世纪 80 年代），我的工资只有他的百分之一，他住在西雅图一个小岛上的高级别墅，回国时受到国家领导人接见，我住在很普通的单元房子里。"有人曾问我对此有何想法，我的回答是："他干的民兵导弹是瞄准中国的，我干的导弹是保卫我们祖国的！从第一颗原子弹、第一枚导弹、第一颗人造地球卫星到第一艘神舟飞船，我回国后和第一代航天战士一起，白手起家、自力更生，创建起完整坚实的中国航天事业，使中国居世界航天强国之列。能为此奉献一生，我感到无比的自豪和光荣。"① 这就是爱国精神和爱国行动的统一。

3. 核心价值观是不同意识形态、不同文化碰撞或冲突的焦点

核心价值观是民族文化的内核和灵魂，是社会意识形态的核心，因此，意识形态的斗争，新旧思想文化之间的碰撞或冲突，以及不同国家民族之间的文化碰撞或冲突，核心都可归结为核心价值观的碰撞或冲突。

中国历史上，佛教思想文化传到中国之后，也与中华本土思想文

---

① 石磊：《梁思礼院士：苍穹大业赤子心》，《中国科技报》2016 年 4 月 19 日。

化有冲突，唐代就有思想家批佛教无君无父，直接违背儒家君君、臣臣、父父、子子的价值观。宋明时期的理学才真正把佛学融入了中华文化主流中来，天理良心既是对儒家核心价值规范的抽象，也是对佛学、老庄思想的融合和抽象，完成了儒道释三教合一。近代中国面对西方强悍的攻势，思想界提出"中体西用"的强国对策。事实上，中学为体、西学为用只是中国思想家和政治家们的内部争论，西方政治和文化的攻击一直是两个拳头并出：一拳打向中国独立的国家政权，将其变为西方统治中国的工具；一拳打向中华民族精神，用西方思想文化击垮并取代中华民族的文化，对中国人进行洗脑。西方以此达到完全控制中国的目的。在近代，西方向全世界殖民的过程中，事实上造成了一些国家和民族的消亡，这些国家中，虽然还有土著民族的存在，但是国家主流文化已经根本改变了，有的甚至连本民族的语言都弃用了。这样，西方对这些国家民族就基本完成了彻底的改造。当代，以美国为首的西方国家对中国的围堵和遏制，同样也是冲着当代中国的政治和思想文化两个根本方面，经济则是处于从属地位，只是手段。整垮了中国政治制度，中国就会四分五裂；击溃了中华民族的核心价值观和思想文化，也就等于击垮了中华民族精神，那时中国人就会自己否定自己的民族，那时中华民族就只有种的存在，作为完整意义上的中华民族将不复存在。核心价值观是民族之魂、时代之魂，直接关系着民族的存续和时代的存亡。魂消则体必亡。

新旧思想文化的交锋，看起来可能是令人眼花缭乱的，但其本质就是新旧核心价值观的碰撞和冲突，打的是核心价值观的仗。文艺复兴把中世纪神学打入历史博物馆，也就宣告了中世纪时代的终结；孙中山用"三民主义"将皇权专制主义打入历史博物馆，也就宣告了封建社会时代的消亡。这个原则问题其实在武王革命后就从根本上规定下来了。武王革命后提出"以德配天"的政治理念和核心价值观，以此抗衡和消解殷商的尊神事鬼政治理念和核心价值观，来说明周武王推翻殷商、建立周朝是上合天意、下遂民愿的。

信息化的今天，从网络诞生开始，美国就紧锣密鼓地对中国进行网络意识形态的攻击，其矛尖直指中国的根本社会制度和中华民族精神，直指中国社会主义意识形态。一时间，那些为西方制度和文化叫好的斗士或精英们，看谁爱国就骂谁是爱国贼，他们高喊中国无民主法治、无人权，宣称"中国只有接受西方的普世价值才有前途""改革开放就是逐步接受普世价值才有前途"，等等。不要忘记，这些人是反对讲意识形态斗争的，可是他们正是西方针对中国的意识形态斗争的急先锋、马前卒；这些人正是讲人权的，可是他们硬是不给中国人爱国的权利！意识形态是政治制度的思想和灵魂，意识形态被伪证了，它所服务的社会制度也就没有存在的理由了。无论是什么样的国家政府，如果它无视或放弃意识形态的斗争，它的思想防线就必将被突破，进而国家政府就将被动摇或推翻。苏联的解体就是明证。这个斗争套路，早就被民主斗士所反对的毛泽东指出来了。毛泽东讲，舆论阵地，无产阶级不去占领，资产阶级就一定会去占领。凡是要推翻一个政权，总是要造成舆论，总是要在意识形态领域做工作，革命的阶级是这样，反革命的阶级也是这样。毛泽东讲这个话已经过去半个多世纪了，但是，谁也否认不了世界上仍然存在推翻社会主义中国国家政权的企图及其现实行动。意识形态的斗争，核心价值观的斗争，你不讲，别人在讲，你不承认，可别人在实际行动，等你认识到了，等待你的就是严酷的现实局面。是的，国际交往不能意识形态化，但是绝对不能走到相反的方向去，即无意识形态化，放弃意识形态阵地。国际话语权，实质是国家民族利益的话语权，是国家民族核心价值观的话语权，谁自愿放弃这个话语权，他就等于在损害自己国家民族的核心利益。

三、社会主义核心价值观的基本含义、特征和意义

社会主义核心价值观，首先是中国形态的核心价值观，是中华民族精神和时代精神的高度凝练和集中概括，是社会主义核心价值体系的内核，具有广泛的人民性和鲜明的时代特色，是实现民族伟大复兴

的"中国梦"的基石,是兴国之魂。

(一) 社会主义核心价值观的基本含义

社会主义核心价值观,从本质上说,是中国特色社会主义经济、政治、文化、社会关系的价值反映,是中国特色社会主义道路、理论体系、制度的价值表现,是社会主义核心价值体系的精髓凝练。党的十八大报告将其概括为三个基本方面24个字,即"三个倡导":"倡导富强、民主、文明、和谐,倡导自由、平等、公正、法治,倡导爱国、敬业、诚信、友善,积极培育和践行社会主义核心价值观。"

1. 富强、民主、文明、和谐

富强、民主、文明、和谐,是国家层面的价值规范,是中华民族伟大复兴梦的国家目标,也是当今中国社会和全体中国人的价值追求,体现了中国特色社会主义经济、政治、文化、社会、生态和制度建设的使命要求,反映了社会主义核心价值体系的根本取向。这四个方面既各有其本质规定,又相互联系,构成国家层面上的完整价值观系统。

富强是国之根基。国家富强才能扬国威,保护广大国民的福祉,才能有民族的尊严。我国是个文明古国,历经沧桑,既有过汉唐强盛,也有过近代半殖民地的屈辱。富强的中国向世界传播光明和慈善,积贫积弱的中国则受尽列强的欺凌。因此,近代以来中华儿女最强烈、最执着的愿望追求正是国家的富强和人民的富裕。

我们倡导的富强,是社会主义中国的富强,它既是祖国的繁荣富强,又是广大人民群众的共同富裕而不是贫富两极分化。中国的富强道路是和平发展与共享共赢,而绝不会走对外侵略、殖民掠夺的西方列强之路。这是由中华文明和社会主义制度所决定的必然。中华文明是爱好和平的文明,因此中国追求富强,绝对不搞弱肉强食的"丛林法则",也绝不会走"国强必霸"的西方老路,而是希望与世界各国和睦相处、和谐发展,共谋和平、共享和平。社会主义的本质是解放生产力,发展生产力,消灭剥削,消除两极分化,最终达到共同富裕。国家富强和人民富裕是社会主义本质的应有之义,贫穷不是社会主义,两极分化也不是社会主义。

民主是国之生命。中医上说，经络是运行气血、联系脏腑和体表及全身各部的通道，是人体功能的调控系统。民主如同国家的"经络"，它疏通国家的"肌体"，协调着国家政治的运行发展。作为一种政治实践、价值理念，人民民主是党的生命，是社会主义的生命，民主消亡就会亡党亡国，当然也不会有社会主义和社会主义现代化。因而民主也是国家的生命，是实现中国梦的根本保证。

我国社会主义民主，是全体人民的民主，是真正的民主，每一个中华人民共和国公民，不受财产、地位、民族、性别、宗教等因素限制，都享有平等的政治权利；我国社会主义民主是广泛的民主，它首先是广大人民的意愿和利益的反映，而不是西方那种以牺牲多数人利益为代价来保护少数人利益的民主；我国社会主义民主是高效的民主，由于它是全党和全国人民意愿的真切全面的反映，因而能够致力于尽快形成统一意志、统一行动，以解决实际问题；我国社会主义民主是丰富的民主，不仅有自由、平等的选举民主，还有政治协商民主、基层民主，保证人民依法实行民主选举、民主决策、民主管理、民主监督。

文明是国之形象。文明，是长期历史沉淀下来的，有益增强人类对客观世界的适应和认知、符合人类精神追求、能被绝大多数人认可和接受的人文精神、发明创造以及公序良俗的总和。我们讲的文明，是社会主义物质文明、政治文明、精神文明、生态文明和制度文明的有机统一。国家文明就如同一个人体魄健康、穿着整洁、言行修为文质彬彬，是国家形象的展现，折射的是国家发展的境界、社会进步的状态。国家文明本身还是国家强大的一种表现。所以，文明的祖国，是中华民族的共同追求。我们讲的文明，立足于以人为本，以开放包容的创新姿态，兼收并蓄古今中外一切优秀文明成果，既不崇拜西方文明，也不搞历史虚无主义；既不妄自尊大，也不妄自菲薄。

和谐是国之胸怀。中国传统文化讲的是和谐。阴阳和谐则宇宙生，天地和谐则万物繁茂，天人和谐则大道不衰，上下和谐则国家社会升平，人民和谐则国家富强，家和万事兴，身心和谐则平安多福，国与国和谐则世界和平。和谐是对立事物之间在一定的条件下，具体、动态、相对、辩证的统一，是不同事物之间相同相成、相辅相成、相反相成、互助合作、互利互惠、互促互补、共同发展的关系。和而不同。和谐既是中华民族一贯的价值追求，也是中华民族兴旺发达的精神原动力，她已经融入了中华民族的血液中，蕴含了中国人的生存智慧，体现着中国人的精神基因，也昭示着中国人的社会理想。和谐中国，就是秉持世界持久的和平理想，心系人类繁荣的共同命运，担当永续发展的历史责任。

2. 自由、平等、公正、法治

自由、平等、公正、法治是社会层面的价值规范，是社会主义的价值理想，是十八届三中全会关于全面深化改革的决定所强调的改革的出发点和落脚点。

自由是社会活力之源。作为社会理想的自由，首先指的是人的自由发展。"代替那存在着阶级和阶级对立的资产阶级旧社会的，将是这样一个联合体，在那里，每个人的自由发展是一切人的自由发展的条件。"[1] 人的自由发展就是人的本质和特征能够真正得到充分发挥和发展，它是以尊重人的自由个性为前提的，同时，每个人的自由发展又互为前提。因此，马克思关于人的自由发展的理想社会是没有例外的人人平等的社会。这也是社会主义区别于其他社会形态的本质属性。

当然，每个人的自由或一切人的自由，是受到法律和规范制约、权利和义务对等的自由，是与一定的经济社会发展条件相适应的自由，不是凌驾于社会利益之上的、超越社会发展阶段和现实承受能力的绝对的个人自由。世上过去没有、现在和将来也不会有想怎样就怎样的绝对自由，因为社会是个复杂系统，是个有组织的有机体，而不是一个人的社会。我国现阶段的社会主义自由，首要的内容是充分保障人们充分享有发展自我、实现自我的机会，使每个人都能人生出彩、梦

---

[1]《马克思恩格斯全集》第21卷，人民出版社1965年版，第297页。

想成真，同时最大限度地追求物质生活的改善。

平等是社会和谐稳定的压舱石，它是衡量社会关系发达程度的基本尺度。在封建专制社会，或者说在以往的传统社会，不平等是绝对的，少数人享有特权是绝对的，多数人处于被压迫的地位。正因如此，在中国漫长的专制社会，追求平等一直是处于被压迫地位的广大人民群众的迫切愿望。当然，这种愿望也总是一次一次地成为水中月、雾中花，无法实现。

人人平等，在社会主义社会真正成为现实。在社会主义中国，人人都能公平行使社会权利、履行社会义务、分享社会成果，政治上平等参与、经济上共同富裕、文化上共建共享，同祖国和时代一起成长进步。当然，不能把社会主义平等等同于过去那种社会经济活动领域的绝对平均主义，就是法律面前人人平等，也还是法律确认和保护公民在享有权利和承担义务上处于平等的地位，不允许任何人有超越法律之上的特权。法律本身就是不平等。

公正是捍卫权利的天平。党的十八大报告中指出："公平正义是中国特色社会主义的内在要求。要在全体人民共同奋斗、经济社会发展的基础上，加紧建设对保障社会公平正义具有重大作用的制度，逐步建立以权利公平、机会公平、规则公平为主要内容的社会公平保障体系，努力营造公平的社会环境，保证人民平等参与、平等发展权利。"这样的公正，要求社会主义社会的各项制度安排，都要将最广大人民的根本利益作为出发点和落脚点，尽最大努力实现人民的愿望、满足人民的需要、维护人民的根本利益。这样的公正，是社会主义制度优越性和道义感召力的根本体现，是人类追求幸福生活的基础，因而也是衡量社会发展的价值准绳。

法治是社会保障之盾，也是现代政治文明和制度文明的核心。法治作为治国理政的基本方式，它要求通过法制建设来维护和保障公民的根本利益，这是实现自由平等、公平正义的基本制度保证。没有法律制度保障的公民权利是不可能稳定、持久的。我国社会主义法治，从内容到形式都不同于西方所谓的的司法独立和三权分立，它是立足于中国的社会现实和文化传统，坚持党的领导、人民当家作主、依法治国的有机统一。党是中国特色社会主义事业的领导核心，党的领导是实现人民当家作主和依法治国的根本保证；人民当家作主是社会主义民主政治的本质和核心，党的领导和依法治国都是为了实现人民当家作主；依法治国是党领导人民治理国家的基本方略，是党的领导和人民当家作主的法制保障。

3. 爱国、敬业、诚信、友善

爱国、敬业、诚信、友善，是公民基本道德规范，是中国特色社会主义对公民的基本道德要求，也是评价公民道德行为选择的基本价值标准。

爱国是民族精神的核心，是国家民族团结的的情感纽带。地球上任何一个独立的国家民族，都有强烈的爱国情操。"谁不属于自己的祖国，那么他也就不属于人类。"中华民族有着悠久而深厚的爱国主义传统。忠诚和热爱祖国，是每一个中国人的起码道德，也是中华民族最深沉的文化基因。当代，我们倡导爱国，就是要求全体中国人以振兴中华为己任，促进民族团结、维护祖国统一、自觉报效祖国。

敬业是职业道德的灵魂，是个人安身立命之基，是社会发展进步充满活力之源。中华民族是最勤劳的民族，勤劳是我们的传统美德。勤劳敬业是一体的。正是依靠勤劳敬业，中华民族创造了灿烂辉煌的文明。勤劳敬业的民族，令人肃然起敬；淫逸奢侈的民族，必定难以久远。

"我们倡导的敬业，就是要增强事业心和责任感，追求崇高的职业理想，激发积极进取的奋斗热情，秉持认真负责的职业态度，锻造严谨细致的工作作风；就是要让敬业成为实现梦想的动力之源，以那么一股子干劲、拼劲、闯劲，续写中国奇迹，靠辛勤劳动、诚实劳动、创造性劳动，开创美好未来。"[1]

---

[1] 任仲平：《凝聚当代中国的价值公约数——论培育和践行社会主义核心价值观》，《人民日报》2015年4月20日第1版。

诚信是公民道德的基石。个人失去诚信则无立身之本，社会失去诚信则无运行之轨。社会主义市场经济不仅是法治经济，也必须是信用经济。倡导诚信，就是要真诚待人、以信取人，就是要做老实人、说老实话、办老实事；激发真诚的人格力量，以个人的遵信守诺，构建言行一致、诚信有序的社会；激活宝贵的无形资产，以良好的信用关系，营造"守信光荣、失信可耻"的风尚，增强社会的凝聚力和向心力。

友善是公民德行的光谱。百事善为先。人与人之间，出言行事，以善为基准。古语讲，修身育人止于至善，就是要人的修为达到大真、大爱、大诚、大智的境界。这当然也是友善的至高境界。全心全意为人民服务，"人人为我、我为人人"，都含有人与人之间要友爱友善之意。这样的友善之德或价值规范，会为人际关系注入正能量，为社会良性运行提供润滑剂。社会主义社会是超越传统社会和资本主义社会的先进社会形态，用友善价值规范构建和谐的人际关系，让友爱之心化为友爱之行，与人为善、与物为善，使人们之间亲善、互助、友爱，将是国民之福、国家之幸、社会之美。

（二）社会主义核心价值观的特征

社会主义核心价值观的特征应从"中国特色社会主义"和"核心价值观"两方面来说明。

1. 民族性和开放性

民族性是社会主义核心价值观的首要特征。社会主义核心价值观首先是对中华民族传统价值观的继承和发展，是在中国大地上形成和发展起来的。因此，社会主义核心价值观的立论基础只能是中国独特的文化传统、独特的历史命运、独特的基本国情。富强、民主、文明、和谐的国强民富思想、民本思想、仁民爱物思想、崇尚和谐思想，自由、平等、公正、法治的正义思想、大同思想、公平和平等思想，爱国、敬业、诚信、友善的爱国精神、勤劳节俭品德、诚实守信、团结友爱道德规范等，都是直接对传统核心价值观的批判继承，继承了传统价值观的基本精神,赋予了新的时代内容。《大学》中讲:"古之欲明明德于天下者,先治其国。欲治其国者,先齐其家。欲齐其家者,先修其身。欲修其身者,先正其心。欲正其心者,先诚其意。欲诚其意者,先致其知。致知在格物。物格而后知至,知至而后意诚,意诚而后心正,心正而后身修,身修而后家齐,家齐而后国治,国治而后天下平。自天子以至于庶人,壹是皆以修身为本。"这个"修齐治平"思想包含了国、家、身、心和知五个层面,知、心和身是认知和确立正确价值观的问题,强调做人或做官先要立本即确立正确的价值观;家,不是现在所讲的三口之家的小家,而是家族之家、贵族大夫之家,就是社会的意思,百姓是归属于大夫领地的,所以齐家也就是贵族大夫们治理好自己的领地百姓;国是指诸侯国,周朝天子治下有许多诸侯国,各诸侯国君把自己的国治理好了,周朝天下就升平了。合而言之,"修齐治平"就是国家、社会、个人三个大的层面,其中个人修德是根本,社会主义核心价值观的三个层面与此相契合。民族性还表现在,我们解读或理解社会主义核心价值观不能离开民族文化视角,同样一个价值观范畴,以美国西方文化视角解读和以中华民族文化视角解读,会有很大差异。当然,社会主义核心价值观不是也不可能是传统价值观的简单复写,从内容到形式它都是站在21世纪的世界文化大潮中、立足于当代社会主义中国国情的更高文化发展阶段上的价值观。

一个民族尊重自己的历史并不等于就要故步自封、自高自大,同样,讲社会主义核心价值观的民族性,也丝毫没有否认它对当今世界文化优秀成果、积极因素的借鉴和吸纳。现在的中国与历史上兴旺发达的中国一样是对外开放的中国,属于中国特色社会主义文化范畴的社会主义核心价值观当然也具有开放性,它具有与时俱进的品格和开放包容的气度,是坚持与发展的统一、主导性与包容性的统一、发扬传统与立足当代的统一。

2. 时代性和科学性

社会主义核心价值观的时代性,首先在于它与中国各个历史时期的价值观的联系中,处于当代环节上,它是与时俱进的时代产物。习近平在"五四讲话"中指出,"五四"精神体现了中国人民和中华民族近代以来追求的先进价值观。爱国、进步、民主、科学,都是我们今天依然应该坚守和践行的核心价值。同时,我们今天倡导的社会主义核心价值观又有其突出的时代内涵。社会主义核心价值观的时代性,首先在于它的时代内涵,它与时代的脉搏共振。任何意识形态的旺盛生命力总是缘于它与时代发展进程的一致性,缘于它及时准确地反映了时代进步的要求。这是历史唯物主义的一个基本观点。因此,在改革开放的实践中,社会主义核心价值观逐步丰富其内涵。改革开放初期,党中央提出物质文明建设和精神文明建设两手抓,两手都要硬,这时的社会主义核心价值观突出的是富强和文明。党的十二大把社会主义精神文明和社会主义民主与经济建设目标摆在了同等的位置。党的十三大确定了党在社会主义初级阶段的基本路线,第一次明确提出为把我国建设成为富强、民主、文明的社会主义现代化国家而奋斗。这时的社会主义核心价值观强调的是富强、民主、文明。党的十六大提出了"人的全面发展";党的十七大在富强、民主、文明、人的全面发展奋斗目标之后第一次加上了"和谐"。党的十八大完整科学地提出了"三个倡导"的社会主义核心价值观。这条发展轨迹,表明社会主义核心价值观的内涵是随着时代的发展进步而不断丰富和发展的。或者说,它总是着眼于时代的发展变化和要求,紧紧把握时代的脉搏,代表着时代潮流,充满时代气息,富有鲜明的时代特色。

其次,社会主义核心价值观的时代性,还突出地体现在它号准了当今时代的脉络。改革开放40年,现在的中国已经相对发达,同时也出现了部分人价值取向扭曲、道德失范、诚信缺失、拜金主义、享乐主义、极端个人主义滋长等现象;部分党员干部忘掉了"初心",精神上缺了"钙",于是精神家园失守,这是现实生活中一些党员、干部出现这样那样问题的总根源。倡导社会主义核心价值观,首先就是要作为中国工人阶级的先锋队,同时是中国人民和中华民族的先锋队的中国共产党"不忘初心"。习近平在建党95周年庆祝大会上的重要讲话提出八个"不忘初心",其精神实质就是中国共产党要做倡导和践行社会主义核心价值观的先锋,并严格要求每一名党员做倡导和践行社会主义核心价值观的表率,这是用社会主义核心价值观凝聚全民共识的前提,是净化社会风气的前提,是实现"中国梦"的精神支撑力。

社会主义核心价值观又具有科学性,就是说它站在新的历史起点上,立足于当代中国国情,集社会主义价值理念之大成,升华了社会主义核心价值体系,把我们党的基本理论、思想观念和价值取向系统凝练地整合在一起,体现了社会主义意识形态的本质和核心,是对共产党执政规律、社会主义建设规律、人类社会发展规律的深刻认识和正确把握。这是社会主义核心价值观具有时代性的基础。时代性是科学性的体现,没有科学性也就没有时代性。

3. 人民性和大众性

人民性,是说社会主义核心价值观一定是反映人民愿望和利益的价值观念,是和人民权利相一致的。反人民的价值观不可能成为核心价值观从而存续和发展,更不可能是社会主义核心价值观的本质属性。社会主义核心价值观的人民性主要表现在价值主体的人民性、价值目标的人民性和价值标准的人民性三个方面。马克思主义认为,人民是历史的主体,只有人民才是创造世界历史的真正动力。中国特色社会主义社会的主体是中国人民,因此建设和发展社会主义核心价值观要依靠人民,要尊重人民的首创精神;同时,人民也是价值享有主体。发展要依靠人民,发展的成果要由人民共享。这就是价值主体的人民性。价值目标的人民性,即全心全意为人民服务,一切着眼于为人民谋利益。建设和践行社会主义核心价值观,根本目标只能是广大人民的利益,只能是逐步提高人民物质文化生活水平,只能是让人民生活得更加幸福、更加有尊严,只能着眼于促进人民素质的提高,促进人的全面发展。价值评判的人民性,即广大人民是社会主义核心价值观的价值评价主体。人民是价值的创造者,人民之外没有主人,当然也只有人民才是价值的评判者。这也是马克思主义的基本观点。人民的实践是检验真理的标准，也是检验价值观正确与否、进步与否的标准。用大众的语言表达，就是"人民拥护不拥护、人民赞成不赞成、人民高兴不高兴、人民答应不答应"是评价社会主义核心价值观的标准。

人民性的社会主义核心价值观要用大众化的形式概括出来。符合广大人民利益，当然也是符合大众利益的，在这一点上人民性与大众性是一致的。但好的内容需要用好的形式来概括和表达出来，才能为人民大众所喜闻乐见，进而为大众认同、接受和践行。这方面，我们是有传统的。三纲五常、礼义仁智信、礼义廉耻、忠孝节义，这些传统核心价值观的语言形式，既好读又好记，做起来和监督起来也容易控制。过去，毛泽东把共产党的核心价值观概括为全心全意为人民服务，把社会主义核心价值观概括为集体主义，虽然不是面面俱到，但在用语形式上是符合大众化要求的。2006年10月，党的十六届六中全会明确提出要建设社会主义核心价值体系。要将这个核心价值体系提升为核心价值观，须有三个转换。一是从体系过渡到核心价值观，并用格言警句的形式来表达，这个形式应短小精悍、朗朗上口、耳熟能详、通俗易懂、妇孺皆知。二是从学术圈、理论界、报告文件到广大百姓中去。白居易写诗，先读给老太太听，老太太一听就懂，他才满意。核心价值观规范也是如此，不能仅仅在学术圈里转、在理论界里争、在报告文件里跑，而是要而且必须要走到大众中去，同大众的思维习惯和语言习惯相结合，由高雅的理论转化为草根文化，使普通的民众都能够理解、了解、认识、把握。三是从知到行、从理论到实践的转换。社会主义核心价值体系要升华为社会主义核心价值观，并要将其真正内化为人们的行为准则，深入到人们的思想和心灵，才能形成一种文化精神稳定下来，传承下去。应该说，这三个转换在24字社会主义核心价值观系统中基本得到了完美的实现。

以上三个方面统一起来，共同凸显着社会主义核心价值观的中国特色，它不同于西方价值观，也不同于其他国家民族的价值观。然而，正是因为这样的中国特色，也使社会主义核心价值观具有全人类的共同价值特征。"大道之行也，天下为公。"和平、发展、公平、正义、民主、自由，是全人类的共同价值，也是联合国的崇高目标。

（三）社会主义核心价值观的意义

社会主义核心价值观是道路自信、理论自信、制度自信、文化自信的集中体现。新中国成立以来，特别是改革开放以来的伟大实践证明，社会主义道路是实现中国梦的唯一正确道路，中国化马克思主义是指导实现中国梦的科学理论基础，我国基本社会制度有巨大的优越性，中国特色社会主义文化是先进的。这一切落脚到一点，就是中华民族在伟大的民族复兴道路上阔步前进，步步辉煌，因而人民是拥护的、人民是赞成的、人民是高兴的、人民是支持的。将此转化为或概括为行为价值准则就是社会主义核心价值观12个范畴，也就是由道路自信、理论自信、制度自信、文化自信提升为核心价值观自信。因此，社会主义核心价值观不仅是我们自己的价值规范，也是我们为当今国际社会贡献的共同价值理念。中国的和平崛起，世界的和平发展，都将继续从这样的价值理念中汲取源源不断的精神力量。在今天的国际社会上，中国对世界人民的贡献，不仅有物质上的，也有精神文化上的，这将是提升中国在国家舞台上的话语权的有力支撑。

此外，社会主义核心价值观还具有以下三个重要意义。

1. 理论意义

24字社会主义核心价值观是对马克思主义经典作家关于社会主义价值观理论的重大发展。19世纪40年代，马克思主义的诞生，预示着国际共产主义运动的开始，1847年6月2日世界上第一个共产主义政党共产主义者同盟诞生，标志着有组织的国际共产主义运动的开始，至今已有一个半世纪。以马克思主义为指导的"国际共运"，目的是推翻阶级剥削和阶级压迫的社会，建立起人人平等的社会主义，进而实现共产主义。马克思主义经典作家在科学地揭示人类社会发展规律、资本主义社会发展规律及社会主义代替资本主义的必然性的基础上，对资本主义核心价值体系和核心价值观进行了深入的分析和科学的批判，但对未来社会主义的核心价值观和价值体系，却没有展开系统的论述，虽然提出人人平等、人的自由全面发展是未来社会主义的重要特征，却没有明确这就是社会主义的核心价值观。按照社会主义是对资本主义的超越的逻辑，作为对资本主义"自由、平等、博爱"核心价值观的超越的社会主义核心价值观应是什么？马克思主义经典作家们始终没有正面问答和解决这个问题。是的，他们对于未来社会绝不提供"一劳永逸的现存方案"。不过，还有更为重要的原因，一是在没有丰富的社会主义建设实践基础的情况下，任何人都不可能贸然预测反映这个实践的价值原则；二是在思维方式上一时难以超越或跳出。也就是说，资本主义和前资本主义社会都是私有制社会，社会主义是公有制社会，与资本主义形成矛盾对立的双方，因此在理论上和意识形态上也应是矛盾对立的双方，那么与"自由、平等、博爱"矛盾对立的另一方应是什么？这确实一时不容易找到答案。事实上，过去我们说资本主义是个人主义，我们讲集体主义；资本主义是金钱至上，我们讲无私奉献，如此等等，这就是社会主义与资本主义矛盾对立的思维模式。其实，这样就限制了我们的思路。有矛盾对立，还有矛盾统一。讨论社会主义核心价值观，是不能局限于所有制的对立和政治制度的对立的，事实上，在所有制和政治体制上，两种社会也不是水火不容的对立，两者还是可以有共同的因素的，比如市场经济和私人所有制，资本主义有，社会主义也可以有。如果不超越矛盾对立思维模式，爱国就不能作为社会主义核心价值观范畴，因为任何制度下都有爱国的人和爱国精神。所以，到了 21 世纪的今天，从苏联建国算起，社会主义社会作为事实上的社会制度和社会建设实践，已有近百年的历史，正反两方面的经验已经十分丰富，思想方式也已经成熟，再加上我们党和全国人民的智慧，终于解开了马克思主义经典作家留下的世纪性价值难题，即什么是社会主义核心价值观？怎样建设社会主义核心价值观？这是对马克思主义的重大理论贡献。

2. 历史意义

社会主义在和资本主义竞争的百年历史上，主要着力点是基本制度和经济、军事的发展，而要显示和证明基本制度的优越性，最有力的就是经济发展和综合国力的增强。社会主义社会只有在经济发展方面充分发挥出优越性，才能最终将资本主义送进坟墓。应该说，在这硬实力的竞争方面，社会主义确实做得不错，不止一次让资本主义感到恐惧。20世纪，特别是第二次世界大战之后苏联的迅速发展，使其在经济上、军事上具备了与美国为首的西方发达资本主义国家相媲美的实力，形成了世界上两个"超级大国"的局面，而且一度出现苏联处于攻势，美国处于守势的局面。改革开放以来，中国的迅猛发展，尤其是2008年全球经济危机以来，中国经济一直领跑世界经济，这种情势迫使西方开始检讨自身，并议论中国的制度是可以发展经济的。然而，在思想文化领域，社会主义在与资本主义的抗衡或斗争过程中，着力点主要是在防止资本主义的和平演变或颜色革命上，而对社会主义核心价值观和价值体系的深入研究和建设投入资源和精力不够，对于思想力、价值力和文化软实力的提升没有给予足够的重视。因此，在核心价值观领域，就一直没有拿出系统的社会主义核心价值观与资本主义相抗衡，有70多年社会主义建设实践的苏联没有拿出，我们在党的十八大以前也一直没有。于是，可以说，在国际思想文化舞台上，西方资本主义社会一直把持着国际话语权，社会主义国家总是处于被动地位，西方总是居高临下，我们总是处于自我辩护的窘境。东欧剧变、苏联解体，一时间资本主义社会在思想文化领域对社会主义的进攻更是令人难以招架。核心价值观竞争方面的不力，反过来导致政治制度竞争和经济竞争方面的被动，以致极大地影响到人们对社会主义的理解、信念和信仰，影响到社会主义建设实践，甚至有人用核心价值观的缺失或模糊不清去质疑、肢解和否定社会主义。这样发展下去，我们曾经极力防止的"和平演变"倒真会到来。研究表明，苏联解体，主要不是因为经济上和综合国力上不行，而是思想上、理论上抛弃了道路自信、理论自信、制度自信和文化自信。自己都认为自己不行，都认为西方价值观是崇高的，那么有谁还会保你不倒呢，有谁还能保你不倒呢！总之，社会主义和资本主义竞争的已有历史，充分暴露出提出和培育社会主义核心价值观是至关重要的。党的十八大提出了科学的系统的社会主义核心价值观，很好地补齐了这个历史缺憾，其历史意义不可估量。

3. 现实意义

历史走到今天就是现实，而现实又有不同于历史的特征。今天中国的最大现实就是实现中国梦，为此需要有强大的精神支撑，这就是社会主义文化建设，就是社会主义价值观建设。然而，一段时期以来，我国社会价值观状况相当复杂，甚至有点混乱。封建的价值观，半殖民地、半封建社会价值观并存，有人公然叫喊中国要再做西方200年殖民地才能实现现代化；革命时期的价值观与社会主义建设时期的价值观并存；计划经济时代的价值观与市场经济时代的价值观并存；东方价值观与西方价值观并存；中华民族传统价值观，世界各民族价值观，还有各种各样、纷繁复杂的价值观并存；正确的与错误的、先进的与落后的、积极的与消极的价值观并存。各种价值观相互交织、相互激荡，导致严重的社会价值观失范、迷失和背叛，以致在社会道德领域人们见到老人摔倒应不应该竟然也成为社会讨论的焦点问题，在社会政治领域，有人甚至公然否定我国40年来的改革，认为改革开放造就了贪官、奸商、黑心学者社会腐败黑三角。公德和政治领域尚且如此，遑论其他！这说明什么呢？说明社会主义核心价值体系和核心价值观建设的紧迫性，说明亟须用科学的社会主义价值观来净化思想文化领域的妖雾阴霾，树立起弘扬正确的、积极的价值观的标杆，将整个社会复杂混乱的价值观状况整合到有利于实现中国梦的大潮中来。

其他国家或政党的教训也是沉痛的。印度人民党执政时期，曾经是引导经济、科技迅速发展的时期，但在选举中，该党却被推下了台。一个重要原因就在于人民党执政没有注重解决社会公平问题，没有注重解决社会民生问题，致使社会阶层分化严重，社会中下阶层的人们日子艰难，而国民大会党正是以要关注穷人的纲领赢得了大选。这样的现实教训说明，一个国家社会的稳定与否，政党执政地位巩固与否，不是单一社会领域的问题，经济不能代替政治，政治不能代替思想文化，思想文化也不能代替核心价值观，核心价值观也不能直接代替社会发展，必须有经济、政治、文化、社会乃至基本制度和体制等诸多方面统一规划，缺少哪一环都不会达到预期的目标。而现实教训最突出的问题正是政权或执政党没有提出或没有践行符合广大民众利益要求的价值观，这就是民主与法治、自由与平等、公平与正义等已经是当代世界人民所追求的权利问题。这就给中国共产党提出了一个新的更为艰巨的重大课题：共产党要在不断续写辉煌的同时，更加关注随着社会的发展人民在政治、经济和文化领域产生的新的需要，更加关注随着国家的繁荣富强而出现的新的社会问题，并用思想和精神上能够始终动员、引领和凝聚最广大人民群众团结奋斗的伟大旗帜即社会主义核心价值观来规范国家、社会和公民的行为。这是共产党永固执政之基、领导全国各族人民实现中国梦的不二选择。

第二章

社会主义核心价值观的历史变迁

　　不同的社会、不同的时代形成不同的价值观体系，而不同的价值观体系也往往具有不同的核心价值观。古往今来，概莫能外。在任何社会当中，核心价值观的养成都遵循着其内在的发展规律，不可能一蹴而就，它给我们呈现出的往往是"吹尽狂沙始见金"的惊喜和"柳暗花明又一村"的欢畅，它给我们展现出的常常有一种"千磨万击还坚劲"的从容和"任尔东西南北风"的气度。社会主义核心价值观肇始于国际共运之初的19世纪中叶，勃兴探索于国际共运繁茂的整个20世纪，发展完备于21世纪初期。社会主义核心价值观经历了从空想到科学的华丽转身，从理论到实践的艰辛努力，从理想到现实的深刻反思，从一国胜利到多国胜利再到东欧剧变的重大考验。一路走来，既有精神背叛，也有至死相从；既有人民拥戴，也有冷漠难容；既有讽刺挖苦，也有鲜花掌声。如今，社会主义核心价值观在中国落叶生根、枝繁叶茂、郁郁葱葱；在世界上一枝独秀、傲霜凌雪、花开正浓。24字，字字珠玑、力透纸背、发人深省、催人奋进。

一、新民主主义革命时期中国共产党的价值诉求

　　19世纪中叶以来，在以英法为代表的西方列强的野蛮侵略和掠夺之下，近代中国逐步堕入半殖民地半封建社会的深渊。救亡图存、振兴中华的历史重任不可避免地摆在国人面前。一批又一批的仁人志士和先进分子为此付出了艰辛努力，地主阶级、农民阶级、资产阶级先后粉墨登场，做出了力所能及的探索和努力，但最终都遗憾地以失败

而告终。历史的接力棒，落到年轻的中国共产党人手上。因此，摆脱民族压迫、实现人民解放，缔造一个独立、自由、富强、民主的新中国，就成为新民主主义革命时期中国共产党人一以贯之的目标和追求。

（一）高扬以"民主、科学"为主题的"五四"精神

辛亥革命沉重地打击了清王朝的封建统治，推翻了延续2000年的封建帝制，使民主共和的思想观念深入人心，客观上发挥了思想启蒙的独特作用。然而，辛亥革命的不彻底性所造成的军阀割据的残酷现实，迫使中国先进知识分子开始进行痛苦的反思，并由此举起了民主、科学的大旗，在文化领域开展了一场声势浩大的新文化运动。这场运动的伟大旗手陈独秀、李大钊、鲁迅、胡适等人，以《新青年》杂志为主阵地，大力提倡新思想、新道德、新文学，反对旧思想、旧道德、旧文学，从而为五四运动的爆发奠定了思想和物质基础。轰轰烈烈的五四运动，是一场彻底的、不妥协的、反帝反封建的爱国运动。这场运动开启了新民主主义革命的大门，极大地推动了马克思主义在中国的传播和发展，更是为中国共产党的诞生创造了有利条件。五四运动所弘扬的核心精神就是：民主、科学。对此，1919年7月14日，毛泽东在《湘江评论》创刊号上发表的《陈独秀之被捕与营救》一文中给予了深刻揭示。他指出："迷信神鬼，迷信物象，迷信运命，迷信强权。全然不认有个人，不认有自己，不认有真理。这是科学思想不发达的结果，中国名为共和，实则专制。愈弄愈糟，甲仆乙代，这是群众……不晓得民主究竟是什么的结果。陈君平时所揭的，就是这两样。""五四"时期，民主主义与专制主义、科学主义与蒙昧主义这两种思潮，在中华这片古老的土地上上演了一场激烈的思想交锋，追求自由平等的民主精神与反对愚昧迷信的科学精神，在反对专制主义和蒙昧主义的目标下携起手来，成为"五四"时期反对帝国主义和封建主义的光辉旗帜。以民主和科学为核心的"五四"精神，是一种革命精神，是伟大的爱国主义精神的时代表达。为更好地传承和弘扬五四运动精神，抗战时期陕甘宁边区西北青年救国联合会规定：将1939年

5月4日定为首个中国青年节。中华人民共和国成立初期,中央人民政府政务院正式规定:每年5月4日为中国青年节。

(二) 国民革命时期中国共产党的价值诉求:以民众的大联合奏响国家统一的号角

轰轰烈烈的"五四"爱国运动彰显了青年的力量、工人的力量、民众的力量,在很大程度上也改变了以孙中山先生为代表的中国国民党人的思想观念。辛亥革命虽然在中国播下了民主共和的种子,但是由于革命力量与反革命力量的对比悬殊,最终在中外反动势力的联合绞杀下以失败而告终,惨痛的教训迫使孙中山先生开始寻找新的力量、新的团体以达成革命目标。经过痛苦的反思和探索,孙中山先生在共产国际的帮助和支持下逐步走上"联俄联共扶助农工"之路,从而迎来孙中山先生晚年革命事业的再度辉煌。与此同时,以毛泽东为代表的中国共产党人也在五四运动之后初步形成了民众大联合思想。1919年7月21日,毛泽东在《湘江评论》第二号、第三号、第四号连续刊载《民众的大联合》一文,文章极力宣扬反封建的民主革命思想,指出"民众的大联合是改造国家、改造社会的根本方法"。[①] 为了推动民众的大联合,实现国共携手革命,中国共产党人以个人身份加入国民党,并在1924年顺利实现首次国共合作,直接推动了国民革命高潮的到来。以毛泽东为代表的共产党人深入田间地头、厂矿车间,大力宣讲革命道理,组织工会、农协,开展广泛斗争,赢得了人民群众的衷心拥护和支持,为日后进一步开展工农武装斗争积累了丰富经验。首次国共合作,极大地促进了年轻的中国共产党人的成长成熟,迅速壮大了组织队伍,也极大地推动了北伐胜利进军和国家统一进程。实现国家统一是对四分五裂中国的扬弃,是国家发展进步的基础,是民族独立解放的前提。共产党人以高度的历史自觉和使命担当、以旺盛的革命热情和豪情壮志发动群众、组织群众、教育群众,使人民群众在

[①] 《毛泽东年谱》上卷,人民出版社、中央文献出版社1993年版,第43页。

帝国主义和封建军阀统治下初步争取了权益、获得了自由、赢得了尊严，从而汇聚成滚滚洪流，猛烈地冲击着北洋军阀统治，他们抛头颅、洒热血，书写了一曲曲战天斗地、激情豪迈的华美篇章。

（三）土地革命战争时期中国共产党的价值诉求：以毫不妥协的斗争精神反抗国民党政府的专制统治

大革命失败的惨痛教训启迪了年轻的中国共产党人：只有依靠武装的革命反抗武装的反革命，才能获得生存的机会，也才能承担起挽救民族危亡，实现人民解放的历史重任。八七会议后，中国共产党迅速将工作重心由城市转向农村，并在会议前后开展了南昌起义、秋收起义、广州起义等一系列武装起义。虽然这些起义先后都失败了，但是以毛泽东为代表的中国共产党人并没有被白色恐怖和特殊困难所吓倒，而是深入农村地区，在湘赣边界罗霄山脉中段开辟了中国历史上第一块红色根据地——井冈山革命根据地，保留下燎原的火种，经过艰苦的摸索实践，开创性地开拓了工农武装割据的斗争模式。

正是在这一块刚刚建立的红色区域中，为了巩固红色政权，毛泽东尝试将自由、民主、平等的价值观渗透到根据地建设当中、融入军队建设当中、贯彻到土地革命当中，这一举措极大地激发了民众和军队的积极性、主动性和创造性，为巩固井冈山革命根据地奠定了基础。譬如，在军队建设方面，在官兵一致原则的基础上实施了著名的三大民主，即政治民主、经济民主、军事民主。1927 年，毛泽东领导的秋收起义部队，经过三湾改编，在团以下各级建立士兵委员会，代表士兵利益，参加部队管理，维护部队纪律，监督经济开支。1928 年 11 月 25 日，毛泽东在《井冈山的斗争》一文中指出："红军的物质生活如此菲薄，战斗如此频繁，仍能维持不敝，除党的作用外，就是靠实行军队内的民主主义。……中国不但人民需要民主主义，军队也需要民主主义。军队内的民主主义制度，将是破坏封建雇佣军队的一个重要的武器。"① 1929 年 12 月，古田会议决议："红军官兵平等，官长应爱护士兵，保障士兵的民主权利，纠正打骂士兵等旧军队的管教方法，士兵要尊重官长，自觉接受管理，遵守纪律。"② 红军依靠实行民主主义，建立了新型的官兵关系和管理教育制度，有效提高了军队士气和战斗力。值得注意的是，毛泽东不仅在军队内部大力倡导民主思想，践行民主作风，而且对于军队内部存在的极端民主化思想也进行了严厉批驳。他要求从理论上铲除极端民主化的根苗，为此"首先，要指出极端民主化的危险，在于损伤以至完全破坏党的组织，削弱以至完全毁灭党的战斗力，使党担负不起斗争的责任，由此造成革命的失败。其次，要指出极端民主化的来源，在于小资产阶级的自由散漫性。这种自由散漫性带到党内，就成了政治上的和组织上的极端民主化的思想。这种思想是和无产阶级的斗争任务根本不相容的"。③ 从此，军队内部的民主生活更加习惯化、制度化。军队内部实行的三大民主，体现了马克思主义关于人民群众是历史创造者的原理，贯彻了官兵一致的原则，是中国共产党的群众路线在军队的具体体现。实行三大民主，发挥了广大干部战士的积极性和创造能力，促进了部队的集中统一，使中国共产党领导下的人民军队获得了一切剥削阶级军队无法获得的伟大力量。

（四）抗日战争时期中国共产党的价值诉求：以博大的革命襟怀联蒋抗日并探索建立一个独立富强民主的新中国

抗战爆发后，中国共产党人率先发布了《为抗日救国告全体同胞书》，即著名的《八一宣言》，公开阐明了我党的抗日主张，并迅速组建了东北民主抗日联军，在白山黑水间与日本侵略者展开了长达十余年艰苦卓绝的斗争，涌现出一大批以杨靖宇、赵尚志等为代表的抗联民族英雄，给日寇以沉重的打击。全面抗战开始后，中国共产党人基于民族大义与国民党蒋介石政府捐弃前嫌、握手言和、携手抗日，为

---

① 《毛泽东选集》第 1 卷，人民出版社 1991 年第 2 版，第 65 页。
② 《毛泽东年谱》上卷，人民出版社、中央文献出版社 1993 年版，第 293 页。
③ 《毛泽东选集》第 1 卷，人民出版社 1991 年第 2 版，第 88—89 页。

国家独立、民族解放作出了重大牺牲，同时也获得了显著的发展。以陕甘宁边区为代表的抗日根据地将自由平等民主等思想贯穿到根据地建设的方方面面，赢得了人民群众的衷心拥护和支持，赢得了全国各界爱国分子的同情，赢得了世界各国正义力量的赞誉，是名副其实的未来共和国预演。

1940年1月9日，毛泽东在陕甘宁边区文化协会第一次代表大会上演讲时指出："我们共产党人，多年以来，不但为中国的政治革命和经济革命而奋斗，而且为中国的文化革命而奋斗；一切这些的目的，在于建设一个中华民族的新社会和新国家。在这个新社会和新国家中，不但有新政治、新经济，而且有新文化。这就是说，我们不但要把一个政治上受压迫、经济上受剥削的中国，变为一个政治上自由和经济上繁荣的中国，而且要把一个被旧文化统治因而愚昧落后的中国，变为一个被新文化统治因而文明先进的中国。"① 最后，毛泽东明确指出："新民主主义的政治、新民主主义的经济和新民主主义的文化相结合，这就是新民主主义共和国，这就是名副其实的中华民国，这就是我们要造成的新中国。"② 抗战胜利前夕，毛泽东针对蒋介石的《中国之命运》一书宣扬的"一个党、一个主义、一个领袖"的独裁主张，在党的七大报告中针锋相对地阐明了我党的基本观点和价值诉求，即"将中国建设成为一个独立、自由、民主、统一和富强的新国家"。③ 毛泽东认为只有这样做，才是真正反映中国人民的基本要求。可以说，国共两党在围绕未来中国如何建设和建构问题上的不同主张和诉求为1946年爆发国共内战埋下了伏笔。

（五）解放战争时期中国共产党的价值诉求：以巨大的政治勇气同国民党蒋介石展开涉及"两种前途、两种命运"的大决战

抗战胜利后，蒋介石的个人威望达到了前所未有的顶峰。遗憾的

---

① 《毛泽东选集》第2卷，人民出版社1991年第2版，第663页。
② 同上书，第709页。
③ 《毛泽东选集》第3卷，人民出版社1991年第2版，第1030页。

是，蒋介石没有利用这笔雄厚的资源团结中国共产党人以及其他民主党派共同建设一个新中国，而是处心积虑、变本加厉地在独裁道路上越走越远，最终悍然撕毁停战协定并向中原解放区发起进攻，率先挑起内战。中国共产党人为了实现自身的诉求主张被迫应战，先后粉碎了国民党军队发动的全面进攻和重点进攻，使得力量的天平开始趋向平衡。三大战役之后，国共双方的力量对比终于发生了决定性的变化，获得解放的广大人民焕发出改天换地般的惊人力量，革命的洪流以摧枯拉朽之势跨过长江横扫大半个中国，国民党独裁统治瞬间土崩瓦解。革命破除了阻碍中国进步的枷锁，国家和民族获得了独立，人民赢得了自由解放，中国共产党人则取得了政权，为建设一个新中国创造了前提和基础。关于摒弃资产阶级共和国方案的原因，1949年6月30日毛泽东在《论人民民主专政》一文中分析指出："就是这样，西方资产阶级的文明，资产阶级的民主主义，资产阶级共和国的方案，在中国人民的心目中，一齐破了产。资产阶级的民主主义让位给工人阶级领导的人民民主主义，资产阶级共和国让位给人民共和国。这样就造成了一种可能性：经过人民共和国到达社会主义和共产主义，到达阶级的消灭和世界的大同。康有为写了《大同书》，他没有也不可能找到一条到达大同的路。资产阶级的共和国，外国有过的，中国不能有，因为中国是受帝国主义压迫的国家。唯一的路是经过工人阶级领导的人民共和国。"[①] 对于新生共和国的国体问题，毛泽东接着指出："人民是什么？在中国，在现阶段，是工人阶级，农民阶级，城市小资产阶级和民族资产阶级。这些阶级在工人阶级和共产党的领导之下，团结起来，组成自己的国家，选举自己的政府，向着帝国主义的走狗即地主阶级和官僚资产阶级以及代表这些阶级的国民党反动派及其帮凶们实行专政，实行独裁，压迫这些人，只许他们规规矩矩，不许他们乱说乱动。如要乱说乱动，立即取缔，予以制裁。对于人们内部，则实行民主制度，人民有言论、集会、结社等项的自由权。选举权，只

---

① 《毛泽东选集》第4卷，人民出版社1991年第2版，第1471页。

给人民，不给反动派。这两方面，对人民内部的民主方面和对反动派的专政方面，互相结合起来，就是人民民主专政。"①

二、社会主义革命和建设时期中国共产党的价值探索

1949年10月1日，中华人民共和国成立，年轻的中国共产党历经28年艰苦卓绝的奋斗建立了自己的政权，在更大的空间、更大的范围内开始具备全面践行本党宗旨和追求的可能。不难想象，这一项任务更加艰巨艰难、更加富有挑战。正如毛泽东同志在七届二中全会上所讲，这只是万里长征走完的第一步。面对中国人民的殷切期待，面对帝国主义的封锁夹击，面对国民党残余势力的阴谋破坏，中国共产党人没有气馁、没有退缩，更没有放弃，而是以磅礴的气概迎难而上，在短短的三年时间内，不仅迅速恢复了国民经济，而且先后开展了土改运动、抗美援朝运动、镇压反革命运动、"三反""五反"运动、知识分子改造运动，消除了内外威胁，巩固了国防和新生政权，呈现出一片欣欣向荣景象。1956年，进入全面建设社会主义时期之后，以毛泽东同志为代表的中国共产党人夙兴夜寐、励精图治，在理论上和实践中把具有中国特点的社会主义建设推进到一个崭新的境地。由于缺乏执政经验和"左"倾冒进，党犯了经济上"大跃进"和政治上发动"文化大革命"的严重错误，但是社会主义建设并未完全停下脚步，在诸如国防、外交等领域甚至取得了令世人瞩目的成绩。对于一个刚刚取得执政地位的政党而言，在由革命党向执政党转型的过程中，失误在所难免，探索尤为可贵，经验值得总结，教训更须铭记。可以说，自中华人民共和国成立后直到改革开放前夕的30年，是中国特色社会主义核心价值体系孕育形成的关键时期，也是中国特色社会主义核心价值观养成的重要阶段。虽未成功，但实际上却发挥了承上启下、继

---

① 《毛泽东选集》第4卷，人民出版社1991年第2版，第1475页。

往开来的枢纽和节点作用。

（一）社会主义革命时期中国共产党的价值探索：不忘初心，历经三大改造，建立社会主义制度

1949年9月21—30日，中国人民政治协商会议第一届全体会议顺利召开。这次会议实际上代行了全国人民代表大会的职能，会议通过的《共同纲领》发挥着临时宪法的作用。《共同纲领》第一章总纲第一条明确宣示："中华人民共和国为新民主主义即人民民主主义的国家，实行工人阶级领导的、以工农联盟为基础的、团结各民主阶级和国内各民族的人民民主专政，反对帝国主义、封建主义和官僚资本主义，为中国的独立、民主、和平、统一和富强而奋斗。"从中可以看出，这与我党在七大时的主张如出一辙，同样是为独立、民主、和平、统一和富强而奋斗。其中所包含的民主、富强成为今日核心价值观的直接来源，而独立、和平、统一则带有鲜明的时代主题和特色，凸显了革命时期的主要任务。在第一章第四条中，《共同纲领》更是明确载明："中华人民共和国人民依法有选举权和被选举权。"在第十二条中，更是载明："中华人民共和国的国家政权属于人民。人民行使国家政权的机关为各级人民代表大会和各级人民政府。各级人民代表大会由人民用普选方法产生之。"这实际上是以国家根本大法的形式将人民民主锚定下来，并且蕴含了在选举权和被选举权方面男女平等的观念，从此中国开始进入人民真正当家作主的全新时代。而自由、平等的理念在第一章第五条、第六条、第九条中也有明确的阐述。比如，在自由方面，《共同纲领》指出：中华人民共和国人民有思想、言论、集会、结社、通讯、人身、居住、迁徙、宗教信仰及示威游行的自由权。（第五条）并主张中华人民共和国废除束缚妇女的封建制度：实行男女婚姻自由。（第六条）在平等方面，《共同纲领》则直接阐明：妇女在政治的、经济的、文化教育的、社会的生活各方面，均有与男子平等的权利。（第六条）中华人民共和国境内各民族，均有平等的权利和义务。（第九条）五四运动以来，自打中国共产党把马克思主义写在自己的旗帜上并将其作为指导思想,社会主义的种子犹如甘霖洒满神州大地。多少革命先辈为其魂牵梦萦、砥砺前行,他们抛家舍业、不顾安危、忘我工作,有不少还因此献出了宝贵的生命。可以说,在社会主义身上寄托了革命先辈和华夏儿女太多的梦想和追求,承载着国家的希望和民族的未来。历史是公平的,现在机会已经赋予中国共产党人。时不我与,只争朝夕。以毛泽东同志为核心的第一代中央领导集体带领全党全军全国各族人民,在一穷二白、内外交困的艰难条件下不改初心,义无反顾地选择了社会主义道路。历史已经并继续证明:只有社会主义才能救中国,只有社会主义才能发展中国,只有社会主义才能强大中国,只有社会主义才能圆梦中国。

(二) 社会主义建设初期中国共产党的价值探索:痴心不改,高歌猛进,艰难探索社会主义建设新道路

经过三大改造,中国共产党人终于建立起梦寐以求的社会主义制度,开始进入社会主义初级阶段,朝气蓬勃的社会主义建设由此全面深入展开。新的气象、新的局面、新的实践,无疑对刚刚取得执政地位的中国共产党人提出了新的挑战,特别是对新的条件下的马克思主义中国化提出了新的任务。有鉴于此,1956年4月25日,毛泽东经过长达两个多月的时间认真听取34个部委汇报,经过与中央其他领导同志讨论交流,在高度总结和概括的基础上发表了著名的《论十大关系》。文中毛泽东开宗明义地提出以苏为鉴,走自己的路的思想,并就如何调动一切积极因素为社会主义建设服务深入进行了阐述。这篇著作集中总结了中国共产党人执政八年的经验和教训,其中所蕴含的协和万方、化解消极、共存共生的新型矛盾观为我们党今天构建社会主义和谐社会提供了思想启迪和理念引导,同时也为我们建设具有中国特点的社会主义提供了富强之道、民主之道、文明之道、和谐之道。1957年6月19日《关于正确处理人民内部矛盾的问题》一文的发表,标志着以毛泽东为代表的中国共产党人对社会主义社会的探索和认知达到了一个前所未有的新高度、新境界,其中社会主义基本矛盾,即生产力与生产关系、经济基础与上层建筑之间非对抗性质的界定为社会主义改革提供了哲学依据和理论前提。而两类不同性质矛盾学说则为我们处理人民内部矛盾和敌我矛盾提供了理论指导，同时为我们今天提出构建社会主义和谐社会和建设和谐世界创设了科学指南。两篇文章的发表是进入全面建设社会主义时期后中国共产党理论创新的重大成果，是中国共产党人独立思考群策群力的智慧结晶，是马克思主义中国化的划时代之作，极大地丰富了马克思主义的理论宝库。两篇著作当中所揭示的社会主义条件下不同层面的矛盾和问题，初步揭示了社会主义建设规律和中国共产党执政规律，是中国共产党人自觉践行使命与担当的历史必然，是中国共产党人试图摆脱苏联影响、克服苏联弊端，开始由模仿照搬走向自立自强的标志。《论十大关系》和《关于正确处理人民内部矛盾的问题》的发表，阐明了中国共产党人在社会主义建设问题上的基本立场、基本政策、基本方针，廓清了人们头脑中的迷雾，指明了具有中国特点的社会主义建设方向，奠定了中国特色社会主义的理论基石和实践基础。

（三）社会主义建设曲折发展时期中国共产党的价值探索：防修反修，旗帜高扬，在动荡中寻觅社会主义江山永固之道

党的八大前后是社会主义建设初期马克思主义中国化的一个小高峰，在探索具有中国特点的社会主义道路问题上从理论到实践都取得了令世人瞩目的成就，其标志就是《论十大关系》《关于正确处理人民内部矛盾的问题》的发表以及八大政治报告。然而，我们遗憾地看到，自党的八大结束到改革开放前夕，在这 20 年时间里，马克思主义中国化无论在理论上还是实践中都遭遇了一次又一次重大挫折，不少人吃了苦头、饿了肚子，许多人陷入了反思乃至彷徨苦闷当中。这一时期，先是经济"大跃进"造成的大饥荒、大倒退，给新生的共和国在物质上造成了难以弥补的巨大损失。后是政治上发动"文化大革命"防修反修引发的大动荡大浩劫给党的形象和威望造成了难以估量的影响。教训不可谓不深刻，不可谓不惨痛。正如邓小平同志所讲，没有"文革"就没有改革。鉴于中国所特有的复杂国情，中国共产党领导下的中国革命就经历了两次胜利、两次失败的波折和考验后才寻找到一条适合中国国情的新民主主义革命道路，即农村包围城市、武装夺取政权的道路。时间跨度要大大超过俄国十月革命的成功历程。试想，在中国这样一个极端落后的东方大国，搞革命难，搞建设更是难上加难。应当承认，这一时期所遭受的挫折失败，是探索中的失误，是前进中的问题，是成长中的烦恼。仔细梳理这20年的曲折历史，有痛有泪，悲喜交加，其中不乏亮点。譬如，在经济领域建立起比较独立完整的国民经济体系，走上了工业化道路，储备了大批技术人才，积累了较为坚实的物质基础，这些都是在内外封锁的情况下取得的，实属难能可贵。再如，在国防军事领域方面，成功搞出了"两弹一星"、核潜艇等镇国利器，极大地提高了中国的国际地位，彻底摆脱了被核讹诈的历史。又如在外交领域，截止到毛泽东同志逝世，与我国正式建交的国家和地区达到108个，世界上的主要国家和地区都已经和我们建立起外交关系，中国已经彻底摆脱了闭关锁国的落后历史，开始以昂扬的姿态卓立于世界民族之林。这些成就的取得，离不开千千万万民众的努力，离不开千万个雷锋、王进喜、焦裕禄们的努力，离不开雷锋精神、"铁人"精神、焦裕禄精神的浸染和锻造，更离不开中国共产党人对时代精神和民族精神的凝铸和引领。从"对待同志要像春天般的温暖，对待工作要像夏天一样火热……"当中，我们依稀看到了社会主义核心价值观敬业和友善。从"铁人"王进喜的豪言壮语中我们仿佛看到了中国石油工人自立自强的民族品格。从县委书记的好榜样焦裕禄的实际工作当中，我们难以忘怀和平时期党员干部的使命担当和为民情怀。一个雷锋倒下了，千万个雷锋站立起来了；一个王进喜倒下了，千万个王进喜站立起来了；一个焦裕禄倒下了，千万个焦裕禄站立起来了。在这个激情燃烧的岁月中，"两弹一星"精神以其背后难以想象的困难、无与伦比的挑战和大公无私的奉献熠熠生辉、照烁古今。20世纪六七十年代，在中苏断交、技术封锁、一穷二白的基础上，钱学森、王淦昌、邓稼先、孙家栋等两弹元勋，硬生生在简陋的实验条件下，隐姓埋名、爬冰卧雪、饥餐渴饮、迎风斗沙，经历多少寒暑，先后制造出原子弹、氢弹和东方红1号卫星，捍卫了中国科学家的荣誉，赢得了世界赞誉，极大地增强了民族自信心和自豪感。千百个侵略者架起几门大炮就令中国满清政府屈服的日子一去不复返了，中华民族任人宰割的历史也一去不复返了，黄浦江畔"华人与狗不得入内"的屈辱提示更是一去不复返了。时势造英雄，而英雄的故事又创造和影响着新的历史。这就是中国精神，这就是中国风格，这就是中国气派。这些生动案例、这些榜样楷模，已然汇入民族精神的宝库，沉淀为中国特色社会主义核心价值体系和中国特色社会主义核心价值观之中，代代传承、永不褪色、历久弥新。

三、改革开放新时期中国共产党的价值整合

党的十一届三中全会开启了改革开放和社会主义现代化建设的大门，以邓小平同志为代表的老一辈无产阶级革命家功不可没。在邓小平同志的带领下，中国社会开始由相对封闭走向全面开放、由计划经济走向市场经济、由战争与革命走向和平与发展、由万马齐喑走向万马奔腾。经过痛苦的反思和艰难的探索，以邓小平同志为核心的第二代中央领导集体逐步认清了中国国情实际，日益洞察到社会主义的本质，进一步明确了社会主义的根本任务，初步形成了中国特色社会主义理论体系的基本框架，特别是围绕什么是社会主义和怎样建设社会主义的重大命题形成了一系列创造性的理论成果，为后续中国共产党人的持续探索和实践奠定了坚实的基础。1989年，江泽民同志受命于危难之际，面对着极为复杂的国内外局势，他沉着冷静、勇于担当、与时俱进，高举邓小平理论伟大旗帜，带领全党不断解决现实困难和问题，紧紧围绕建设一个什么样的党和怎样建党问题展开不懈探索和努力，在管党治党的过程中创立了"三个代表"重要思想，将马克思主义中国化历史进程推进到一个全新的阶段。以胡锦涛同志为代表的中央领导集体则紧紧针对发展为了什么和怎样实现科学发展的重大命

题展开探索，产生了一系列重大理论成果，特别是创造性地提出构建社会主义和谐社会，丰富了中国特色社会主义建设总体布局，完善了社会主义核心价值体系，并凝练提出了24字社会主义核心价值观，进一步推进了马克思主义中国化的进程。党的十八大以来，以习近平同志为核心的新一届中央领导集体夙兴夜寐、撸起袖子加油干，结合当前国内外局势富有远见地提出了"四个全面"战略思想，以全面建成小康社会，实现中华民族伟大复兴的中国梦凝聚全党全社会共识，大力推进反腐倡廉工作，大力倡导"四个自信"，大力推进"一带一路"建设，大力培育和践行社会主义核心价值观，把中国特色社会主义伟大事业持续向前推进。

（一）拨乱反正、力挽狂澜，以邓小平同志为核心的第二代中央领导集体奠基了中国特色社会主义核心价值体系的主体框架

一是科学评价毛泽东和毛泽东思想，始终强调坚持四项基本原则。"文化大革命"结束之后，随着拨乱反正工作的逐步深入和真理标准大讨论的推进，社会上出现了一股错误思潮，从怀疑毛泽东思想，发展到怀疑马克思主义指导思想的地位、怀疑社会主义道路的正确性，从否定"文化大革命"发展到否定毛泽东，进而发展到否定党的领导，质疑党执政的合法性。如果任由这股逆流肆意发展泛滥下去，势必动摇党心军心民心，其后果不堪设想。有鉴于此，早在1979年3月30日，邓小平在理论工作务虚会上就旗帜鲜明地指出必须坚持四项基本原则，即坚持社会主义道路，坚持无产阶级专政，坚持共产党的领导，坚持马列主义、毛泽东思想。同样在邓小平同志的亲自推动和主持下，自1979年11月党内就开始酝酿草拟《关于建国以来若干重大历史问题的决议》，经过长达两年时间4000人次的反复讨论修改，1981年6月召开的十一届六中全会通过了《中国共产党中央委员会关于建国以来党的若干历史问题的决议》，决议的核心内容就是正确评价毛泽东同志，坚持和发展毛泽东思想。决议同时指出，我们总结新中国成立以来32年历史经验的根本目的，就是要在坚持社会主义道路，坚持人民民主专政即无产阶级专政，坚持共产党的领导，坚持马克思列宁主义毛泽东思想这四项基本原则的基础上，把全党、全军和全国各族人民的意志和力量进一步集中到建设社会主义现代化强国这个伟大目标上来。四项基本原则，是全党团结和全国各族人民团结的共同的政治基础，也是社会主义现代化建设事业顺利进行的根本保证。一切偏离四项基本原则的言论和行动都是错误的，一切否定和破坏四项基本原则的言论和行动都是不能容许的。决议拨云见日，扫除了人民心头的阴霾，打消了党内外的疑虑，化解了党内不必要的纷争，摒弃了思想包袱，团结全党向前看，阔步迈入改革开放和社会主义现代化的伟大时代。决议以其特殊的价值和意义而成为党的历史上一部划时代的历史文献。在以邓小平同志为核心的第二代中央领导集体的大力推动下，四项基本原则写入1982年通过的《中华人民共和国宪法》当中，以国家根本大法的形式固定下来。时隔五年，1987年10月党的十三大胜利召开。"四项基本原则"被作为重要内容写进了党在社会主义初级阶段的基本路线中，即领导和团结全国各族人民，以经济建设为中心，坚持四项基本原则，坚持改革开放，自力更生，艰苦创业，为把我国建设成为富强、民主、文明的社会主义现代化国家而奋斗。集中概括为"一个中心、两个基本点"。1992年10月18日，党的十四大通过的新党章，把建设有中国特色社会主义的理论和党的"一个中心、两个基本点"的基本路线正式载入党章。从宪法到基本路线再到党章，"四项基本原则"作为立国之本、立党之本，堪称改革开放和社会主义现代化建设的灯塔，指引着中国特色社会主义道路一往无前、越走越宽。

二是大力倡导理想信念教育，旗帜鲜明地反对资产阶级自由化。资产阶级自由化作为一股错误思潮最早发端于改革开放之初，甫一出现就把矛头指向党的执政地位，妄图颠覆党的领导，颠覆中国特色社会主义事业，颠覆人民民主专政，颠覆马克思列宁主义和毛泽东思想，是反思"文革"失误过程中走火入魔的一种特殊表现，由于带有学术争鸣的色彩，具有很强的迷惑性。再加上不少人带有"文革"时期的惨痛经历和痛苦回忆，还具有很强的传染性。一些人不仅仅限于发发牢骚和不满，而是直接或间接与国外反华势力相勾结相呼应，自觉和不自觉地充当了国外反华势力的"马前卒"，它所具有的潜在危害性甚至远远超出了思想文化的范围，直接影响和干扰到我国的社会稳定和改革开放的社会主义大方向。邓小平敏锐地洞察到这一问题的实质和严重性。他在1979年3月党的理论工作务虚会上所作的《坚持四项基本原则》的重要讲话中就明确指出：之所以提出四项基本原则，主要就是针对目前出现的这股自由化思潮。他进一步指出："中国要搞现代化，绝不能搞自由化，绝不能走西方资本主义道路。"[1] 从此以后，旗帜鲜明地坚持四项基本原则，坚决反对资产阶级自由化就成为每一位中国共产党党员必须遵守的政治底线。1987年初，中共中央下发了《关于当前反对资产阶级自由化若干问题的通知》，要求全党要充分认识自由化的危害和反自由化的重要性，要求每一位党员干部要与资产阶级自由化彻底划清界限。1992年10月召开的党的十四大对党章进行了新的修改，把"在社会主义现代化建设的整个过程中，必须坚持四项基本原则，反对资产阶级自由化"写进了党章，用党的根本大法的形式，规定了全体党员必须遵守的政治纪律。为了从根本上扫清资产阶级自由化思潮的影响，邓小平认为加强理想信念教育十分必要，要一手抓理想信念教育，一手抓纪律教育，这样才能团结人民、争取青年，共同为中国特色社会主义增砖添瓦，以时间和成绩来证明社会主义制度的优越性。为此，邓小平特意提出"四有"新人的建设目标，即有理想、有道德、有文化、有纪律，并希望青年人要正确处理好自由与纪律的关系，树立马克思主义的自由观，摒弃资产阶级的自由观。他深刻指出："没有理想和纪律，建设四化是不可能的，许多青年崇拜西方的所谓自由，但什么叫自由他们并不懂。"[2] 三是开展"五讲四美三热爱"活动，持续推动社会主义精神文明建设。作为一

---

[1] 《邓小平文选》第3卷，人民出版社1993年版，第123页。
[2] 同上书，第191页。

位远见卓识的政治家,邓小平早在1980年12月20日召开的中央工作会议期间,就明确指出:"我们要建设的社会主义国家,不但要有高度的物质文明,而且要有高度的精神文明。""没有这种精神文明,没有共产主义思想,没有共产主义道德,怎么能建设社会主义?""所谓精神文明,不但是指教育、科学、文化(这是完全必要的),而且是指共产主义的思想、理想、信念、道德、纪律、革命的立场和原则,人与人的同志式关系,等等。"[①] 正是在以邓小平为核心的第二代中央领导集体的大力推动下,1981年6月,中共十一届六中全会审议通过的《关于建国以来党的若干历史问题的决议》,创造性地将社会主义精神文明建设归纳为社会主义现代化建设道路的十个要点之一,并第一次把党在新的历史时期的奋斗目标概括为建设"现代化的、高度民主的、高度文明的社会主义强国"。后来在1987年召开的党的十三大上进一步修改为"富强、民主、文明的社会主义现代化国家"。为推进社会主义精神文明建设工作真正落实到实处,邓小平不仅从理论上加以剖析阐述,而且直接筹划社会主义精神文明建设的根本任务就是培养"四有"新人,就是使我们的各族人民都成为有理想、有道德、有文化、有纪律的人民。

三是开展"五讲四美三热爱"活动,建设社会主义精神文明。"五讲四美三热爱"具有丰富的内容,具有很强的基础性、思想性和指向性。"五讲四美三热爱"因其朗朗上口、易学易记而成为20世纪80年代最经典的数字化口号。六七十年代出生的人大都记忆犹新。"五讲"即讲文明、讲礼貌、讲卫生、讲秩序、讲道德;"四美"即心灵美、语言美、行为美、环境美;"三热爱"即热爱祖国、热爱社会主义、热爱中国共产党。其中"五讲四美"属于基础性要求,与大中小学学生日常生活息息相关。"三热爱"属于政治性要求,是这一场教育活动的目的和归宿。"三热爱"融汇于"五讲四美"的生活细节当中,源于生活又高于生活,为"五讲四美"提供方向指引,同时

[①] 《邓小平文选》第2卷,人民出版社1994年版,第367页。

"三热爱"也不能脱离"五讲四美"而独立,否则就演变为无源之水、无本之木,最终必然会失去群众的支持和拥护。客观地讲,"五讲四美三热爱"活动如一缕清风、一场春雨,拂去了人们心头的阴霾,浸润了人们的心灵,提高了国民素质,重塑了社会秩序,弘扬了社会正气,极大地推进了社会主义精神文明建设进程,为我们今天培育和践行社会主义核心价值观提供了借鉴和参照。

四是坚决反对个人崇拜和个人专断,倾心推动社会主义法制建设。个人崇拜和个人专断是封建时代的产物,它们在党内出现既有历史因素也有现实条件,既有个人考量也有推波助澜。从1958年批评反冒进、1959年"反右倾"以来,党和国家的民主生活逐渐不正常,一言堂、个人决定重大问题、个人崇拜、个人凌驾于组织之上等家长制现象,不断滋长。究其原因,其中最根本的还是制度设计问题。对此,邓小平深刻指出:"我们过去发生的各种错误,固然与某些领导人的思想、作风有关,但是组织制度、工作制度方面的问题更重要。这些方面的制度好可以使坏人无法任意横行,制度不好可以使好人无法充分做好事,甚至会走向反面。即使像毛泽东同志这样伟大的人物,也受到一些不好的制度的严重影响,以致对党对国家对他个人都造成了很大的不幸。"[①] "不是说个人没有责任,而是说领导制度、组织制度问题更带有根本性、全局性、稳定性和长期性。这种制度问题,关系到党和国家是否改变颜色,必须引起全党的高度重视。"[②] 邓小平接着指出,在党内生活和国家政治生活中,要真正实行民主集中制和集体领导。一言堂、个人说了算,集体做了决定少数人不执行等毛病,都要坚决纠正。在论及如何正确处理民主与法制关系方面,邓小平指出,要继续发展社会主义民主,健全社会主义法制。这是三中全会以来中央坚定不移的基本方针,今后也决不允许有任何动摇。我们的民主制度还有不完善的地方,要制定一系列的法律、法令和条例,使民主制

[①] 《邓小平文选》第2卷,人民出版社1994年版,第333页。
[②] 同上。

度化、法律化。社会主义民主和社会主义法制是不可分的。不要社会主义法制的民主，不要党的领导的民主，不要纪律和秩序的民主，绝不是社会主义民主。相反，这只能使我们的国家再一次陷入无政府状态，使国家更难民主化，使国民经济更难发展，使人民生活更难改善。为此，他积极主张在党政机关、军队、企业、学校和全体人民中，都必须加强纪律教育和法制教育。同时要求全党同志和全体干部都要按照宪法、法律、法令办事，学会使用法律武器（包括罚款、重税一类的经济武器）同反党反社会主义的势力和各种刑事犯罪分子进行斗争。这是现在和今后发展社会主义民主、健全社会主义法制的过程中要求我们必须尽快学会处理的新课题。

（二）居安思危、锐意进取，以江泽民同志为核心的中央领导集体丰富了中国特色社会主义核心价值体系的主要内容

一是高举邓小平理论伟大旗帜，积极推动马克思主义中国化。邓小平理论是继毛泽东思想之后马克思主义中国化的又一大理论成果，是中国特色社会主义理论体系的开篇之作，也是奠基之作。邓小平理论抓住"什么是社会主义"和"怎样建设社会主义"这一根本命题，深化了我们对于社会主义本质的认识，第一次初步系统回答了中国社会主义的发展道路、发展阶段、根本任务、发展动力、外部条件、政治保证、战略步骤、党的领导和依靠力量以及祖国统一等基本问题，构建了中国特色社会主义理论体系的基本架构，规划了中国特色社会主义建设的基本方法和路径。在以江泽民同志为核心的第三代中央领导集体的推动下，邓小平理论作为党的指导思想首次列入党的十五大修改通过的党章。这一举措向全党全军全国人民昭示：邓小平理论作为马克思主义在中国发展的新阶段将永远载入史册，并且将继续指引中国改革开放和社会主义现代化建设事业。我们欣慰地看到，以江泽民同志为核心的新一代中央领导集体并没有止步，而是在充分继承毛泽东思想、邓小平理论的基础上，用马克思主义的基本立场、基本观点和基本方法观察和处理当代中国发展中遇到的实际问题。经过十余

年的酝酿积累和反思，在 2000 年 2 月正式提出"三个代表"重要思想，将马克思主义中国化推进到一个新的阶段。"三个代表"重要思想回答了新的历史条件下建设一个什么样的党和怎样建党的重大命题，深化了共产党执政规律和社会主义建设规律的认识，成为世纪转折关头中国共产党新的指导思想。实践不辍，创新不断。一代代中国共产党人正是秉承着实事求是的探索精神，解放思想、与时俱进，不断推动社会主义建设事业从胜利走向新的胜利。

　　二是坚持四项基本原则，牢牢把握改革开放的大方向。事实证明，经济发展和改革开放本身并不能天然地巩固中国社会主义制度，并不能天然地引导中国向更高的社会主义阶段发展。相反，由于经济发展所带来的经济多元化和改革所带来的部分阶层利益受损，以及对外开放所带来的外部侵蚀和冲击，特别是随着生活条件改善所带来的民主意识和权利意识的逐步释放和增强，导致一定程度上利益冲突加剧、矛盾问题层出不穷，怀疑增多了，不满增多了，这些都给党的领导水平和执政能力带来很大的挑战和压力。为此，江泽民在 2001 年全国社会治安工作会议上指出，坚持四项基本原则和坚持改革开放是紧密结合、相互促进的，不能把它们割裂开来、对立起来，而应该把以经济建设为中心同四项基本原则、改革开放这两个基本点统一于建设有中国特色社会主义的伟大实践。他敏锐地指出，坚持四项基本原则，是当今中国根本区别于历史上的封建主义旧中国和资本主义国家的主要标志。离开四项基本原则，中国就不成其为社会主义国家，就不能建设有中国特色社会主义。如果动摇了四项基本原则，或者四项基本原则坚持得不好，那就会在政治方向、政治保障上出问题，我们的现代化事业就不能成功。[①] 改革开放以来的实践一次次说明，四项基本原则是防风林，可以消减漫天的风沙；四项基本原则是防波堤，可以抵御海浪的侵蚀冲击；四项基本原则是压舱石，可以抗衡狂风巨浪；四项基本原则是航标灯，可

[①] 《江泽民文选》第 3 卷，人民出版社 2006 年版，第 215 页。

以防止我们迷失方向。

三是大力发展先进文化，持续推进社会主义精神文明建设。在当代中国，坚持什么样的文化方向，推动建设什么样的文化，是检验中国共产党领导水平和执政水平的重要标准，是检验中国共产党人成色的"试金石"。在当代中国，发展先进文化，就是发展有中国特色社会主义的文化，就是建设社会主义精神文明。建党以来，中国共产党人始终以马克思主义为指导思想，高举先进文化的旗帜，弘扬新文化，荡涤旧文化，在全党全国人民中凝聚形成了社会主义、共产主义的理想和信念，这是我们进行改革开放和社会主义现代化建设必不可少的一笔精神财富。发展社会主义文化的根本任务，就是要培养一代又一代有理想、有道德、有纪律、有文化的社会主义建设者和接班人，就是要涵养面向现代化、面向世界、面向未来的，民族的科学的大众的先进文化体系，就是要凝练知难而进、勇于进取的民族精神和时代精神。对此，江泽民同志有过多次阐述和指示，为丰富社会主义核心价值体系的精神宝库做出了巨大贡献。1989年9月29日，江泽民上任伊始就鲜明指出：发扬爱国主义精神，坚持独立自主、自力更生的方针，是中国革命也是中国社会主义建设取得胜利的一条根本经验。同年10月31日，江泽民在会见美国前总统尼克松时指出，中国人历来是讲民族气节的，是不畏强暴的。1991年9月24日，在纪念鲁迅先生诞生110周年大会上，江泽民深刻指出要进一步学习和发扬鲁迅的爱国主义精神，进一步学习和发扬鲁迅坚韧的战斗精神，进一步学习和发扬鲁迅的博采众长、勇于创新的精神。1996年10月12日，江泽民在纪念长征胜利60周年大会上号召大家要把长征精神一代一代传下去，激励和鼓舞全国人民奋发图强、开拓前进。1997年1月29日，江泽民在中纪委第八次全体会议上明确指出，艰苦奋斗、自强不息的精神风貌是中国共产党人在长期的革命和建设斗争中取得一个又一个胜利的重要原因。他号召全党全社会要"大力提倡高尚的社会主义思想道德和发扬中华民族的优良传统，以艰苦奋斗、勤俭朴素为荣，以铺张浪费、奢侈挥霍为耻"。① 1998年9月28日，江泽民在全国抗洪抢险总结表彰大会上指出："抗洪精神，是爱国主义、集体主义、社会主义精神的大发扬，是社会主义精神文明的大发扬，是我们党和军队的光荣传统和优良作风的大发扬，是中华民族的民族精神在当代中国的集中体现和新的发展。"② 除此之外，江泽民还在2000年6月5日中科院大会上提出要在全党全社会大力弘扬科学精神和创新精神。在2001年1月10日全国宣传部长会议上倡导大力弘扬不懈奋斗的精神。他富有远见地指出："伟大的事业需要并将产生崇高的精神，崇高的精神支撑和推动着伟大的事业，没有坚强精神的民族，是没有前途的。"③

（三）以人为本、见微知著，以胡锦涛同志为代表的中央领导集体构建了完整的中国特色社会主义核心价值体系

一是擘画构建社会主义和谐社会，以党内和谐推进社会和谐。和谐社会是人类孜孜以求的一种美好理想，更是马克思主义政党坚持不懈的一贯追求。在中外历史上，先后产生过不少有关社会和谐的思想和实践，但不是缺乏可以实施的条件，就是在艰难的实践中走向失败，究其原因最根本的还是生产力水平低下，难以满足人们不断增长的愿望和追求。进入21世纪后，随着中国社会生产力的不断增长和综合国力的持续提升，同时伴随着社会矛盾和利益冲突的日益增多，社会方方面面的关系和问题需要梳理和引导，这样就在党的十六大报告中，江泽民第一次将"社会更加和谐"作为重要目标提出。2004年9月19日，胡锦涛在中国共产党第十六届中央委员会第四次全体会议上正式提出了"构建社会主义和谐社会"的概念。胡锦涛指出，中国共产党作为执政党，要坚持最广泛、最充分地调动一切积极因素，不断提高构建社会主义和谐社会的能力。在十六届四中全会通过的报告中，我们党第一次把和谐社会建设放到同经济建设、政治建设、文化建设并

---

① 《江泽民文选》第1卷，人民出版社2006年版，第621页。
② 《江泽民文选》第2卷，人民出版社2006年版，第231页。
③ 《江泽民文选》第3卷，人民出版社2006年版，第197页。

列的突出位置,从而使我们党关于社会主义现代化建设的奋斗目标,由发展社会主义市场经济、社会主义民主政治和社会主义先进文化这样"三位一体"的总体布局,扩展为包括社会主义和谐社会在内的"四位一体"的总体布局,极大地拓展了中国特色社会主义建设的空间和领域。紧接着,2006年10月召开的党的十六届六中全会审议通过了《中共中央关于构建社会主义和谐社会若干重大问题的决定》,其中全面深刻地阐明了中国特色社会主义和谐社会的性质和定位、指导思想、目标任务、工作原则和重大部署。2007年10月,党的十七大再次强调了构建社会主义和谐社会的重要性,并对以改善民生为重点的社会建设做了全面部署。和谐社会建设的主要内容就是:民主法治、公平正义、诚信友爱、充满活力、安定有序、人与自然和谐相处。在此,我们不难发现,社会主义和谐社会建设的主要内容与社会主义精神文明建设所追求的目标有机地耦合在一起,与今天所倡导的社会主义核心价值观有机地耦合在一起,建设社会主义精神文明,发展中国特色社会主义先进文化,就是为社会主义和谐社会建设创造必要的思想精神条件。

二是大力倡导社会主义荣辱观,完善社会主义核心价值体系。荣辱观源于社会当中的人们对荣誉和耻辱的根本看法和态度,是个人和社会价值观的生动表达。在很大程度上集中反映了某一时期或阶段人们的普遍价值导向、精神状态和文明修养,反映了人们在一定社会中的道德认知和道德追求,同时也在根本上规范和界定了个体和社会道德行为的价值尺度与评估标准。2006年3月4日,胡锦涛同志在参加全国政协十届四次会议期间提出,要引导广大干部群众特别是青少年树立以"八荣八耻"为主要内容的社会主义荣辱观,即"坚持以热爱祖国为荣、以危害祖国为耻,以服务人民为荣、以背离人民为耻,以崇尚科学为荣、以愚昧无知为耻,以辛勤劳动为荣、以好逸恶劳为耻,以团结互助为荣、以损人利己为耻,以诚实守信为荣、以见利忘义为耻,以遵纪守法为荣、以违法乱纪为耻,以艰苦奋斗为荣、以骄奢淫逸为耻"。①胡锦涛同志的重要论述朗朗上口、对仗工整、内容深邃，带有很强的通俗性、民族性和时代性风格，甫一出炉就受到了社会各界的高度关注和赞誉。这一集中概括顺应了党心、军心、民心，体现了民族传统与时代精神的有机结合，体现了社会主义道德规范的本质要求，体现了社会主义核心价值观的鲜明导向，对推动形成良好社会风气和社会风尚，构建中国特色的社会主义和谐社会具有重要指导意义。社会主义荣辱观作为社会主义核心价值范畴，是与我国现阶段倡导的价值导向和价值追求紧密相连的。以"八荣八耻"为主要内容的社会主义荣辱观，具有深刻的思想内涵和鲜明的时代风格，涵盖了公民个人、集体和国家三者之间的复杂关系，涵盖人生态度、价值选择、社会风尚等方方面面，反映了社会主义思想道德的基本要求，体现了新时期新的历史条件下的时代精神，是新形势下加强社会主义思想道德建设的重要指导方针。大力弘扬社会主义荣辱观，牢固树立社会主义荣辱观，将有利于引导人们规范自我、强化修养、协调关系、化解矛盾，进而为构建社会主义核心价值体系奠定良好的道德基础；有利于提素质、明是非、辨善恶、识美丑，进而推动社会主义条件下人的全面发展和社会全面进步；有利于在全社会形成知荣辱、树正气、促和谐、助发展的良好社会风尚，进而极大地推动社会主义精神文明建设深入进行。

三是凝练24字核心价值观，坚定中国特色社会主义文化建设引向深入。2006年10月，胡锦涛同志在党的十六届六中全会上不仅第一次明确提出了"建设社会主义核心价值体系"的重大命题和主要内容，而且明确阐明社会主义核心价值观是社会主义核心价值体系的内核。这一新的提法促使学界开始对社会主义核心价值观展开深入研究和集中概括。2011年10月，胡锦涛在党的十七届六中全会上强调指出，社会主义核心价值体系是兴国之魂，建设社会主义核心价值体系是推动文化大发展大繁荣的根本任务。在社会主义核心价值体系的基

---

① 《胡锦涛文选》第2卷，人民出版社2016年版，第430页。

础上，提炼和概括出简明扼要、便于传播践行的社会主义核心价值观，对于建设社会主义核心价值体系具有重要意义。2012年11月，胡锦涛在中共十八大报告中明确提出"三个倡导"，即"倡导富强、民主、文明、和谐，倡导自由、平等、公正、法治，倡导爱国、敬业、诚信、友善，积极培育社会主义核心价值观"①，这是对社会主义核心价值观的最新概括。富强、民主、文明、和谐代表着国家层面的价值目标，自由、平等、公正、法治反映着社会层面的价值取向，爱国、敬业、诚信、友善则标志着公民个人层面的价值准则，这24个字集中概括出社会主义核心价值观的基本内容和要求，集中体现了社会主义核心价值体系的根本性质和基本特征，集中反映了社会主义核心价值体系的丰富内涵和实践要求，是社会主义核心价值体系的高度凝练和集中表达，是对中华人民共和国每一个组织、每一个单位、每一个成员思想和行为的明确规范和要求，是21世纪以胡锦涛同志为代表的中国共产党人对马克思主义中国化的新贡献、新发展。

（四）率先垂范、以身作则，以习近平同志为核心的中央领导集体把中国特色社会主义核心价值观建设推进到一个全新的境地

一是以思想家的远见积极倡导、亲力亲为，培育和践行社会主义核心价值观。2013年4月28日习近平同志在同全国劳动模范代表座谈时指出，我国工人阶级要自觉践行社会主义核心价值观，发扬我国工人阶级的伟大品格，用先进思想、模范行动影响和带动全社会，不断为中国精神注入新能量。2014年5月4日，习近平在北京大学师生座谈会上的讲话中指出："人类社会发展的历史表明，对一个民族、一个国家来说，最持久、最深层的力量是全社会共同认可的核心价值观。核心价值观，承载着一个民族、一个国家的精神追求，体现着一个社会评判是非曲直的价值标准。""如果一个民族、一个国家没有共同的核心价值观，莫衷一是，行无依归，那这个民族、这个国家就无

---

① 《胡锦涛文选》第3卷，人民出版社2016年版，第638页。

法前进。"① 他勉励广大青年树立和培育社会主义核心价值观,要在以下几点上下功夫:一是要勤学,下得苦功夫,求得真学问。二是要修德,加强道德修养,注重道德实践。三是要明辨,善于明辨是非,善于决断选择。四是要笃实,扎扎实实干事,踏踏实实做人。2014年5月30日,习近平在北京市海淀区民族小学主持召开座谈会时,殷切希望要适应少年儿童的年龄和特点培育和践行社会主义核心价值观,主要是"要做到记住要求、心有榜样、从小做起、接受帮助"。② 2014年9月9日,习近平在同北京师范大学师生代表座谈时,则寄语广大教师要用好课堂讲坛,用好校园阵地,用自己的行动倡导社会主义核心价值观,用自己的学识、阅历、经验点燃学生对真善美的向往,使社会主义核心价值观润物细无声地浸润学生们的心田、转化为日常行为,增强学生的价值判断能力、价值选择能力、价值塑造能力,引领学生健康成长。2014年10月15日,习近平在文艺工作座谈会上的讲话中则指出:"文艺是铸造灵魂的工程,文艺工作者是灵魂的工程师。好的文艺作品就应该像蓝天上的阳光、春季里的清风一样,能够启迪思想、温润心灵、陶冶人生,能够扫除颓废萎靡之风。广大文艺工作者要高扬社会主义核心价值观的旗帜,充分认识肩上的责任,把社会主义核心价值观生动活泼、活灵活现地体现在文艺创作之中,用栩栩如生的作品形象告诉人们什么是应该肯定和赞扬的,什么是必须反对和否定的,做到春风化雨、润物无声。"③ 2015年6月30日,习近平在会见全国优秀县委书记时,则明确要求县委书记带头践行社会主义核心价值观,一是要做政治的明白人,二是要做发展的开路人,三是要做群众的贴心人,四是要做班子的带头人。

二是以慈善家的情怀大力推进精准扶贫,力争2020年全面建成小康社会。俗话说,小康不小康,关键看老乡。经过新中国成立以来特

---

① 《习近平谈治国理政》,外文出版社2014年版,第168页。
② 同上书,第182页。
③ 《习近平总书记系列重要讲话读本》,学习出版社、人民出版社2016年版,第200页。

别是改革开放40年的不懈奋斗和努力，目前我国人民已经从总体上实现小康社会建设目标，但是离全面建成小康社会的终极目标还存在一定的距离。为不使一人在全面建成小康社会的过程中掉队，中央制订了扶贫攻坚战略，力争到2020年彻底消灭贫困。国家扶贫办官网信息显示，2016年是全面贯彻落实中央扶贫开发工作会议精神、打赢脱贫攻坚战的首战之年，按照每人每年2300元（2010年不变价）的农村贫困标准计算，2016年农村贫困人口4335万人，比上年减少1240万人，超额完成1000万人的目标任务。据有关媒体报道，2016年，我国扶贫投入力度空前。在财力投入上，中央和省级财政专项扶贫资金首次突破1000亿元，其中中央财政667亿元，同比增长43.4%。792个贫困县启动实施涉农资金整合试点，实际整合到位资金约2300亿元，惠及建档立卡贫困人口3000多万人。各类金融机构加大扶贫支持力度，到2016年年底，累计发放扶贫小额贷款2833亿元，全国共有801万贫困户受益。在人力投入上，各地共向贫困村选派驻村工作队12.8万个，派出驻村干部54万多人。全国选派18.8万名优秀干部到贫困村和基层党组织薄弱村担任第一书记，提升带动群众脱贫能力。到2020年全面消除贫困是以习近平同志为核心的中央领导集体向全世界作出的庄严承诺，是中国共产党人在21世纪为推进中国社会公平正义，践行全心全意为人民服务的宗旨所做出的巨大努力。我们有理由相信，经过全党上下三年的艰苦努力，这个目标一定能够达到。

三是以政治家的智慧着眼全面依法治国，完善中国特色法治文明体系。2014年10月20日至23日，党的十八届四中全会审议通过了《中共中央关于全面推进依法治国若干重大问题的决定》。决定提出："全面推进依法治国，总目标是建设中国特色社会主义法治体系，建设社会主义法治国家。"① 全会明确了全面推进依法治国的重大任务：完善以宪法为核心的中国特色社会主义法律体系，加强宪法实施；深入推进依法行政，加快建设法治政府；保证公正司法，提高司法公信

---

① 《十八大以来重要文献选编》（中），中央文献出版社2016年版，第157页。

力；增强全民法治观念，推进法治社会建设；加强法治工作队伍建设；加强和改进党对全面推进依法治国的领导。2015年9月22日，习近平访美期间在华盛顿州当地政府和美国友好团体联合欢迎宴会上的演讲中指出，全面依法治国就是要坚持依法治国、依法执政、依法行政共同推进，坚持法治国家、法治政府、法治社会一体建设，推动司法公信力不断提高、人权得到切实尊重和保障。2016年7月1日，习近平在庆祝中国共产党成立95周年大会上的讲话中进一步指出："我们要坚持走中国特色社会主义法治道路，加快构建中国特色社会主义法治体系，建设社会主义法治国家。全面依法治国，核心是坚持党的领导、人民当家作主、依法治国有机统一，关键在于坚持党领导立法、保证执法、支持司法、带头守法。要在全社会牢固树立宪法法律权威，弘扬宪法精神，任何组织和个人都必须在宪法法律范围内活动，都不得有超越宪法法律的特权。"①

四是以革命家的勇气开展全面从严治党，打造风清气正的政治生态。全面从严治党是党的十八大以来党中央作出的重大战略部署，是"四个全面"战略布局的重要组成部分，也是全面建成小康社会、全面深化改革、全面依法治国顺利推进的根本保证。2014年10月8日，习近平总书记在党的群众路线教育实践活动总结大会讲话中首次提出要"全面推进从严治党"。12月习近平总书记在江苏调研时强调："协调推进全面建成小康社会、全面深化改革、全面依法治国、全面从严治党，推动改革开放和社会主义现代化建设迈上新台阶。"② 开始将全面从严治党作为"四个全面"战略布局的有机组成部分，提升到一个前所未有的战略高度。党的十八届六中全会专题研究全面从严治党重大问题，充分展现了党中央坚定不移推进全面从严治党的决心和信心。全面从严治党，基础在全面，关键在从严，要害在治党。"全面"就

---

① 《习近平在庆祝中国共产党成立95周年大会上的讲话》，人民出版社2016年版，第17页。

② 《习近平关于协调推进"四个全面"战略布局论述摘编》，中央文献出版社2015年版，第12页。

是管全党、治全党，覆盖党的建设方方面面，面向8900多万党员、450多万个党组织，重点是抓住领导干部这个"关键少数"。"从严"就是做到真管真严、敢管敢严、长管长严。"治党"就是指党的各级组织要切实肩负起主体责任，党委书记要真正履职尽责、敢于担当；各级纪委要确实担负起监督责任，敢于执纪问责。党的十八大以来，以习近平同志为核心的党中央率先垂范、严格自律，将思想建党、作风建党和制度治党紧密结合，整饬党内不正之风，严惩党内腐败分子，净化党内政治生态，重点从六个方面全面推进从严治党。一是补足精神之钙，用马克思主义中国化的最新成果武装全党、教育全党，着力增强"四个自信"。二是强化党的领导，引导全党树立"四个意识"，着力落实管党治党主体责任，不断增强各级党组织管理意识和治理能力。三是严守政治规矩，严明党的政治纪律，用铁的纪律从严治党，保证全党的凝聚力和战斗力。四是优化选人用人机制，坚持正确用人导向，深化干部人事制度改革，着力整治用人上的不正之风。五是重点突破，从落实八项规定和整治"四风"入手，着力解决历史遗留问题和老大难问题，推动党风政风不断好转。六是坚决惩治腐败，"老虎""苍蝇"一起打，着力扎紧制度的笼子，有效遏制腐败蔓延势头。经过几年努力，全面从严治党取得显著成效，党内正气不断上升，党风持续好转，社会风气逐渐上扬。这些变化，是全面深刻、影响深远、鼓舞人心的变化，为党和国家事业发展积聚了强大的正能量和雄厚的资源。2016年1月12日，习近平在第十八届中央纪律检查委员会第六次全体会议上的讲话中对党的十八大以来推动党风廉政建设和反腐败斗争取得新的重大成效进行了深刻总结：第一，严明党的政治纪律，夯实管党治党责任。第二，创新机制，扎牢制度笼子。第三，持之以恒纠正"四风"，党风民风向善向上。第四，强化党内监督，发挥巡视利剑作用。第五，严惩腐败分子，加强追逃追赃工作。[①]

---

① 《习近平在第十八届中央纪律检查委员会第六次全体会议上的讲话》，人民出版社2016年版，第2—5页。

回溯社会主义核心价值观的形成历史，我们不难发现：从毛泽东到邓小平，从江泽民、胡锦涛再到习近平，一代代中国共产党人在举什么旗、走什么路的问题上表现出惊人的一致和共同的追求，那就是高举社会主义旗帜，不断以发展着的新的马克思主义指导中国革命和建设实践，不断深化对社会主义的认识，不断丰富完善社会主义核心价值体系，不断探索社会主义核心价值观建设规律，大力推进社会主义精神文明建设，大力推进中国特色社会主义文化建设，大力培育和践行社会主义核心价值体系和社会主义核心价值观，坚持道路自信、理论自信、制度自信、文化自信，接力续写中国社会主义现代化建设和中华民族伟大复兴的历史辉煌。

第三章

社会主义核心价值观时代价值研究

正如前文所讲，每一个历史时代的核心价值观都是时代精神的精华、思想之魂，都是顺应历史时代而产生并对社会历史的发展发挥了积极的促进作用，因而都是人类思想文化宝库的耀眼明珠，是人类文明的积极成果。虽然核心价值观在不同历史时期也有相同的范畴，但其内容也必然有各自的时代性。同样地，社会主义核心价值观的形成是历史的产物，其提出也是现实的需要，具有重大的时代价值。

一、社会主义核心价值观体现了多个层面的价值追求

《关于培育和践行社会主义核心价值观的意见》将社会主义核心价值观分成三个层面：富强、民主、文明、和谐，是国家层面的价值目标；自由、平等、公正、法治，是社会层面的价值取向；爱国、敬业、诚信、友善，是公民层面的价值准则。这三个方面联系紧密，是社会主义核心价值观不可分割的有机结合。

（一）富强、民主、文明、和谐，是国家层面的价值目标，它是社会主义核心价值观的最高表现

富强是社会主义核心价值观在物质层次上的最高表现，是社会主义经济的核心价值观，是经济领域的价值目标。富强表现为国家实力强大，人民生活富足。社会主义经济追求的富裕是公平正义基础上的共同富裕，是全体人民的共同富裕，这是社会主义本质的共同目标。

经过40年的改革开放，我国经济总量已经跃居世界第二，根据国家统计局的统计数据，2016年中国的GDP总量达到74.4万亿元。但是，目前中国的人均GDP世界排名并不靠前，贫富差距较大。国家发展改革委副主任兼国家统计局局长宁吉喆表示，近年来，中国的基尼系数总体上呈下降趋势，2012—2015年，中国居民收入的基尼系数为0.474、0.473、0.469、0.462。2016年是0.465，比2015年提高了0.003。虽然它并没有改变中国基尼系数总体下降的趋势，但是也表明我国缩小贫富差距的任务依然很艰巨。民富国强，二者互相依存。国强是民富的保障，民富是国强的基础。我们要不断努力，通过公民践行爱国、敬业、诚信、友善的价值准则，社会实现自由、平等、公正、法治的价值取向，正确处理好国家与民众的关系、整体与个人的关系，经过若干时期的共同努力，才能达到真正意义的"富强"。

民主是社会主义核心价值观在政治层次上的最高表现，是社会主义政治的核心价值观，是政治领域的价值目标。社会主义民主是社会主义本质属性之一。1945年，毛泽东在回答黄炎培"中共如何走出'历史周期律'"的问题时指出："我们已经找到新路，我们能跳出这周期率。这条新路，就是民主。只有让人民来监督政府，政府才不敢松懈。只有人人起来负责，才不会人亡政息。"真正实现人民当家作主，不仅是中国共产党和中国人民的核心价值追求，而且是实现富强、文明、和谐的政治保障。

文明是社会主义核心价值观在道德层次上的最高表现，是社会主义文化的核心价值观，是文化领域的价值目标。文明是社会发展进步的重要标志，也是社会主义现代化国家的重要特征。物质文明、精神文明、政治文明、生态文明、社会文明，这"五个文明"共同构成一个完整的文明体系，它们互相影响、互相制约。把"文明"确定为国家层面的价值目标，这是对以往文化思想的继承和发展，不仅是重大的理论创新，而且有重大的现实价值。2012年，在中国共产党第十八次全国代表大会上提出的社会主义核心价值观中，爱国、敬业、诚信、友善是对每个公民做文明人的基本要求，也是社会主义核心价值观在道德层次上的具体表现。我们所要构建的社会主义文化价值观，是以马克思主义为指导，以先进文化为目标，既与优秀传统文化相承接，又与时代进步要求和发展趋势相一致的文化价值观念。

和谐是社会主义核心价值观在精神层次上的最高表现，是社会主义"社会"和"生态"的核心价值观，是社会领域的价值目标。当前，和谐社会主要解决四个问题，即贫与富、官与民、城市与乡村、人与自然的和谐问题。通过这些问题的解决，逐步建设一个民主法治、公平正义、诚信友善、充满活力、安定有序、人与自然和谐相处的社会。社会和谐是中国特色社会主义的本质属性，是国家富强、民族振兴、人民幸福的重要保证。

（二）自由、平等、公正、法治，是社会层面的价值取向，它是社会主义核心价值观的重要内核

马克思主义认为，社会是人们通过交往形成的社会关系的总和，是人类生活的共同体。从这个意义上说，公民、家庭、团体、国家都是社会的一部分。自由、平等是公民在社会层面交往过程中体现出来的理念，是满足公民价值准则的内核。只有在公民交往中遵循自由、平等的原则，才能更好地保证国家层面富强、民主、文明、和谐的价值目标得以实现，促进公民层面爱国、敬业、诚信、友善的价值准则普遍形成。

公正、法治是保障公民权利的武器，同时也是维护国家稳定的法宝，是社会的应然状态。试想，如果作为整体的国家难以维持公正、法治的局面，国家的执政合法性必定会受到质疑，其富强、民主、文明、和谐的价值目标就不可能实现。公民难以得到公正对待，不能在法治的环境下工作生活，其爱国、敬业、诚信、友善的价值准则则很难确立。

社会层面的价值取向是社会主义核心价值观的内核所在。无论是自由、平等，还是公正、法治，都需要社会作为连接公民与国家之间的纽带来加以落实。否则，再好的价值观也只是空中楼阁。

（三）爱国、敬业、诚信、友善，是公民层面的价值准则，它是社会主义核心价值观的坚实基础

爱国、敬业、诚信、友善，作为公民个人层面的价值准则，与国家层面的价值目标和社会层面的价值取向相比较，更加细化，更具有可行性。

爱国，是公民个人的道德要求和核心价值观，是社会主义核心价值观的政治基础和政治道德。何为爱国？作为学生，为中华之崛起而读书即为爱国。詹天佑曾讲：各出所学，各尽所知，使国家富强不受外侮，足以自立于地球之上。在当代中国，爱国最根本的就是要热爱伟大的中国共产党，热爱伟大的社会主义制度，为实现中华民族伟大复兴的中国梦而奋斗。

敬业，是职业道德的核心要求，是社会主义核心价值观的经济基础。谢觉哉认为，爱国的主要方法，就是要爱自己所从事的事业。从这个意义上讲，敬业即爱国。敬业的教师是最美的，敬业的劳动者都是最美的。只有这样，才能为国家社会的发展奠定坚实的基础，成为国家富强、民主、文明、和谐的推动者。

诚信，是个人安身立命的道德规范，是公民的第二个"身份证"。无诚则无德，无信难成事。古有"曾子杀猪"（曾子是孔子的学生。有一次，曾子的妻子准备去赶集，由于孩子哭闹不已，曾子的妻子许诺孩子回来后杀猪给他吃。曾子的妻子从集市上回来后，曾子不顾妻子阻拦，把猪杀了。曾子深深懂得，诚实守信，说话算话是做人的基本准则，若食言不杀猪，那么家中的猪保住了，却失信于孩子），今有北京化工大学毕业生许涛为父募捐三年后守诺还款。诚信做人有利于公正、法治和文明、和谐价值观真正落到实处。

友善，是处理人与人、人与自然、人与社会之间关系的基本准则，是公民基本道德规范。友善不仅要与人为善、团结友爱，善待身边人、善待社会，还要善待自然。只有这样，才能把国家层面的文明、和谐贯穿到社会的方方面面，成为公民之间相处的润滑剂。

爱国、敬业、诚信、友善，如果不能切实成为公民个人层面的价值准则，那么，国家层面的价值目标和社会层面的价值取向终将成为镜花水月。

不难看出，社会主义核心价值观的三个层面是不可分割的有机整体。公民层面的爱国、敬业、诚信、友善是价值准则，社会层面的自由、平等、公正、法治是价值取向，国家层面的富强、民主、文明、和谐是价值目标。社会主义核心价值观体现了多个层面的价值追求，把涉及国家、社会、公民的价值要求融为一体，回答了我们要建设什么样的国家、建设什么样的社会、培育什么样的公民的重大问题。

二、社会主义核心价值观凝聚了广大民众的价值共识

中国要全面建成小康社会、实现中国梦，必须有根植于广大民众的价值共识。在建设中国特色社会主义的伟大实践中，在实现中华民族伟大复兴的中国梦的奋斗历程中，什么是广大民众的价值共识？面对全球范围各种价值观较量的新形势和思想文化不断交流交锋的新特点，面对我国全面改革攻坚战的新任务和多种社会思潮相互激荡的新态势，怎样凝聚广大民众的价值共识？这是一个重要的时代性课题，是一场历史性考验，对于国家、社会、公民个人都是一个重大的现实性问题。我党顺应时代需要，整合人民的智慧，2012年11月，中共十八大报告明确提出"三个倡导"，即"倡导富强、民主、文明、和谐，倡导自由、平等、公正、法治，倡导爱国、敬业、诚信、友善，积极培育和践行社会主义核心价值观"，这是对社会主义核心价值观的最新概括。2013年12月，中共中央办公厅印发《关于培育和践行社会主义核心价值观的意见》，进一步明确把"富强、民主、文明、和谐，自由、平等、公正、法治，爱国、敬业、诚信、友善"24个字确立为社会主义核心价值观的基本内容。以"三个倡导"为基本内容的社会主义核心价值观，与中国特色社会主义发展要求相契合，与中华优秀传统文化和人类文明优秀成果相承接，是社会主义核心价值体

系的高度凝练和集中表达,是我们党凝聚全党全社会价值共识作出的重要论断。

(一)作为现代国家的价值目标,"富强、民主、文明、和谐"承载了全国广大民众的共同理想和愿景

理想蕴含着价值,价值承载着理想。近代中国,积贫积弱,割地赔款,受尽欺辱。建设一个富强、民主、文明、和谐的现代化中国凝结了中华民族亿万民众一百多年来的苦苦期盼,体现了社会主义初级阶段我国最广大民众的价值追求和意愿,道出了广大民众的心声,找到了核心价值观与中国特色社会主义发展要求的契合点,体现了我国经济建设、政治建设、文化建设、社会建设和生态文明建设的内在发展要求。把"富强、民主、文明、和谐"纳入核心价值观,有利于凝聚中国力量,团结各社会阶层民众,投入建设中国特色社会主义的伟大实践中。

(二)作为现代社会的价值取向,"自由、平等、公正、法治"凝练出我国市民社会的共同价值

由一定生产关系和社会关系构成的社会,作为连接国家和公民个人的中介,既是国家治理的行为基础,又是社会成员的行为依托。因此,"社会的价值取向,既深刻影响着国家的价值目标,又深刻影响着个人的价值行为。社会充满活力、健康有序,人民才能幸福,国家才有希望"。[①] 试想,一个崇尚专制、充满歧视的社会环境,哪会有什么个人心情舒畅?一个贪腐成风、不辨是非的社会环境,哪会有文明、和谐和诚信、友善?而一个公平公正、法治严明、自由平等的社会环境,才会使个人心情愉悦,激励人们爱国、敬业、诚信、友善,推进富强、民主、文明、和谐的价值目标早日实现,为创造幸福社会而努力。自由体现了社会主义核心价值观的终极目标,平等体现了社会主义核心价值观的根本原则,公正体现了社会主义核心价值观的价值追

[①] 包心鉴:《凝聚全党全社会价值共识的重要纲领》,《光明日报》2014年2月24日第3版。

求，法治是社会主义核心价值观的制度保障。自由、平等、公正、法治是全国广大民众共同的价值诉求。

（三）作为现代公民个人的价值准则，"爱国、敬业、诚信、友善"体现了广大民众对美好崇高的道德境界的共同追求

爱国是凝结民族力量的核心纽带。2017年，《战狼Ⅱ》的热播充分反映了广大民众的爱国情怀。热爱祖国是每一个公民起码的价值遵循。敬业是实现个人幸福和国家富强的必要手段。爱岗敬业的基本要求是爱业、精业、勤业、乐业。勤奋工作、爱岗敬业，一直根植于中国人民的实际行动中。人无信不立。诚信是共同构建中华民族伟大复兴中国梦的道德支撑。友善是建立良好人际关系和和谐社会的润滑剂，具有强大的道德影响力。"爱国、敬业、诚信、友善"强化了广大民众应具有的核心道德价值，将有力促进我国各项事业早日成功。

适应经济社会发展的新要求，面对国际国内新形势，社会主义核心价值观的24个字凝结广大民众的价值共识，弘扬中国精神，凝聚中国力量，必将引领全国人民推动中国梦的实现。

三、社会主义核心价值观彰显了社会主义的价值理念

社会主义的本质是解放生产力，发展生产力，消灭剥削，消除两极分化，最终达到共同富裕。社会主义核心价值观呈现了社会主义制度在思想和精神层面的质的规定性，是中国特色社会主义道路、理论体系和制度的价值表达，体现了社会主义的本质要求。

（一）国家层面倡导的富强、民主、文明、和谐，回答了我们要建设一个怎么样的国家这一重大问题，是社会主义制度优于资本主义制度的价值目标和理想

富强，不仅仅指国家实力的强大，而且指人民生活水平的富裕。

富裕必须以公平为基础，靠诚实合法的劳动得来。社会主义经济追求的富裕不是少数人暴富，而是公平正义基础上的共同富裕，目标是全体人民的共同富裕。当前，我们党和政府正带领全国人民致力于全面建成小康社会和实现中华民族伟大复兴中国梦的伟大事业中，全国人民共同富裕的奋斗目标一定会实现。

民主，是社会主义政治的核心价值，是中国共产党人和全国人民的核心价值追求。习近平总书记在2014年9月5日庆祝全国人民代表大会成立60周年大会上的讲话中强调，人民当家作主是社会主义民主政治的本质和核心。人民民主是社会主义的生命。没有民主就没有社会主义，就没有社会主义的现代化，就没有中华民族伟大复兴。我们一定要扩大人民民主，健全民主制度，丰富民主形式，拓宽民主渠道，从各层次各领域扩大公民有序政治参与，发展更加广泛、更加充分、更加健全的人民民主。

文明，是社会主义文化的核心价值观，就是以马克思主义为指导，以先进文化为目标，既与优秀先进文化相承接，又与时代进步要求和发展趋势相一致的文化价值观念，是人类改造世界的物质成果和精神成果的总和，是人类文化发展的积极成果和进步状态。我们要努力夯实国家文化软实力的根基，朝着建设社会主义文化强国的目标不断前进。当前，我国的经济发展水平已经处于一个比较高的起点上，经济实力位居世界前列。但文化发展相对滞后，总体实力和国际影响力与我国的国际地位很不相称。为此，我们需要培养高度的文化自觉自信，大力发展文化事业和文化产业，加快文化体制改革，巩固马克思主义在意识形态领域的指导地位，巩固全党全国人民团结奋斗的共同思想基础，为努力建设社会主义文化强国的战略目标而努力奋斗。

和谐，是社会主义社会和生态的核心价值观。我们必须在经济建设的基础上，更加注意社会建设，保障和改善民生，着力推进社会主义和谐社会建设；必须树立尊重自然、顺应自然、保护自然、生态文明就是生产力等理念，加强生态文明的制度体系建设。

（二）社会层面倡导的自由、平等、公正、法治，回答了我们要建设一个什么样的社会这一重大问题，是社会层面的价值取向和要求。它是中国特色社会主义的题中应有之义，体现了社会主义制度的本质要求

自由，体现了社会主义核心价值观的终极目标。人的自由全面发展是马克思主义的最终目标，是中国特色社会主义要实现的目标和理想，也是社会主义核心价值观的精神追求。我们目前正在进行的全面深化改革，都是为更好地实现人的自由全面发展保驾护航。

平等，体现了社会主义核心价值观的根本原则。平等，是指独立个体在法律面前一律平等，人人享有参与和发展的权利。社会主义核心价值观倡导的平等，是让全体社会成员在政治、经济、法律等领域实现人的平等权利，让人们共同分享社会发展所取得的成果。为此，必须逐步缩小贫富差距、城乡差距，消灭工农差别、城乡差别、体力劳动和脑力劳动的差别，消除两极分化。人人平等，只有在以公有制为主体的社会主义制度下才能真正实现。

公正，体现了社会主义核心价值观的价值追求，是中国特色社会主义的内在要求。公正是一个历史范畴。社会主义制度的公正，是建立在以公有制为主体、多种所有制经济共同发展的基本经济制度，以按劳分配为主体、多种分配方式并存的分配制度之上，建立在对全体人民的主体地位的尊重和为人民谋福祉的使命之上。在经济上，要实现共同富裕；在政治上，要保证人民群众当家作主；在文化上，要巩固马克思主义在意识形态领域的指导地位，建设社会主义文化强国。公平正义是社会主义区别于资本主义的重要特征。在全球化不断扩展、社会改革日益深入以及社会体制处于转型期的背景下，人们之间的利益冲突日益突出，公正问题成为人民大众关注的重点问题。能否坚持公正理念，坚守公正原则，在实践中解决好公正问题，关乎中国特色社会主义发展的前途和命运，是构建社会主义和谐社会的必然要求。

法治，深刻反映了社会主义本质的价值要求。社会主义的本质和价值理想在于社会主义不仅能够解放生产力、发展生产力，而且会消灭剥削，带来社会正义与平等，进而消除两极分化，最终实现社会的共同富裕。社会主义法治的基本功能在于发展生产力，实现社会正义，在公平与效益的关系上谋求两者的平衡发展，依法确立和保障人民广泛的自由和权利，建立一个现代市场经济发展需要的法律秩序，进而保证社会变革进程的健康运行，推动社会的进步。

自由、平等、公正、法治，是全体共产党人和中国人民向往已久、长期奋争的目标，社会主义制度的建立为实现真正的自由、平等、公正、法治提供了制度保障。

（三）公民层面倡导的爱国、敬业、诚信、友善，回答了我们要培育什么样的公民这一重大问题，是社会主义先进文化的本质要求

无论是国家还是社会，都离不开无数个人的活动。一个人的素质和价值观，不仅直接决定他自己的生活方式、处事行为以及社会效果，而且会直接或者间接地影响着一定范围乃至整个社会的风气，甚至有可能影响到国家行为。公民个人层面的价值准则，相对于国家层面的价值目标和社会层面的价值取向来说，更具有广泛性、渗透性和大众性。在社会主义制度下，倡导爱国、敬业、诚信、友善的公民价值准则，是对社会主义本质的具体体现，是培育和践行社会主义核心价值观的基础工程，使每个人的健康成长和全面发展，集聚成建设中国特色社会主义、实现中华民族伟大复兴中国梦的强大正能量。

四、社会主义核心价值观传承了传统文化的价值精髓

社会主义核心价值观既体现了社会主义的本质要求，又吸收了世界文明的有益成果，传承了中国传统文化的价值精华。社会主义核心价值观是中华优秀传统文化在当代中国的集中体现。习近平总书记指出，培育和弘扬社会主义核心价值观必须立足中华优秀传统文化。牢固的核心价值观，都有其固有的根本。抛弃传统，丢掉根本，就等于割断了自己的精神命脉。所以，社会主义核心价值观绝不可能离开中

华优秀传统文化的思想资源。社会主义核心价值观正是在深入挖掘中华优秀传统文化讲仁爱、重民本、守诚信、崇正义、尚和合、求大同的时代价值的基础上提出来的，使中华优秀传统文化成为涵养社会主义核心价值观的重要源泉。

（一）关于富强、民主、文明、和谐的核心价值观

中国传统文化内容中的一个重要方面，即物质利益原则是人类生活和社会生活的基本原则，人不能脱离物质利益而存在。因此，富强就继承了传统文化中的物质利益原则。中国古代的民本思想有一个漫长的发展历程。它萌芽于商周之际，成熟于春秋战国，丰富于汉唐时期，明清之际达到高潮。它强调君民是相互依存的关系，统治者要重视民众的疾苦和意愿，不能饮鸩止渴、竭泽而渔。否则政权不稳，社稷难保。中国古代民本思想家大都强调应当在富民的基础上去教民，反对离开富民去谈教民。古代民本思想中对"富民"与"教民"关系的理解，不仅是民本思想的一个重要方面，也是儒家德治思想的一个基本原则。它强调首先要解决广大民众最基本的温饱问题，再谈提高人们的道德修养，正所谓"仓廪实而知礼节，衣食足而知荣辱"。认为如果连广大民众最基本的生存问题都解决不了，"修身""治国""平天下"便是空中楼阁。诚然，我国古代的民本思想虽然带有时代和阶级的局限性，但"民本"思想中却揭示了深刻的执政规律，并发挥了客观的历史作用。它在一定程度上限制了统治者的暴政，缓和了阶级矛盾，是中国封建社会形成强大凝聚力、总体上获得稳定发展的重要因素之一。

在如今的社会发展条件下，当前的富强有了新时代赋予的更全面更广泛的含义。富强在当今不仅仅是物质的富裕，更是精神财富的丰富以及硬实力和软实力的双重发展。在中国传统文化中，"民主"一词最早见于《尚书》。如《尚书·多方篇》多次说"天惟时求民主""诞作民主"。在这里，"民主"即"民之主"，就是管理人民的君主；用作动词，则是为民做主。显然，这与西方政治文化中强调民做主的

"民主"有根本不同,从现代政治学的观点来看,民本思想、民主观念都是强调民是国家的基础和根本,都重视民生、民用问题。中国传统文化强调"以和为贵"。"和谐,追求和谐,是中国传统文化中的核心概念之一,也是最精髓的内核,构建和谐社会、和谐世界的中心环节是正确处理人与人的关系。中国先哲认为,在天时、地利、人和三要素中,人和是最关键、最重要的。"①

(二) 关于自由、平等、公正、法治的核心价值观

作为一种价值追求,中国古代就有有关自由的论述。如庄子在《逍遥游》中就表现了人格自由、不为物役的自由价值理想。孔子也曾提出"随心所欲不逾矩"的自由思想。传统文化对"公正""平等"历来非常重视。在中国古籍中,公正类同于我国传统道德中的"义",指对人对事持公正无私的态度,正直、不偏私、不偏袒的意思。汉朝班固的《白虎通义》曰:"公之为言,公正无私也。"儒家认为,公正、平等是诚信在社会层面的具体化。将公正、平等、自由凝聚起来,就成为"法治"。法治的落实,就在于法制、法律体现出公正、平等、自由的导向。传统文化虽然特别强调德治,但也并非没有法治的思想。2700多年前的春秋时期,齐国政治家管仲提出了"以法治国"的思想。后来,孟子指出"徒善不足以为政,徒法不能以自行"。荀子较之孟子更为强调法治的重要性,并指出通过"法治"补充"礼治"的必要性和重要性。

在社会主义制度下,自由、平等、公正、法治以最广大人民的根本利益为出发点,拥有了坚实的物质基础、政治保障、精神动力与智力支持。比如,社会主义的公正原则不再是维护剥削阶级少数人对劳苦大众多数人的压迫,而是从广大人民群众的根本利益出发,为人民谋利益,最广大人民的根本利益是社会主义公正原则的唯一标准。

---

① 杨雨晗:《中国传统文化与社会主义核心价值观的联系》,载《教育教学论坛》2013年第52期。

(三) 关于爱国、敬业、诚信、友善的核心价值观

在个人层面,"爱国""敬业""诚信""友善"本来就是传统文化的内容。清华大学国学研究院陈来教授说:"关于个人基本道德,从儒家文化的角度,可以分三组:第一组,就是个人基本道德,就是仁、义、诚、信、孝、和。如果用双字词,就是仁爱、道义、诚实、守信、孝悌、和睦。第二组是次一级的,忠、廉、强、毅、勇、直,就是忠实、廉耻、自强、坚毅、勇敢、正直。第三组是关于公民基本公德,这是从儒家的角度提的,不是站在国家的角度,作为个人基本公德,就是爱国、利群、尊礼、守法、奉公、敬业。不管私德公德,都是要最后落实在个人上实现。"[①] 在中国传统文化中,中国人的爱国主义情怀表现得最淋漓尽致、振奋人心,也是表达最为透彻的部分。屈原、文天祥、辛弃疾、岳飞、戚继光,都是我国古代人民世代歌颂的伟大英雄。中华民族同样是敬业的民族,勤劳勇敢是我们的传统美德。正是依靠敬业奉献,在历史上我们创造了灿烂的文明。

在我们党带领全体人民为实现中华民族伟大复兴中国梦而奋斗的今天,爱国、敬业、诚信、友善被赋予了新的时代内涵。爱国同社会主义紧密结合在一起,是基于个人对自己祖国依赖关系的深厚情感,也是调节个人与祖国关系的行为准则。它要求人们以振兴中华为己任,促进民族团结、维护祖国统一、自觉报效祖国。敬业是对公民职业行为准则的价值评价,要求公民忠于职守、克己奉公、服务人民、服务社会,充分体现了社会主义职业精神。诚信即诚实守信,是人类社会千百年传承下来的道德传统,也是社会主义道德建设的重点内容,它强调诚实劳动、信守承诺、诚恳待人。友善强调公民之间应互相尊重、互相关心、互相帮助,和睦友好,努力形成社会主义的新型人际关系。

[①] 陈来:《中华传统文化与核心价值观》,《光明日报》2014年8月11日第16版。

五、社会主义核心价值观凸显了现代文明的价值特征

人类文明的发展不是线性的,而是螺旋形的,而且是多样性的。现代文明是现代社会在经济、政治、文化、社会、生态文明建设等各领域所取得的物质成果和精神成果。社会主义核心价值观与中华优秀传统文化和人类文明优秀成果相承接,既传承了中国传统文化的价值精华,又吸收了世界文明的有益成果,凸显了现代文明的价值特征。"现代文明是科学观念、民主思想、宽容精神、人权思想、法治精神、权力监督制衡思想、和平协商观念、最佳化管理思想、资源优化配置思想、守法守信观念、公平公正公开的经济制度、市场经济制度、社会保障制度、现代企业制度、现代社会管理制度、现代国家制度等的综合体。"[①] 就我们国家现阶段而言,充分体现在爱国、民主、法治的政治理念,开放、竞争、共赢的经济意识,包容、创新、和谐的社会氛围,勤劳、感恩、诚信的公民道德,公平、正义、幸福的人文精神等方面。

(一) 关于富强、民主、文明、和谐的核心价值观

富强是现代市场经济发展的重要价值目标。从经济意识的角度来说,现代文明包含以开放的理念和心态投身国家经济社会发展,积极参与市场竞争,在实现共同富裕的道路上互利互惠、共创共享等基本内涵。"开放是现代市场经济发展的基本要求,竞争是现代市场经济发展的基本动力,共赢是现代市场经济发展的基本目标。这三者构成了现代文明在经济意识层面的核心元素。"[②] 社会主义核心价值观中的"富强"吸收了现代文明在经济意识方面开放、竞争、共赢的要素,

---

① 黄海、贺培育:《从现代文明中汲取核心价值观建设的养分》,《人民日报》2013年7月8日第7版。

② 同上。

带领全体人民努力实现国家实力强大、人民生活富足、公平正义基础上的共同富裕。

民主是现代政治文明的重要价值取向，实现人民当家作主是现代文明的重要内涵。现代意义的民主制度源于西方，"民主"是民做主，坚持的是西方的民权思想。19世纪末，现代民主政治理念传入中国，国人将民主称为"德先生"，民权思想受到有识之士的重视。当前，我国的民主理念，既体现中国传统的民本思想，也吸收西方的民权意识，有三层含义：一是从所有权意义上说，民主意味着民做主，即人民是国家的主人；二是从利益层面来说，民主指为民做主，要发展和维护人民的根本利益；三是从国家治理意义上来说，民主是指民自主，即人民治理国家的政治机制。民主是人类共同的政治理想，但是民主从来没有现成的模式。不同国家、不同民族总是根据自己的历史传统与现实使命选择自己的道路。照抄照搬只会导致南橘北枳。中国共产党成立伊始，就始终高扬人民民主的旗帜。特别是改革开放以来，我国民主政治不断推进。1978年11月，安徽小岗村18位村民决定实行联产承包责任制，中国农民开始自主决定自己的道路。1989年11月，邓小平同志身体力行，废除了领导终身制。2004年9月，全国人大举行了历史上首次立法听证会。2008年，国务院公布了《中华人民共和国政府信息公开条例》……虽然这条道路还不完善，但它是中国人民努力探索的正确方向，我们一定要坚定不移地沿着这条道路前进，使社会主义民主政治展现出更加旺盛的生命力。"建设优质的社会主义民主政治，要求我们每个公民形成民主素养、民主习惯，并把它转化为自己的生活态度、生活方式。"[①] 培育和弘扬民主的政治理念，有利于在发展社会主义民主政治的基本价值取向上达成共识，推动社会主义民主政治建设。

[①] 祁涛：《弘扬践行社会主义核心价值观》，《安阳日报》2013年2月18日第6版。

文明是社会进步的重要标志，也是社会主义现代化国家的重要特征。它是社会主义现代化国家文化建设的应有状态，是对面向现代化、面向世界、面向未来的，民族的科学的大众的社会主义文化的概括，是实现中华民族伟大复兴的重要支撑。随着现代文明的动态发展，我国的文明建设进程由"两手抓"提升到"五位一体"，逐渐形成了建设物质文明、精神文明、政治文明、生态文明、社会文明"五位一体"协调发展的和谐社会新目标。"五个文明"共同构成文明系统整体，相互制约，相互影响，协调发展，是一个完整而全面的文明体系。强调"五个文明"共同发展、协调发展，是现代文明理念的进一步升华。把文明作为国家层面的价值目标，在社会主义核心价值观中的明确提出，更加彰显了现代文明的价值特征。

和谐是现代社会发展的基本追求。法国启蒙思想家雨果讲过，亲善产生幸福，文明带来和谐。从社会氛围的角度来说，现代文明包含倡导包容、反对偏狭，鼓励创新、追求进步，求同存异、促进和谐等基本内涵。"包容是现代社会发展的重要属性，创新是现代社会发展的动力源泉，和谐是现代社会发展的基本追求。这三者构成了现代文明在社会氛围层面的核心元素。"[①] 努力营造包容、创新、和谐的社会氛围，有利于缓和社会关系、平衡社会心理，有利于人们在社会管理和社会发展基本理念上达成共识，从而齐心协力建设社会主义现代化国家。

（二）关于自由、平等、公正、法治的核心价值观

自由是现代文明的基础与核心，人类文明发展的共同成果，是人类价值认识中的共识元素，是人类共同的价值追求。把自由作为社会主义核心价值，高度体现了中国社会主义核心价值观积极承接人类文明发展的这一共同成果。"生命诚可贵，爱情价更高。若为自由故，

[①] 黄海、贺培育：《从现代文明中汲取核心价值观建设的养分》，《人民日报》2013年7月8日第7版。

二者皆可。"匈牙利著名诗人裴多菲这首蜚声中外的诗歌，鼓舞了无数热爱自由的人们。"自由作为一种系统的价值理论和政治主张，主要形成于西方17世纪。这种自由理论适应当时封建主义社会向资本主义社会转变的需要，对于资产阶级反对封建主义、战胜封建主义发挥了巨大作用。但随着资产阶级的胜利，在资本主义的历史发展过程中，其内在矛盾不断强化，这种自由理论也越来越显现出历史的局限性。这种局限性主要表现为，虽然很多西方思想家都主张每个人的自由是平等的自由，每个人的自由之间不能相互妨碍。但实际上，由于经济上的私有制和自由市场经济对政府干预的过度排斥，导致个人自由之间内在冲突，结果形成私有资本对个人自由的决定性影响，导致少数资产阶级自由的过度膨胀，人民大众的自由被压抑甚至消解。也就是说，这种自由理论是少数人的自由而不是全体人民的自由。关于私有制经济对自由形成的这种影响，著名思想家罗尔斯也不得不承认，这是一个难题。这就使这种自由理论在实践中具有明显的阶级性和虚伪性。"[①] 历史发展是新陈代谢的不息过程，每个人的自由全面发展，也是一个由初级阶段向高级阶段不断前进的过程。正因为每个人的自由全面发展，都要受到生产力水准与交往程度的限制，人们的发展就不可能是孤立的行为，它必然与社会和群体的发展紧紧结合在一起。在社会主义初级阶段，促进人民整体素质的提高和全面实现现代化，实现中国梦，必须做到以人为本，进而追求人的自由全面的发展。

平等是人类永恒追求的权利和理想。党的十八大报告将"平等"作为"积极培育和践行社会主义核心价值观"的重要内容，既表达了我们党在理论凝练与创新上的与时俱进，又反映了我们党在实践拓展与推进上的人文价值追求。社会主义核心价值观强调的是首先要实现社会平等，社会平等是社会和谐的基石。社会主义制度为实现平等奠定了制度基础，提供了有利条件；社会主义社会应当比资本主义社会

[①] 徐能毅：《如何认识社会主义核心价值观中的"自由"》，载《红旗文稿》2015年第2期。

将平等的旗帜举得更高,将平等作为自己的价值目标和价值追求。习近平同志号召人们为实现中国梦而努力奋斗,他说,中国人民"共同享有人生出彩的机会,共同享有梦想成真的机会,共同享有同祖国和时代一起成长和进步的机会"。[①] 我们今天倡导的平等,既不是重蹈"不患寡而患不均"的绝对平均主义,也不是照搬西方资本主义社会的平等观,而是要创造与中国特色社会主义伟大事业相适应、有利于调动广大社会成员积极性、能给广大人民带来更多机会与利益的平等价值观。这样的平等价值观吸收了现代文明的精华,是更加先进的文化价值观。

公正是现代社会、现代文明的价值标准,是国家昌盛、社会稳定的基础,是社会进步的标志。公正包含两个层面,一个是起点和程序上的公正,一个是社会正义即结果上的公正。公正是历史的、相对的、具体的,公正是运动的、发展的、变化的,公正是对立的、统一的、辩证的。不同的社会形态有不同的公正内涵,而任何社会形态的社会公正都是由该社会的生产方式所决定的。我国现在所处的是社会主义初级阶段。经过40年改革开放,我国生产力水平和现代化程度得到很大提高,人民生活明显改善。但随着改革进入深水区和攻坚期,各种利益关系越来越复杂,不同区域、不同阶层、不同群体之间的矛盾愈益突出。所以,必须坚持公平正义,协调各方利益。把正义作为社会层面的价值取向,在社会主义核心价值观中明确提出,更加强化了现代文明的这一价值特征。

法治是现代文明的基本理念和重要标志,是现代国家治理的重要方式和手段。党的十八大报告指出,必须坚持党的领导、人民当家作主、依法治国有机统一,以保证人民当家作主为根本,以增强党和国家活力、调动人民积极性为目标,扩大社会主义民主,加快建设社会主义法治国家,发展社会主义政治文明。法治是框架和轨道,也是理念和方法。全社会都能够遵法学法守法用法,把法治思维、法治方式

[①] 《习近平谈治国理政》,外文出版社2014年版,第40页。

贯彻到治国理政的全过程、落实到改革发展的大棋局，法治才能成为实现中华民族伟大复兴的中国梦的坚强保障。文明呼唤法治，法治保障文明，现代意义的文明是以法治为前提的。把法治作为社会层面的价值取向，在社会主义核心价值观中明确提出，更加凸显了现代文明的这一价值特征。

（三）关于爱国、敬业、诚信、友善的核心价值观

爱国是现代民族国家的重要精神支撑。著名思想家别林斯基说过："谁不属于自己的祖国，那么他也就不属于人类。"爱国主义是一个历史范畴，在社会发展的不同阶段、不同时期有不同的具体内容。在新民主主义革命时期，爱国主义主要表现为致力于推翻帝国主义、封建主义和官僚资本主义反动统治的斗争，把黑暗的旧中国改造成为光明的新中国。在现阶段，爱国主义主要表现为献身于建设社会主义现代化的事业，献身于促进祖国统一的事业。党的十八大为我们提出了新的任务，就是在中国共产党成立一百年时全面建成小康社会，在新中国成立一百年时建成富强民主文明和谐的社会主义现代化国家。党的十九大开启了全面建设社会主义现代化国家的新征程，作出了分两个阶段全面建成社会主义现代化强国的战略安排。第一个阶段，从2020年到2035年，基本实现社会主义现代化；第二个阶段，从2035年到21世纪中叶，把我国建成富强民主文明和谐美丽的社会主义现代化强国。要实现这一宏伟目标就必须自觉增强爱国精神，努力践行爱国精神。对于当代中国人来说，勠力同心，把国家建设好，就是爱国精神的最好体现。

敬业是现代公民应具备的基本素质。从哲学角度来看，敬业是人存在与发展的本质所在。敬业是国家的发展与社会的进步、团队事业的成功与组织目标的实现、个人作为与价值的实现的必要条件。马克思指出：任何一个民族，如果停止劳动，不要说一年，就是几个星期也要灭亡。在当代中国，敬业具有特殊的重要意义。实现中华民族伟大复兴的中国梦是我们的奋斗目标。要把这个梦想变为现实，需要全国各族人民共同为之奋斗，需要每个人都在自己特定的岗位上通过特

定的职业活动来为这个事业服务。现代社会分工越来越细，不同的角色发挥不同的作用，社会的进步也就是建立在不同角色各司其职、承担不同责任的基础上的。

诚信是现代公民应遵循的行为准则。现代社会不仅应该是物质丰裕的社会，更应该是诚信有序的社会。诚信是构建和谐社会道德支撑。中国社会在转型的过程中存在许多不和谐的杂音，针对我国所面临的前所未有的发展机遇和严峻挑战，构建社会主义和谐社会成为党中央提出的重大战略任务，而倡行诚信对构建和谐社会有着十分重要的意义。良好的信用关系有助于形成良好的风气，增强社会的凝聚力和向心力，构建健康、稳定、协调、有序的社会结构，从而推动社会的全面进步，实现和谐社会的动态生成。反之，如果这种和谐和依赖的关系被打破，内部矛盾冲突不断，甚至引发对抗，则整个社会将陷入危机和灾难之中。社会主义市场经济呼唤诚信回归。随着社会主义市场经济体制改革的不断推进，诚信日益成为推动经济和社会科学发展的重要因素。但是，在社会转型期，中华民族讲诚信的优良传统正在受到利益的侵蚀，引起了社会的担忧。不守合约、假冒伪劣、虚假欺诈等行为存在于社会中，严重阻碍我国社会主义市场经济的发展和完善。加强诚信建设，已经迫在眉睫、刻不容缓。我们党历来重视诚信建设，党的十八大再次将诚信明确列入社会主义核心价值观中。我们坚信，有党中央的坚强领导，有社会各界的自觉行动，建设诚信中国的目标一定能够早日实现。

友善是现代公民应当积极倡导的基础性的价值理念。友善即与人为善，要求人们善待亲友、他人、社会、自然。爱因斯坦曾经讲过，生命的意义在于设身处地地替他人着想，忧他人之忧，乐他人之乐。特别是在市场经济建设过程中，竞争压力不可避免带来人际关系的紧张，各种社会矛盾凸显，培育和践行社会主义友善价值观，是缓解社会矛盾、维护社会秩序、促进社会和谐的坚实基础。党的十八大报告倡导践行社会主义核心价值观。将友善作为公民应当坚守的社会主义核心价值观，充分肯定友善在化解社会张力、调整社会心态、营造社会和谐的实践中具有基础性地位。为了自身的快乐、家人的幸福、社会的融洽，无论身处哪个阶层、从事哪个行业，我们每个人都应当深入理解友善的力量与价值，自觉地践行社会主义友善价值观。

六、社会主义核心价值观构建了实现中国梦的价值坐标

中国梦，是中国共产党第十八次全国代表大会召开以来，习近平总书记所提出的重要指导思想和重要执政理念，正式提出于2012年11月29日。习总书记把"中国梦"定义为"实现中华民族伟大复兴，就是中华民族近代以来最伟大梦想"，并且表示这个梦"一定能实现"。"中国梦"的核心目标也可以概括为"两个一百年"的目标，也就是：到2021年中国共产党成立100周年和2049年中华人民共和国成立100周年时，逐步并最终顺利实现中华民族的伟大复兴，具体表现是国家富强、民族振兴、人民幸福，实现途径是走中国特色的社会主义道路、坚持中国特色社会主义理论体系、弘扬民族精神、凝聚中国力量，实施手段是政治、经济、文化、社会、生态文明"五位一体"建设。中国特色的社会主义道路是实现中国梦的必由之路，中国特色社会主义理论体系是实现中国梦的理论基础，而社会主义核心价值观成为走好中国道路、弘扬中国精神、凝聚中国力量的精神旗帜，是实现中国梦的价值坐标。

社会主义核心价值观为实现中国梦提供价值引领。社会主义核心价值观明确了国家、社会、个人三个层面的价值目标、价值取向和价值准则，这三个层面既相互区别又相互联系，把宏大主题和微观行为有机统一起来，把个人诉求和复兴梦想紧密结合在一起，体现了主流价值追求对国家进步方向的正面引领。"富强、民主、文明、和谐"诠释了中国梦的国家梦，是国家层面的社会主义核心价值观要求，与党的十八大报告提出的中国特色社会主义事业"五位一体"的总布局有机联系，涵盖了经济、政治、文化、社会生活各

领域，指明了社会主义的本质和发展方向，同时兼顾了共产主义的远大理想和中国社会主义现代化建设的总体布局，实现了社会主义物质文明、政治文明、精神文明、生态文明和社会文明的有机统一，是激励人们奋勇前行的美好价值目标。"自由、平等、公正、法治"诠释了中国梦的社会梦，是立足社会层面提出的要求，是引导社会发展方向的基本价值尺度。社会主义核心价值观的社会层面的价值取向，也是实现中国梦的社会目标。实现人的自由而全面的发展是我们马克思主义政党始终追求的终极价值。全心全意为人民服务是中国共产党的唯一宗旨，崇尚"自由、平等、公正、法治"是实现中国梦的社会价值目标。"爱国、敬业、诚信、友善"诠释了中国梦的公民梦，是立足公民个人层面提出的社会主义核心价值观要求，为公民应当遵循的行为准则确立了明确的价值规范。实现中华民族伟大复兴中国梦是为了人民，也要依靠人民，但不是每个人都是实现中国梦的主体。只有具有"爱国、敬业、诚信、友善"的素质的人才能成为实现中国梦的现实力量。

社会主义核心价值观为实现中国梦提供价值内核。综合国力也即国家实力，既包括政治、经济、科技、军事等方面的硬实力，也包括思想、文化、价值观等方面的软实力。实现中华民族伟大复兴的中国梦，既要有强大的硬实力，同时也离不开软实力。这其中，价值观又是软实力建设的重中之重。无论从历史还是现实的角度看，凡是在世界民族之林拥有一席之地的民族，必定在思想文化上既对内具有强大的渗透力、感召力，同时也对外界有着较强的辐射力、影响力。实现中国梦，不仅要在物质上强大起来，而且要在精神上强大起来。正如鲁迅先生所言："唯有民魂是值得宝贵的，唯有他发扬起来，中国才有真进步。"当前，民魂就是社会主义核心价值观的精神真谛，是铸造中国梦不可或缺的价值灵魂。实现中国梦需要不断增强中国的软实力，包括价值观方面的铸造。社会主义核心价值观是社会主义核心价值体系的最凝练体现，是中国特色社会主义在思想文化上的最鲜明标记，构成中国梦至关重要的价值内核，正是我们所需的软实力。核心价值观的培育和践行与中国梦的实现是相互助力、融为一体的。社会主义核心价值观的基本内容为实现中华民族伟大复兴的中国梦提供了强有力的价值内核。

　　社会主义核心价值观为实现中国梦提供价值自信。一个民族的发展兴旺，离不开进步的核心价值观引领方向；一个国家的强大发达，离不开强有力的核心价值观铸造灵魂；一个社会的团结和睦，离不开统一的核心价值观凝聚共识。改革开放以来，中国特色社会主义之所以发展壮大、生机勃勃，一个重要原因，就是始终坚持与民族性、先进性、科学性、人民性相一致的价值取向，确定了始终保持正确方向的价值航标，为建设社会主义现代化国家提供了牢固的价值观支持。习近平总书记在庆祝中国共产党成立95周年大会上的讲话指出："坚持不忘初心、继续前进，就要坚持中国特色社会主义道路自信、理论自信、制度自信、文化自信。"文化自信是道路自信、理论自信、制度自信的根基和动力，体现了中华民族伟大复兴的时代的最大凝聚力，是发展的需要，是人民的需要。文化自信的核心和灵魂是价值自信。因为文化的核心和灵魂是价值，文化是作为内在核心的价值的表征和体现。价值决定着民族文化的精神气质。增强中国特色社会主义的道路、理论、制度自信，内含着增强中国特色社会主义的价值自信。培育和践行社会主义核心价值观，可以强化价值自信，凝聚起全体人民共同奋斗的理想信念和价值追求。只有不断增强文化自信，不断坚定理想信念，才能形成强大召唤力和推动力，每个中国人才会敢于做梦、勇于追梦、努力圆梦，齐心协力共筑中国梦。

　　大学生处于世界观、人生观、价值观形成的重要时期，思想活跃，对新事物的接受能力强，受社会的影响大。随着对外开放的进一步发展，传统文化与现代思维的碰撞，东西文化的冲突和融合，当代青年面对文化的多样性选择无所适从，价值观呈现不稳定性、自主性、矛盾性等鲜明特征。面对青年自身特点和新时代下的复杂情况，我们要认真考察大学生社会主义核心价值观培育与践行的现状，总结国内外价值观教育的经验与启示，探讨大学生社会主义核心价值观培育与践行的目标和原则，深入挖掘培育与践行大学生社会主义核心价值观的路径，用社会主义核心价值观引领中国道路、弘扬中国精神、凝聚中国力量，指引广大青年努力实现中华民族伟大复兴的中国梦。大学生要从自己做起，从现在做起，勤学、修德、明辨、笃实，努力践行社会主义核心价值观，并使之成为自己的价值遵循，进而在实现中国梦的伟大实践中创造自己的精彩人生！

第二篇

大学生社会主义核心价值观培育与践行的现状研究

第 四 章

国内外价值观教育的研究

过去，人们一直以为西方发达国家国民的价值选择完全是主体的自主行为。因而具有随意性，处于自由状态。事实上，这种看法是表面化、不切实际的。西方国家的价值领域的确丰富，但不像我们想象的是没有主导的多元化。这些国家不但有主导价值观，而且通过很完备的价值观教育、管理体系对青少年进行灌输和教育，保证其发挥很强的价值导向作用。近20年来，关于价值观的话题在国外成为社会普遍关注的内容。价值观教育也成为众多国家教育研究中共同探讨的话题。1996年，印度博乐门古默丽思世界精神大学得到联合国教科文组织的支持，发起了由70多个国家参与的"生活价值观教育计划"将价值观教育推向全球。美国纽约大学的拉西斯和他的学生西蒙发现，学生的很多行为问题，有的是因为情绪引起，有的与智商有关，但绝大多数是缺乏清晰的价值观所致，因此强调在学校中积极开展价值观教育。历史悠久的英国，拥有丰富的教育传统和经验，对形成合理的价值观也非常重视。尤为推崇公民教育，提出公民教育的目标是获得知识、技能、态度和价值观等。[1] 众多的国外学者将价值观教育视为社会进步、个体发展的关键性因素和必经过程。国外的价值观教育理论研究与实践探索同步进行，其中更重视实际教学效果。国外的价值观教育研究相对我国而言起步较早，也更深入。

很多国家在发展的过程中，都根据自己国家历史文化传统的特点，

---

[1] 国家教委人事司：《比较中小学教育》，北京师范大学出版社1997年版，第129—139页。

凝练了具有本国特色的核心价值观，如美国的核心价值观"个性自由、自力更生、机会平等、竞争意识、追求财富、敬业进取"；欧盟国家共同的价值观"尊重人的尊严、自由、民主、平等、法治及人权"；英国强调共同的核心价值观是：言论自由的传统、自由、民主；新加坡的共同价值观：国家至上、社会为先；家庭为根、社会为本；社会关怀、尊重个人；协商共识、避免冲突；种族和谐、宗教宽容。日本通过各种途径传播其爱国、合作、感恩、秩序、法治、尊重、友谊等价值观念。在核心价值观的教育宣传方面，高校发挥着重要作用，成为核心价值观灌输和渗透的主要阵地。总的来说，国外开展核心价值观教育各有其特色，值得我们学习和借鉴。

一、国外价值观教育的经验

（一）注重价值观教育中国家规划的大力扶持

西方国家认为，教育不仅要帮助青少年掌握科学文化知识，更要引导他们了解国家的历史与传统，接受与认同国家倡导的主流价值观念。因此，西方国家对青少年进行价值观教育的目标和主题非常鲜明，各国政府非常重视对大学生开展价值观教育，并给予各种形式的大力支持。例如，美国是世界上高等教育最为发达的国家，其核心价值观研究与教育在塑造合格的美国公民方面发挥着重要作用。美国高校核心价值观教育中以"公民教育"作为其常抓不懈的重要内容，公民教育受到政府、社会的普遍重视。美国的核心价值观教育已经与经济、政治、文化相适应，并与高校的教育体制、管理体制有机地融合在了一起。新加坡在高校开展国民教育计划，推广"共同价值观"，灌输国家意识形态与责任感，在国家层面确立了"共同价值观"教育的基本方案。法国、英国、新西兰、澳大利亚等国由国家统一制定价值观教育方案，拟定教育目标。因此，国外很多国家都把价值观教育上升为国家战略，对高校进行直接的监督和指导。为了更好地开展核心价值观教育，各国政府除了给予强大的政策支持和法律保障外，还给予了雄厚的资金保障，尤其是做到专款专用，从国家高度对核心价值观教育进行顶层设计和大力度支持。

（二）注重理论创新对价值观教育的有效引领

在国外推进价值观教育的过程中，产生了"美德袋"教育模式、价值澄清模式、品格教育模式、体谅模式、社会行动模式等多种道德教育模式。各种教育模式有其特色和优缺点，从不同角度和层面研究人的价值观形成发展的规律与过程。有的强调道德认知能力的发展，有的关注青少年道德情感的发展，有的主张加强青少年道德行为习惯的养成，有的认为个体经验是价值观教育的主脉。这些教育理论的创新和实践推动了国外价值观教育的深入开展。在价值观教育中，西方国家重视学生道德认知和选择能力的培养，认为只有注重学生的道德认知能力和判断能力的培养，才能让他们在错综复杂的社会环境中明辨是非，判断真伪，做出正确的行为选择。因此，美国在教育方法上注重价值灌输、价值澄清、价值推理和价值分析等方法的综合运用。他们认为价值观教育不是知识的传授，而是一种价值判断选择方法的训练和道德践行能力的培养。因此，他们注重通过学生的独立思考和自主探究来引导学生认知和认同美国的核心价值观。同时，国外高校非常重视通过实践培养学生的核心价值观。20世纪70年代柯尔伯格提出的道德发展阶段论和八九十年代利库纳等所提倡的"品格教育策略"都形成了将核心价值观教育纳入实践课程的范例，因此美国高校的核心价值观教育一直重视实践体验教学，是以实践体验为主导的，而且活动的形式与方式不断变化，例如"民主教室计划""服务教育"等实践活动，都让学生在实践中切身感受、体验美国的核心价值观，通过多种途径提升学生的价值实践能力。美国学生经常参加募集资金、竞选宣传、环境治理、为老年人和残疾人服务、慈善工作等多种社会服务活动。

(三) 注重多渠道价值观养成体系的全面构建

国外核心价值观教育从青少年开始，通过家庭启蒙、学校教育、社会引导的途径全面展开，是家庭、学校、社会联手开展的。托马斯·里克纳认为"新式价值观教育要取得长久成功，必须依赖学校之外的力量。学校和社区必须共同努力，来满足学生的需要，并促进他们的健康成长"。品格教育联盟提出，家庭是核心价值观教育的重要因素，学校的价值观教育必须得到家长的理解和支持，学校应开展与家长的积极有效的联系，帮助家长了解学校开展的核心价值观教育的内容、策略与方法，并尽可能取得家长的认同与合作。学校还应当广泛争取政府、新闻媒体、民间组织等社会各界的帮助。许多国家设有价值观教育和管理机构，这是青少年价值观教育得以保证的前提。这些机构包括：学校科研单位、社区、教会和其他社会组织。这些机构有的是民间性质，有的是政府设置或资助的，它们都负有对青少年进行思想观念教育、培养和规范的职能。有些国家还设置了专门的政府部门，对这些机构的工作进行有效的指导和管理。在一些西方国家，父母亲都受过良好的教育，文化素质较高，这使家庭有条件成为青少年价值观教育最基本的单位。为充分发挥家庭在核心价值观教育中的作用，新加坡政府专门成立了家庭教育民众委员会，专门负责对家长进行培训，使家长了解家庭对学生价值观形成的重要影响和作用，并促进家长提高自身素质，更好地配合学校开展对学生的价值观教育。美国非常注重营造宏观教育环境，国家不惜大量投资建设各类博物馆、纪念馆等教育场所，这些场所成为美国向国民和大学生进行价值观教育的重要基地。美国还建立了社区"服务学习"形式，让学生在参加各种社区服务活动中提高其公民参与意识和责任感。西班牙、比利时的很多大学专门开设社工课，学生通过参加社区服务工作获得学分。在家庭教育上，韩国的老一辈在言传身教中，将尊卑、等级、忠孝、仁爱、礼仪、廉耻等价值观传授给下一代，使青少年受到潜移默化的熏陶。在学校教育中，除了强化儒家思想教育外，还通过悬挂太极国旗和世宗大王等历史人物画像、演唱国歌和传统歌曲，对青少年进行爱国教育。

（四）注重专业课程中核心价值观的隐性渗透

国外高校在核心价值观教育中，既重视通过课堂教育进行理论灌输的显性教育，也辅之以通过校风熏陶、校园活动等渗透的其他隐性教育方法，注重多种教育方法的综合运用。隐性教育是指教育者隐藏教育目的，通过一定的载体和途径，使受教育者在不知不觉中受到教育。各类实践活动和校园文化都是隐性教育的重要途径与手段。国外高校非常注重通过多种多样的实践活动潜移默化地渗透价值观教育。绝大多数国家的各级各类学校都开设政治、道德等价值观教育课程，在其他课程中也渗透着价值导向的内容。正如美国波士顿大学伦理道德和品德教育发展中心主任凯文·瑞安所说："社会将不会忍受无价值观色彩的教育。"美国的核心价值观念渗透到诸多课程当中，一些蕴含丰富价值观的课程，如政治、历史、文学、语言学、社会学，甚至科学技术等课程都有实施价值观教育的载体。西方国家价值观教育方法的综合趋势非常明显。一方面，注意发挥教育者的主导作用，实行说理、灌输的教育方式；另一方面，根据受教育者的主体地位，调动他们的主体性和主动性，根据内隐学习原理，设置隐蔽式、渗透式的潜在课程，营造良好的教育环境，让受教育者在设定环境中身体力行，切身感受，在无意识中接受教育和引导。

学校是核心价值观培育的主要阵地，除了必需的公民教育课外，各国还注重将核心价值观融入国民教育体系中去，更有效的是将核心价值观教育融入各类课程中，如在历史、艺术、文学、地理、经济、法律等课程中融入核心价值观的内容，这也是各国进行核心价值观教育的共同经验。例如，南澳大利亚州发布的价值观教育大纲中提出八个核心价值观，即关心别人、自尊、社会公正、参与、保护环境、诚实、坦率和美德，同时，学校还为学生专门开设了很多融入核心价值观内容的课程，如人类社会与环境、个性发展与健康体育、创新与表演艺术、科学与技术，以及英文等课程。①

新加坡高校的"共同价值观"教育是以"国民教育"课程为主要载体的渗透性教育，"国民教育"包含若干门理论课程，如伦理道德、法律意识教育等。除国民教育课程外，其他很多社科人文类课程也都直接或间接地承担着"共同价值观"教育的任务。新加坡高校还根据自身的实际情况采取多种形式的教育教学项目，如社会实践项目、人文素养专题讲座项目、纪念日项目等。这些教育教学项目有的是总体服务于"共同价值观"的教育，有的是侧重于"共同价值观"某一方面的教育，这些实践型的教育教学项目的开展为不同种族、不同语言背景的学生培养共同的核心价值观奠定了坚实的基础。

（五）注重发挥校园活动社会服务的实践功能

西方国家认为，校风、学校规章制度、教师榜样作用、校园活动、校园环境等都对学生价值观的形成具有潜移默化的隐性教育作用，价值观教育目标应渗透和贯穿于学校教育的全过程和各个环节。美国的核心价值理念会体现在高校所制定和实施的规章制度中，也会利用全国性的节日、纪念日和入学、毕业仪式性活动等开展价值观教育。例如，美国高校的规章制度在制定、实施等方面都包含民主、自由、平等、法治等核心价值理念。欧美高校的社团活动丰富多彩，涉及文化、科学、艺术、政治、体育等各方面，通过活动深化学生对核心价值观的理解与认同。

核心价值观培育不能脱离实践，需要在体验中成长，脱离了现实生活的价值观教育很容易成为空中楼阁。因此，在实践中帮助青年树立正确的世界观、人生观、价值观，是很多国家都推崇的重要教育方式，也是促进核心价值观教育融入国民教育的有效路径。以美国为例，1990年颁布的《国家和社区服务法案》、1993年颁布的《全美服务信

---

① 孙宏艳：《国外少年儿童核心价值观培育的经验及启示》，载《北京青年工作研究》2014年第12期。

任法案》都要求全美推行服务性学习，即用课题研究的形式，让中小学生到社区服务，在服务中学习和思考，最后进行总结和反思。这是用法律的形式确立了道德实践的重要地位。除了服务性学习，美国还特别强调志愿服务，要求学生从小学开始就要到社区为他人服务。一些高中还规定，只有完成一定数量的社区服务才能拿到毕业证。美国的一些大学在录取学生时也特别看重其是否具有一定的社区服务经历。据美国教育部统计，有93%的青少年有亲身体验当义工的经历。新加坡教育部也很重视中小学生的志愿服务活动。1989年，新加坡制订了中小学生社区服务计划，其目的就是促进核心价值观教育与课外活动更好地融合，使学生在服务中建立"敢于负责、助人为乐、关怀他人、善于分享、学会合作、慷慨救助"等正确的价值观。活动的内容包括好朋友计划、关怀与分享计划、到福利儿童院进行服务、清洁环境计划等。学生通过参加各种社区工作，可获得额外的课外活动分或获得纪念徽章。道德实践和志愿服务，是学校道德教育的良好补充，是核心价值观教育的"潜课程"。学生们把课堂学习到的核心价值观要求应用到生活中，使理论与实践紧密结合，思考与行动紧密结合，真正形成良好的品德与素质。

（六）注重宗教活动对核心价值观教育的统领

美国是当今世界上唯一的超级大国，它的文化与社会核心价值观不仅塑造了美国公民，而且在全球有着广泛的传播力、巨大的影响力和强大的感召力。因此，美国培育核心价值观的实践首先值得我们注意。自1787年以来，美国基于基督教文化传统，对人们进行了爱国主义教育和公民意识教育，强化和巩固了核心价值观。美国信教人数居多，经常在公共场所开展形式多样的宗教性聚会、庆典或仪式，这时会有神职人员进行祷告，还会播放一系列宗教性的歌曲；新当选的美国总统在就职时被要求将手按在《圣经》上宣誓，国会参众两院的每一届议会都是以国会牧师主持的祈祷开始。教会办学早已成为传统，在教学安排上重视宗教灌输和教育。宗教团体像一般的社团一样，乐善好施、扶贫济困等。这样世俗化了的宗教，对美国人的意识及价值观影响很大，其社会作用和功能显得更重要。美国人对宗教有着特殊的感情。美国政府利用人们对宗教的笃信，通过对宗教的世俗化改造，以"公民宗教"的形式进行价值观教育。

（七）注重心理健康对核心价值观教育的保障

如果无视青少年在成长中遇到的心理问题，必然让思想政治教育、核心价值观培育等工作流于浅表和形式。因此，很多国家把关注少年儿童心理健康作为核心价值观融入的有效手段，先解决少年儿童遇到的心理问题，帮助他们克服各种心理障碍，在培育健康人格的同时渗透核心价值观。例如，美国要求各小学都配备独立的心理咨询机构和专业的心理咨询教师，并要求各学校在组织机构、人员配备、资金支持、活动经费等方面都给予大力支持。美国还要求中小学心理辅导员必须拥有硕士或以上学位。另外，很多国家都特别关注学生的心理困扰，把心理健康教育作为帮助学生应对生活压力、获得竞争策略、实现个人目的的服务手段。如澳大利亚的学生心理健康服务方法是心理讲座和个别辅导相结合；日本主要采取个别咨询和团体咨询的方法帮助学生排解学习压力。过去，心理健康教育只是针对问题学生的一种手段，工作的重点在于筛查和治疗。如今心理健康教育已经成为少年儿童成长中必不可少的教育内容，它与中小学生的价值观教育、道德发展、人格健康成长有着密切的关系，各国也纷纷从问题解决模式转向服务模式。

（八）注重大众传媒对核心价值观教育的辅助

大众媒体主要有报纸、广播、电视、电影、网络等，当代社会网络媒体异常发达，并产生出了众多新媒体。美国、新加坡的法律制度对新闻出版等媒介的规范很严格，一旦媒体传播禁止的内容将会受到制裁。此外，美国、韩国还在好莱坞电影、动画片、电视剧、网络等植入主流价值观，使人们在娱乐之时不知不觉受到主流价值观的熏陶。这些国家在核心价值观的教育上，都很好地控制和利用了大众传媒，有助于形成良好的社会环境。

美国通过强大的媒体号召力，不断地对外输出美国价值观，对内强化民众人权和自由主义。好莱坞可以称作是美国输出其"全球价值观"最广泛、最绚烂，也最具经济效益的手段。好莱坞大片融入了好莱坞文化人乃至美国人的精神视野，蕴含着他们深层的文化价值立场，传播着他们的文化价值观。韩国的大众媒体尤其是电视剧产业发展迅速，已经成为韩国国民经济的支柱之一。韩剧浓情渲染了众多韩国普通老百姓的细微生活，传达出东方伦理思想，使民众强化对家庭的认知，树立深厚的"家国"情怀，具有非常大的功效。新闻、出版、网络、报纸等也积极宣传传统儒家文化、公民美德、韩国民族精神等。此外，政党、社团等通过开展集会、庆典等活动也在向民众灌输主流社会价值。值得一提的是，为了培育共同价值观，新加坡政府对大众传媒进行了有效控制，例如制定并不断修改《报章与印刷出版法令》，禁止传播与共同价值观不符合的内容，任何媒体一旦违反，会处以重罚。这样，将大众媒介纳入了法制和政府监督的轨道，为共同价值观的教育创造了良好的社会环境，有助于公民共同价值观的养成。

二、国内价值观教育的现状

（一）注重理论体系的建设，但忽略教育实效的监控

理论是行动的先导，中国革命的胜利和新中国建设的成就是在马克思主义意识形态和中国化马克思主义理论体系的指导性下取得的。中华人民共和国成立以来，我国在意识形态的探索中走过了漫长的道路，力图提出一个适合中国国情、体现中国特色的价值观体系。从2006年10月党在十六届六中全会上提出的社会主义核心价值体系到2012年11月党的十八大报告提出的以"三个倡导"为内容的社会主义核心价值观，体现了我国意识形态在理论建设方面的不断创新与发展，从而使社会主义核心价值观理论体系得到了不断的丰富和完善。

但是，当我们在为核心价值观理论体系的建设成果引以为豪的时

候，我们不能不反思这些理论体系到底产生了多大的实践效果，这也正是我们核心价值观教育的关键所在。教育的有效性是思想政治教育的目的。"思想政治教育的有效性，主要表现为思想政治教育活动对其预设目标的实现程度，其教育内容对人们思想观念影响的深刻性、持久性，以及对人们思想意识判别、选择、理解力等诸方面所产生的强化作用。"[①] 核心价值观教育的重点不仅要放在理论建设上，更要放在实践效果的追求上，我们必须要通过对核心价值观教育的有效性进行监控和分析来了解核心价值观教育的成败得失。就目前的教育现状而言，与核心价值观的理论建设相比，核心价值观教育的实践有效性大大落后于理论建设的步伐，而产生这一结果的原因之一就是我们对核心价值观教育的有效性重视不够。我国高校由于受教育评价体系标准化和格式化的影响，在思想政治理论课建设中过于注重理论的积累而忽视理论成果向实践的转化。比如，许多高校出版发表了大量有关核心价值观方面的著作论文，搞了好多有关核心价值观方面的科研课题，但这些理论成果到底对大学生的核心价值观教育能起多大的教育意义并不是他们重点关心的问题，结果造成了核心价值观的理论成果并没有应用到大学生的核心价值观教育中去，并没有促进大学生核心价值观教育的实践践履，并没有有效地促进大学生核心价值观的提升。在一项关于"高职院校开展社会主义核心价值观教育的实效性"调查中，有34.84%的教师认为本校开展社会主义核心价值观的实效性明显，有59.28%的教师认为本校开展社会主义核心价值观的实效性一般。在对"高校教师践行社会主义核心价值观的情况方面"的调查中，36.65%的教师觉得身边有的教职工在积极践行社会主义核心价值观，31.67%的教师觉得身边的教职工践行社会主义核心价值观的情况较积极，22.62%的教师觉得身边的教职工践行社会主义核心价值观的情况一般。[②] 由此调查来看，即使是作为教育者的高校老师，他们也

[①] 沈壮海：《思想政治教育有效性研究三题》，载《思想理论研究》2002年第1期。
[②] 刘强、罗惠文：《高职院校社会主义核心价值观教育现状调查报告》，载《漯河职业技术学院学报》2016年第3期。

不能很好地践履自己在理论上奉为圭臬的核心价值观,社会主义核心价值观教育在高校的有效性可见一斑。理论要以实践为目的,要通过实践的有效性来检验理论的科学性和可行性,所以核心价值观教育不仅要重视理论体系的建设,更要重视教育的实践性和有效性,避免理论和实践的脱节。

(二) 注重理论知识的灌输,但忽视个体行为的养成

我国高等学校对学生的社会主义核心价值观教育主要集中在思想政治理论课的教学环节、辅导员对学生平时所进行的思想教育、学校党组织对学生党员所开展的党性教育、校园文化环境对学生价值观的潜在影响等方面,其中思想政治理论课教学是对大学生最主要也是最直接的核心价值观教育途径。这些教育途径虽然对大学生来说具有普遍性和平等性的优点,但这种大众化的教育方式所存在的缺陷就是忽视了学生的个性发展和个性教育,因而很难照顾到学生个性行为的培养,这也是所有班级教学尤其是大班教学所不可避免的教学缺陷。

在思想政治理论课教学中,课堂教学是主要的教学方式。由于受教学大纲、教学任务、教学时间和学生人数等方面的制约,课堂教学一般以老师主讲、学生主听为常规模式,而老师的讲授也主要以理论知识的灌输为主,因而整个课堂就成了教师个人自编自演的舞台,有多少听众听懂了自己的表演变得无关紧要,从而忽略了学生的主体地位和目的性。课堂教学的目的是学生而不是老师,老师讲授因学生接受而存在并具有意义。当老师的讲授学生不能接受或拒绝接受时,老师得反思自己的教学方式方法是否存在问题,并及时向学生了解情况,改进教学方式方法。所以课堂教学绝不能漠视学生在教学中的目的性和主体性,课堂教学应当建立一套以学生为主体、以老师为主导的教学互动机制。

对大学生进行一定的知识传授和理论灌输并没有错,有它存在的合理性,因为对任何理论知识的掌握都是实践得以进行并有效的逻辑前提。但尽管如此,实践行为才是理论知识这个逻辑前提的逻辑目的和逻辑归宿。一味地强调理论知识的灌输而忽视理论知识的实践性和实践效果，这本身就是本末倒置的逻辑错误。所以，如何变课堂教学这种以理论知识灌输为主的教学模式为以个体行为的培养为目的，并且能够产生行为实效的教学模式才是我们思想政治理论课教学应该关注的重点问题。而且，好的教育要突出对人的培养，突出对人个体性的关怀，社会主义核心价值观的教育也应当如此。思想政治理论课教学归根结底是培养人的过程，要重点关注学生个体行为的养成。"作为物质食粮的儿童奶粉是根据年龄分段的，同样作为精神食粮的社会主义核心价值观教育也需要根据青少年的特点来配方。"[①] 不同学生的个性差异是核心价值观教育的内因，他们对核心价值观的兴趣、理解和接受能力等方面都存在较大的差异。不仅大学生在不同阶段有不同的特点，就是同一大学阶段的学生也存在着个性差异。所以，核心价值观的教育也要针对学生的差异选择不同的教学内容、教学方式和方法。"如大一新生刚入校园，应该倾向于文明礼仪方面的修身处世教育；大二是大学阶段最活跃的时期，要多从国家民族利益出发，加强富强、民主、爱国、法治方面的教育；大三处于人生选择的重要时期，要加强社会层面诚信友善的教育；大四忙于毕业和就业，即将走向社会，应加强个人层面的敬业、诚信、友善方面的教育。"[②]

（三）注重先进典型的树立，但缺乏惩戒措施的跟进

核心价值观的教育应当注重正反两方面的双向调节，既要注重正面引导，又要注重反面防范；既要注重正价值正能量的弘扬，又要防范负价值负能量的蔓延；既要注重先进典型的树立，又要注重惩戒措施的跟进。核心价值观的教育之所以开展了这么多年而成效甚微，其主要原因是我们主要采取的是正面引导的单条腿走路的教育模式，从

[①] 韩震：《培育和践行社会主义核心价值观需注意方法和途径的创新》，《光明日报》2014年1月15日。

[②] 谢婕：《新媒体与大学生核心价值观教育》，载《山东理工大学学报》（社会科学版）2015年第6期。

而淡化甚至忽略了通过惩戒措施、批评教育等途径对负面价值观侵蚀的预防和防范。

在对大学生核心价值观的教育当中，课堂教学往往采用的是通过树立榜样示范、学习先进事迹等正面引导的方法来宣扬核心价值观的积极意义。如倡导向焦裕禄、孔繁森、张保国等模范人物学习，组织学生参观革命圣地、英雄故居、先烈纪念馆等方式让学生们感受榜样的力量，等等。但这种教育方式只是鼓励大学生干好事做好人而没有教导他们如何防范不良价值观的侵蚀，更没有给他们明确如何去面对违背核心价值观的人和事。核心价值观的教育应该是双向的，除了对大学生要进行正面宣传、榜样示范、激励奖励外，还应重视对违背核心价值观的人和事进行有效有力的惩戒，发挥惩戒措施阻止、警示和预防的功能。核心价值观不仅是要求人如何做的软要求，更是约束人哪些事情不能做的硬规范。通过把社会主义核心价值观禁止性的要求落实到法律规范和制度规范中去，能够有效地向人们表明违背核心价值观的哪些"红线"和"高压线"不能踩不能碰。只有这样，对大学生核心价值观的教育才是全面而有效的。

在构建核心价值观教育的惩戒机制的过程中，我们可以借鉴最高人民法院对失信被执行人惩戒的做法。为了构建一个诚信的社会，推进社会信用体系的建设，2013年7月1日最高人民法院审判委员会第1582次会议通过了《关于公布失信被执行人名单信息的若干规定》，对符合规定具有履行能力而不履行生效法律文书确定的义务的人纳入失信被执行人名单，将失信被执行人名单信息向政府相关部门、金融监管机构、金融机构、承担行政职能的事业单位及行业协会等通报，供相关单位依照法律、法规和有关规定，在政府采购、招标投标、行政审批、政府扶持、融资信贷、市场准入、资质认定等方面，对失信被执行人予以信用惩戒。最高人民法院关于对失信被执行人的惩戒措施对构建诚信社会具有很好的促进作用，核心价值观的教育也应采取引导与惩戒并用的方法进行双向强化，两手都要抓而且两手都要硬。

（四）注重他人本位的培养，但忽视主体地位的提高

马克思在《关于费尔巴哈的提纲》中说："人的本质不是单个人所固有的抽象物，在其现实性上，它是一切社会关系的总和。"[①] 人是社会关系的总和这一人的本质规定性决定了人在意识的培养中要强调个人意识和社会意识、自我意识和他人意识相统一的辩证思维。人是社会的人，总是处在一定的社会关系当中与他人、社会、国家和自然发生着各种关系，并因此接受着各种社会规范、国家制度、自然规律的规范和制约。人类本质的关系性决定了每个人在生活中不能忽视他人的存在，而是要在自己的生活中时刻考量他人对自己存在的感受，从他人的角度出发来评价并约束自己的行为。核心价值观作为一种有利于他人的社会意识，其主要的目的就是通过人们对核心价值观的内化而转化为一种有利于他人、国家和社会的利他行为，是一种通过强化人的责任义务意识和他人本位意识来服务于他人、国家和社会。所以强调以他人为本位是核心价值观教育的初衷和目的。但过分强调对他人和社会的奉献而忽略主体地位和自我意识则会把人当作工具使用，这不符合马克思主义关于人是社会关系的总和的本质和人的目的性。

目前，我国高校在核心价值观的教育方面过于强调对他人意识的培养而忽略了个人主体地位的提高，过于强调人的奉献精神而忽略了个人需要的满足，过于强调人的社会责任而忽略了个人利益的实现。这些偏颇的认识和做法其实是对核心价值观的误解，也不利于对大学生进行有效的核心价值教育。每个人都是一个相对独立的个体，都有比较独特的个性特点、价值取向和利益追求。这种表现人独特性的个体本质需要强化人的主体性和自我意识来巩固。社会主义核心价值观就是要通过"富强、民主、文明、和谐，自由、平等、公正、法治，爱国、敬业、诚信、友善"的价值追求促进人自由而全面的发展。这里的人指的是普遍的人、所有的人而不是把自我与他人区分开来的任

[①] 《马克思恩格斯选集》第1卷，人民出版社1995年版，第56页。

意一方。核心价值观并没有忽视个人的主体地位，也没有否定每一个人通过核心价值观教育来提升自我的价值、追求自己的利益、满足自己的需要。在某种意义上说，每个人接受核心价值观的动力首先来源于自我价值的实现和自我需要的满足，其次才是对他人的奉献。所以，在核心价值观的教育中他人意识的培养和主体地位的提高并不矛盾。

（五）注重社会实践的开展，但缺乏实践效果的反馈

为了加强对大学生核心观的教育，强化核心价值观在大学生思想中的认同感，许多大学都开展了针对大学生的实践活动。"对某一价值观的认同是一个复杂的动态的发展变化的过程，价值认同一般要经历认知认同、情感认同和行为认同三个步骤。"[1] 其中，行为认同是建立在认知认同和情感认同的基础之上并对认知认同和情感认同起到强化作用的重要环节。大学生实践活动对于培养和加强大学生核心价值观具有重要的意义。其实，任何一个价值观形成的完整过程总要经历知、情、意、行四个阶段，通过价值认知来产生价值情感，再由价值情感形成对价值观的信仰以及通过行为践行价值观的意志，再在价值意志的维系下产生价值行为。其中，价值践行是价值培养的最终目的，也是价值观得以存在的意义。大学生核心价值观的实践活动不仅践履和实现了核心价值观的内容和意义，而且强化了大学生对核心价值观的认知、情感和意志，它是核心价值观形成的逻辑终点又是核心价值观再认知的逻辑起点。所以，加强大学生核心价值观的实践活动意义重大。

但是任何实践都需要实践效果来检验。实践不仅仅是一个过程，而应该是一个产生效果的过程。实践的有效性是检验实践是否成功的重要标志。在我国高校，学校往往重视针对大学生的社会实践活动，而往往忽略了对实践效果的检验和反馈。如有些大学组织大学生开展

---

[1] 余林、王丽萍：《大学生对社会主义核心价值观的内隐认同研究》，载《西南大学学报》（社会科学版）2013年第5期。

假期实践活动，但大学生实践了没有、是如何实践的、实践效果如何却并不过问。有些实践活动虽然也要求学生上交实践报告，但老师们对实践报告是真是假、有没有弄虚作假的现象、实践报告是否与实践内容相符等问题并不去深究。再如，有些学校的老师组织学生从事社会公益活动，而且老师也确实陪同他们一起进行，但实践之前并没有进行很好的准备、沟通和认知，因而很多学生并不是自愿的，内心存在抵触心理，不能很好地认知因而也就不容易产生认知情感。学生们在老师的强迫下从事的实践活动不但不能强化核心价值观教育的目的，反而在内心产生了对核心价值观的抵触情绪，起到了负面效应。所以，核心价值观的实践活动一定要遵循价值认知和价值观教育的规律，既不能强人所难，也不能搞形式主义。实践活动对核心价值观的培养固然重要，但如果缺乏有效的实践反馈，既不能真正掌握大学生的实践状况，更不能真正掌握对大学生核心价值观教育的有效性。所以，对大学生实践活动的有效反馈是大学生实践活动的必然要求和重要环节。

三、国内外价值观教育的几点启示

（一）强化国家规划的支撑

各国奉行的教育体制和政策在构建核心价值观体系上有扛鼎之功。以英国的"精英教育"为例。英国的"精英教育"传统由来已久，首都伦敦历来是世界高等教育的"制高点"，成为世界各地人才竞相投奔的焦点。因此，英国核心价值观构建的路径中，豪华精致的教育手段功不可没。布莱尔任英国首相时说过，"英国是一个多民族、多种族、多文化、多宗教、多信仰的国家，英国的历史和国情决定了我们必须珍视自由、宽容、开放、公正、公平、团结、权利与义务相结合、重视家庭和所有社会群体等英国核心价值观"。多年来，英国政府、学校和社区民间组织在树立和落实"英国核心价值观"方面都发挥着重要的作用。英国教育部于 2007 年 1 月 25 日提出了全国中小学教授英国传统价值观的教育计划，规定 11—16 岁的中小学生学习有关英国言论自由、多元文化、尊重法治等核心价值观以及英国不同群体对英国社会的贡献等内容。该计划的提出，基于2005年伦敦发生的地铁大爆炸。当时炸弹的放置者居然都是在英国接受教育和长大的少数族裔青年，令全国上下大为震惊。政府在进行调查后，经过深入反思认为，这些少数族裔虽在英国接受教育，但思想并未融入英国主流社会。于是英国政府决心加强"英国核心价值观"的教育，在2002年提出的"公民教育"的基础上，确定了"英国核心价值观"的教育计划。英国政府还将"多元文化"列为学校教育的重要组成部分，并开展了有声有色的活动。英国的核心价值观可以归纳为精英、多元、兼容。而这一切正是依赖其发达的国民教育体系和开明的教育政策实现的。在英国这样一个种族、民族、信仰多元化的国家，学生对英国传统价值观的继承、对不同文化的理解和尊重是十分重要的；而加强学校对"核心价值观"的教育，使每一个学生都能够对种族、信仰多元化有更深刻的认识，并学会如何正确面对和处理种族分歧问题，使学校成为维护社会和谐的关键力量。也正因为有了傲视全球的精英教育观念，英国才能在多层次教育、人才培养、文化交流这些领域重拾历史上不可一世的头号强国的地位和身份。美国长达20年的盖洛普民意调查结果表明，有80％以上的家庭和成人组织都认为，在大学以前的学校教育中进行价值观教育是十分重要的。加强价值观的引导和培育，培养人文素质和科学素质兼备、科技理性和价值理性并举的全面型人才是一项非常紧迫的任务。

不管是相对自由宽松的美国，还是"管控"较为严格的韩国和新加坡，政府在培育核心价值观上，均注意提供资金支持、发挥模范表率作用以及创新宣传理念。在美国、韩国和新加坡，开展各类价值观宣传活动，如举行社会性的活动、开展价值观教育手段的科学研究、建设标志性场馆、进行大众媒体的管控等，都是有政府雄厚的投资作为保障的。有了这一物质基础，社会核心价值观的教育才能逐步得以落实，才能实现大众化和社会化。在美国、韩国和新加坡，政府及政府工作人员均有一套行为规范，并通过培训、设立机构监督等方式，塑造了他们廉洁、勤于为民奉献、忠于国家等优秀品格或习惯。良好的政府文化对整个社会风气的改善发挥了模范表率作用。另外，政府领导人往往带头践行核心价值观，国家的整个制度设计和运转也以本国核心价值观为基调，这就活化了主流价值观，使民众更加乐于接受。各国在对核心价值观进行宣传时，并不是采取一味的说教和阐释，它们通过各种途径创新宣传和教化的方式方法。例如，以博物馆、纪念馆、影片或电视剧等为载体开展各类文化活动，在文化活动中熏陶民众，潜移默化地影响民众的思想和行为，更容易得到人们的接受和认可。由新加坡社区发展部、青年及体育部联合成立了家庭教育民众委员会，该委员会专门启动了学校家庭教育计划，对家长教育孩子进行培训。另外，政府还推行了学生社区服务计划，这些计划包括关怀与分享计划、福利机构服务、慈善捐赠等，还经常举办"敬老周""国民意识周""家庭周"等形式多样的活动，为培育共同价值观创造良好的社会氛围。

我国青少年价值观教育也必须走政党主导、政府管理和社会参与型的道路。党的领导是青少年价值观教育的核心力量，是搞好价值观教育工作的根本保证。只有在党的领导下，才能调动和组织全社会的力量，形成强大的合力，实现综合治理。党的核心作用是从思想、路线和大政方针等宏观方面而言，并非包办一切。具体的组织、管理和教育工作，应放手由各级政府及具体的教育和管理部门来做。政府强有力的管理是青少年价值观教育的重要保证。从方针政策的制定到对价值观教育的组织管理，从设施建设和软、硬环境的塑造到经济、法律和制度等手段的建设与保障，都离不开党的领导，需要政府承担主要责任。要开展爱国教育活动。在积极修建历史人物与历史事件的纪念馆、博物馆等公共场所的同时，更要紧紧围绕社会主义核心价值观的内容，在这些场所定期开展一些爱国教育活动。让人们更好地学习我国的历史，使民众加强民族和国家认同，积极投身社会主义现代化建设事业，为实现中华民族伟大复兴的中国梦贡献力量。最后，要加大政策支持力度。培育社会主义核心价值观是一项复杂而艰巨的工程，需要大量人力、物力、财力的支持。因此，应制定专门的政策给予经费保障，同时还要切实监督其使用情况，保证不被滥用。

（二）健全法律规范的保障

社会主义核心价值观培育是一个系统工程，需要全社会共同努力、协调工作，为少年儿童营造健康的生活环境。如果对社会主义核心价值观培育工作仅仅停留在号召和倡导的层面，或者各自为政，难免会产生疏漏，影响核心价值观培育效果。因此，建议在国家层面建立一定的法律保障机制，对政府、学校、家庭、社会在价值观培育方面的地位、职责与任务进行明确的法律规定，这样才能做到各司其职、互不推诿，才能使社会主义核心价值观教育真正全方位地融入国民教育中去。同时，又能通过一定的法律保障，使家庭、学校、社会、政府形成四维的思想政治教育网络，使少年儿童社会主义核心价值观培育工程真正落到实处。

重视法治建设，通过法律法规的约束来为培育社会主义核心价值观提供保障。要紧紧围绕培育社会主义核心价值观的要求进行立法、执法和司法。立法上，最好将社会主义核心价值观写入我国的宪法并付诸实施，从根本上确保践行和培育社会主义核心价值观的合法性。另外，应该学习新加坡事无巨细均有章可依的做法，对不同的行为进行规范性立法探索。执法上，要鼓励各级政府及工作人员按照法律法规为人民服务，对符合社会主义核心价值观的做法进行表扬和嘉奖，对有悖于社会主义核心价值观的做法要严惩，以起到激励或警示作用。司法上，要在维护党的领导下保证人民法院和人民检察院依法行使权力的独立性，切实保障司法的公正、公平，以促进整个社会公正公平理念的养成。

（三）注重系统教育的设计

根据社会发展和形势需要，调整价值观教育内容，克服教育中存在的"假、大、空"现象，增强现实针对性。突破传统的、单一的说教式教育，采取教育双方双向互动、显性教育和隐性教育相结合等多种方式，通过家庭、学校和社会等多种途径进行教育。更新教育手段，积极开发利用高科技的信息传播和通信技术手段，保证价值观教育与管理的广度、深度和速度。发挥课程教学的主渠道作用，整合各门课程资源，构建社会主义核心价值观教育的课程体系。学校的课程教育是培养公民核心价值观的主渠道。我国历来重视通过思想政治理论课开展价值观教育，思想政治理论课也确实在价值观教育中发挥了重要作用。但从国外经验来看，价值观教育不能仅仅依靠思想政治理论课等专门课程来实施，还应该发挥其他专业课程以及人文素质课程的作用，共同开展价值观教育。在思想政治理论课的教学中，内容上要以社会主义核心价值观为主线，重构学生思想政治教育的内容体系。社会主义核心价值观的提出，为我们进一步梳理和重构学生思想政治教育的内容提供新的思路。社会主义核心价值观体现了国家、社会和个体的价值观取向的内在统一，思想政治理论课要从国家、社会、个人三个层面的价值取向角度，重新梳理教学内容，进一步明确教学目标，尽可能从理论说教、政策宣讲向价值观教育和引导转化。在方法上，要重视发挥学生的主体作用。国外的社会教育理论、道德认知发展理论都主张要重视和发挥学生的主体作用，强调学生的道德认知学习过程不是一个被动接受的过程，而是个体对各种道德理论和矛盾冲突主动学习、思考、澄清、选择的过程，因此，思想政治理论课的教学一定要发挥学生在学习中的主体作用，通过多种手段和方法，引导学生独立思考、自主感悟和体会，最终认同和接受正确的价值观念，只有经过这个过程，社会主义核心价值观的内涵才能被学生真正理解和接受，转化为学生自己的思想观念和理想信仰，并最终落实为践行社会主义核心价值观的实际行动。在其他课程的教学中，任课教师要把价值观教育作为课程的重要教学目标之一，重视在教学内容中渗透价值观教育。任课教师要认真梳理与挖掘专业课程和人文素质课程中蕴含的社会主义核心价值观教育内容，将其有机融入教学内容中，使核心价值观教育与专业知识学习和人文素养培养有机结合。此外，高校还可以通过开设选修课、讲座、报告等多种方式开展价值观教育。这些课内与课外的通识教育和专业教育课程最终构成社会主义核心价值观教育的课程体系，各门课程发挥各自优势，相互补充，共同开展社会主义核心价值观的理论教育。

有效的价值观教育得益于一个有意义的、具有挑战性的课程安排，价值观教育不仅寓于显性的人文社会课程，而且寓于大量隐性的科学技术课程、学校组织的各种活动以及校园环境之中。国外高校善于运用多种方法进行价值观教育。各种价值观教育方法各有优点和缺陷，学校往往对它们进行综合运用。国外高校教职员工共同分担价值观教育的责任，教育效果的评价由教师、管理者人员以及学生共同作出。价值观教育重在体验与实践。学校是一个充满关爱的地方，需要为学生提供机会践行他们所学到的价值观。

（四）加强隐性教育的力度

美国高校在核心价值观教育方面很少讲授抽象的、空洞的大道理，而是把这些大道理都转化为具体的、生动的问题，把学习变为一种感悟，使学生在日常的生活和具体的实践体验中加深对核心价值观的认识和理解。因此，社会主义核心价值观的教育不应停留在纯理论说教的层面，而是应与学生的情感、认知和行为联系在一起，从而达到良好的教育效果。要努力摆脱那种学生被动接受教育或者听而不信的尴尬局面，让学生充分参与到理论的探索和实践的体验中，在生活中感悟理论的真谛，促进价值观的养成。隐性教育是指教育者隐藏教育目的，通过一定的载体和途径，使受教育者在不知不觉中受到教育。各类实践活动和校园文化都是隐性教育的重要途径与手段。国外高校非常注重通过多种多样的实践活动潜移默化渗透价值观教育。我国高校开展价值观教育要认真研究不同学习阶段学生的思想实际和价值追求的特点，确定不同阶段的教育重点，建立科学系统的实践教育体系，为社会主义核心价值观教育构建稳定的实践平台，有针对性地开展实践教育活动，让学生在丰富的实践体验中树立正确的价值观。实践教育活动的具体形式包括实习实训、假期"三下乡"社会实践、社团活动、社会调查、社会公益活动、志愿者服务活动、学雷锋活动以及形式多样的校园文化活动等，学生通过参加这些活动，能够亲身感受和体验核心价值观的内涵和理念，培养积极的道德情感，从而形成正确的价值观。帮助学生确立价值观的最有效方式是"亲自体验与实践"，如美国的核心价值观教育将课外活动作为学生践行核心价值观的重要途径。美国著名学者德洛什认为："在许多情况下，课外活动计划有助于学生实践和运用共识性价值，以及发展良好品格特质。"

当前我国高校的价值观教育不能仅局限于对价值观内容的了解，应学习国外教育经验，加强情感教育，通过学生自我实践引起情感上的共鸣，使情感成为价值观体系的内在组成部分，真正能够影响其行为。同时，教师应采用多样的教学方法，使各种方法相辅相成；积极创新，将理论学习与实践体验、教师启发式教学与学生自主探究式教学相结合。此外，高校可发挥知名人士的作用，在学校开展相关讲座，让学生积极参与其中。注重价值观的实践性，鼓励学生将习得的知识和价值观念应用于生活中。

（五）拓宽有效实施的途径

国外高校开展价值观教育都得到了社会和家庭的大力支持与配合，因此，我国高校开展社会主义核心价值观教育，要善于整合与利用社会、家庭的教育资源，形成教育合力，才能收到良好的教育效果。社会教育资源具有开放性、群众性、补偿性、融合性等特点，能够有效弥补学校教育的不足，而且教育方式灵活多样，教育资源丰富。高校的社会主义核心价值观教育要充分利用行业资源和社会资源，积极在行业和社会建立实践教学基地和思想政治教育基地，依托基地资源开展形式多样的社会主义核心价值观教育。家庭教育是一个人教育的根基，人在成长的过程中，家庭成员对其的影响和教育是最先产生的。可以说，每个人的第一个老师是家长，家庭教育对学生的价值观形成会有重要影响。家庭成员的政治信仰、理想信念、价值观念、道德品行都对学生价值观的形成具有深刻影响，这是学校和社会所无法替代的。因此，学校要建立和家长的定期沟通机制，定期召开家长会，在网上开设家长电子信箱和家长论坛，成立家长咨询委员会，建立家长和学校及时沟通的有效平台，通过多种形式向家长宣传学校开展的各项教育活动的内容，争取家长的理解、支持和配合，使学校的教育内容得以在家庭延伸和渗透。同时，学校要积极挖掘和搜集家风教育中的优秀因素，并积极转化为社会主义核心价值观教育的有效素材，丰富教育内容，使教育更加富有亲和力和感染力。

　　社会主义核心价值观教育需要家庭、社区、社会的协同，从而形成教育学生与引领社会的良性互动局面。价值观的形成与一个人自身的成长经历有密切关系。要让少年儿童在生活中汲取正能量，形成正确的世界观、人生观、价值观，让他们生活在健康、阳光的环境中，尤其要关注少年儿童的内心世界及困惑烦恼，帮助他们排忧解难。著名教育家陶行知说，脱离了生活的教育是死教育。因此，我们不仅要让少年儿童接触现实生活，在生活中学习辨别是非，抵御诱惑，还要帮助他们解决生活中遇到的实际困难，解答他们的疑惑与问题，关注他们的健康、生活、学习、情感，激励和激发少年儿童内心向上的力量。成年人要改变传统的教育方式，与少年儿童平等对话，倾听他们的心声，了解他们的想法，想其所想，急其所急，真正为少年儿童成长服务。很多国家特别重视环境建设，除了课堂教学外，他们希望少年儿童在各种社会环境中都能接触到核心价值观。因此，各国会花费大量资金去建设和修复博物馆、纪念馆、名人故居、历史遗迹等，并且将这些资源免费向少年儿童开放。例如，澳大利亚的每个城市几乎都建有纪念馆，意大利也建有各种民俗博物馆和艺术馆，美国华盛顿、英国伦敦都建了各种大型的纪念馆、图书馆，这些国家都免费向18岁以下的未成年人开放。不仅如此，各国还动员不同领域的专家，共同打造各种"大片"或者进行商业策划与营销，在精美的动画片或者快餐文化中赋予核心价值观，让孩子们在玩乐中接受核心价值观教育。因此，建议我国拓展教育空间，既关注学校的课堂教学，也要关注孩子们在社会环境中所受到的影响,要用先进文化、绿色文化影响少年儿童。同时,我们还要整合资源,各省市地区均应建立免费的特色纪念馆、博物馆等教育资源,并与周边地区形成共享模式。

(六) 发挥多元主体的作用

国外核心价值观教育从青少年开始,通过家庭启蒙、学校教育、社会引导的途径全面展开,是家庭、学校、社会联手开展的。托马斯·里克纳认为:"新式价值观教育要取得长久成功,必须依赖学校之外的力量。学校和社区必须共同努力,来满足学生的需要,并促进他们的健康成长。"① 品格教育联盟提出,家庭是核心价值观教育的重要因素,学校的价值观教育必须得到家长的理解和支持,学校应开展与家长的积极有效的联系,帮助家长了解学校开展的核心价值观教育的内容、策略与方法,并尽可能取得家长的认同与合作。学校还应当广泛争取政府、新闻媒体、民间组织等社会各界的帮助。为充分发挥家庭在核心价值观教育中的作用,新加坡政府专门成立了家庭教育民众委员会,专门负责对家长进行培训,使家长了解家庭对学生价值观形成的重要影响和作用,并促进家长提高自身素质,更好地配合学校开展对学生的价值观教育。美国非常注重营造宏观教育环境,国家不惜大量投资建设各类博物馆、纪念馆等教育场所,这些场所成为美国向国民和大学生进行价值观教育的重要基地。美国还建立了社区"服务学习"形式,让学生在参加各种社区服务活动中提高其公民参与意识和责任感。西班牙、比利时的很多大学专门开设社工课,学生通过参加社区服务工作获得学分。目前,我国青少年价值观教育还存在参与面不广的现象。不少家庭没有担负起教育职能,致使一些青少年的价值观缺乏有效的家庭引导和管理;长期的应试教育在一定程度上影响了学校价值观教育职能的发挥。因此,拓宽价值观教育的社会参

---

① [美]托马斯·里克纳:《美式课堂——品质教育学校方略》,海南出版社2001年版,第12页。

面，发挥多元主体作用，使价值观教育不留真空，使青少年能接受有效的价值导向，是一项迫切的任务。

社会主义核心价值观教育要尊重和发挥学生的主体地位，运用体验式教学方式，加强师生互动，密切校地联系，使价值观教育"学以致用、以用促学"。由此可见，价值观教育不仅仅是政府、学校的工作，还应得到社会各界人士的认同，以及学生主体的积极响应。政府、学校、家庭、社会，以及学生自己要协同编织价值观教育之网，营造价值观教育的良好氛围，形成价值观教育的长效机制，汇聚价值观教育的强大合力，以人为本，真正提高价值观教育实效。要发挥各种社会组织的积极作用。对于企业，要提倡诚信理念，引导它们自觉开展公益、慈善、扶贫济困等活动，还要着重对它们的广告进行审查，要求其不得违背社会主义核心价值观的精神。此外，红十字会、共青团、妇女联合会等也要积极投入培育社会主义核心价值观的实践，大力开展宣传引导社会主义核心价值观的活动，配合学校教育，在全社会形成争先践行社会主义核心价值观的良好风尚，促进社会主义核心价值观的公民养成。

高校价值观教育并非仅仅通过一节课或一位教师的努力来达成目标，应全员参与，为学生创造良好的教育环境。教师应努力提高自身的教育意识和道德修养，时刻牢记教书育人的使命。而高校除发挥思想政治课等显性课程的作用之外，还应该加强校园文化建设，将隐性课程和显性课程相结合，培养学生健全的人格，为其较好地融入社会做好铺垫。高校要充分发挥教师团队作用，联系学生实际，做到教育源于生活、高于生活，可适当结合道德规范发行内部刊物。注重校园环境建设，创造良好的教育氛围。积极开展多样的社会实践、志愿服务等活动，增强学生的责任感。开设价值观教育课程的同时，在分析学生和社会需求的基础上，针对价值观教育的薄弱环节开发教育内容。此外，高校还应进一步密切与社会、家庭的联系，保持教育的协同性，形成合力，为学校价值观教育提供保障。

(七) 重视大众传媒的影响

在我国处于中等收入国家向富裕国家转型的关键时期，在民众的利益冲突加大、社会价值观念更加多元化的前提下，一定要有效控制和利用大众传媒，创新核心价值观的宣传方式和理念，注重在电影、电视、网络等文化载体上推广核心价值观，还要对违反核心价值观的言论加强管控和惩治力度。值得一提的是，微博、微信等新媒体的出现，对社会主义核心价值观的培育提出了重大挑战，必须加深对新媒体的理解，在有关部门加强正面引导的同时，我们更要会用、善用多媒体来宣传社会主义核心价值观。

新媒体迅速发展的时代，青少年成为新媒体的主要使用者。新媒体在主流媒体之外，构建了一个以手机、网络为主的新舆论场，这种舆论场以其反应快、互动强、平等性等特点，使传播的格局发生改变，深深地吸引着青少年。因此，社会主义核心价值观培育不能忽视新媒体的巨大传播作用，QQ空间、贴吧、博客、聊天室、微博、校园网等都是传播各种价值观的重要阵地。世界各国均比较重视网络等新兴媒体的传播优势，很多国家还设立了一些与核心价值观有关的主题网站，如"美国核心价值网""澳大利亚价值教育网"等。"美国方案网"的宗旨是"加强和复兴美国价值"，以赢得未来；"美国价值工程网"致力于"为全体公民塑造一个公正和更美好的社会"，关注重点集中在"审视美国价值观、发展对重要价值观的普遍共识、比较价值观理念与实际行为、力促行为调整以反映共享价值观"。所以，我们首先要重视校园网络文化建设，加强各种传播社会主义核心价值观的主题网站建设，使主题网站更具有创新性、趣味性、多样性和独特性。其次，要加强网络监管和少年儿童媒介素养提升，使少年儿童能理智辨识信息，面对多元化的价值观诱惑能明辨是非，科学地使用网络。

(八) 完善评价体系的构建

由于高校价值观教育的具体内容不明晰，在制定评价标准时缺乏一定依据，评价体系的有效性和可信度无法保证，高校无法及时、准确了解"实然"与"应然"的教育状况间的差距，从而制定相应措施。从国外价值观教育情况看，构建合理的价值观教育评价体系是必要的。培育核心价值观、对少年儿童进行价值观教育是许多国家培育合格公民的重要环节，因此他们也特别重视对公民教育进行定期评价和评估，保证公民教育及核心价值观教育真正得到落实。在评估方面做得最好的可以说是澳大利亚。澳大利亚政府从2004年开始，注重评价的周期性、科学性和全面性，他们组织各领域的专家对全国中小学公民教育进行研究，制定了不同层次的评价内容和评分标准，形成了完整的评价体系，并每三年对全国中小学生公民教育评价一次，评价的结果向全国公布。由于这个评价体系的存在，教师可以针对不同公民素养等级的要求，采取不同的教育措施、途径和方法来进行公民教育。该评估之所以具有较强的权威性，并得到持续实施，是因为澳大利亚政府设立了全国性的评估机构，制定了相关政策。此外，还颁布了《公民教育评价范围》，制定了详细的评价内容，并设置了分层的评价标准。

教育评价具有导向、监控、矫正、鉴定等功能，建立完善的评价体系有利于学生了解价值观导向，有利于教师把握价值观教育方向，有利于高校掌握其价值观教育中存在的问题并及时改进，以提升教育质量。泰勒曾对学校价值观学习成效进行研究，认为在价值评价和学校价值观学习中存在某些反映工作成效的关键性特征及依据。在教育中应抓住这些关键性特征，及时合理地进行评价；评价主体应多元化，将他评与自评相结合，鼓励领导、教师、学生、家长积极参与；以发展性教育评价为主流，不仅着眼于短期效应，而且注重长远发展。

第 五 章

大学生社会主义核心价值观的认同现状

社会主义核心价值观是社会主义核心价值体系的内核，是引领当代大学生立德成才的根本指针。大学生是时代的精英，是社会发展最活跃的生力军。大学生对社会主义核心价值观是否认同，关系着改革开放的成败，关系着国家和民族的未来。社会主义核心价值观教育是"内化于心""外化于行"的过程。"内化于心"是个体对外在思想观念、理论观点的认同，是"外化于行"的基础和前提。因此，只有增强大学生对社会主义核心价值观的认同，才能使大学生真学、真懂、真信、真用，并最终成为社会主义核心价值观的积极倡导者和模范践行者。

为了了解大学生对社会主义核心价值观认同的现状，课题组对河北省不同层次的高校进行了问卷调查，共发放问卷1000份，收回有效问卷983份，有效率为98.3%。

一、调查对象基本情况

表1　　　　　　　　　　性别

性别	频率	有效百分比（%）	累积百分比（%）
男	610	62.1	62.1
女	373	37.9	100.0
合计	983	100.0	

第五章 大学生社会主义核心价值观的认同现状 / 147

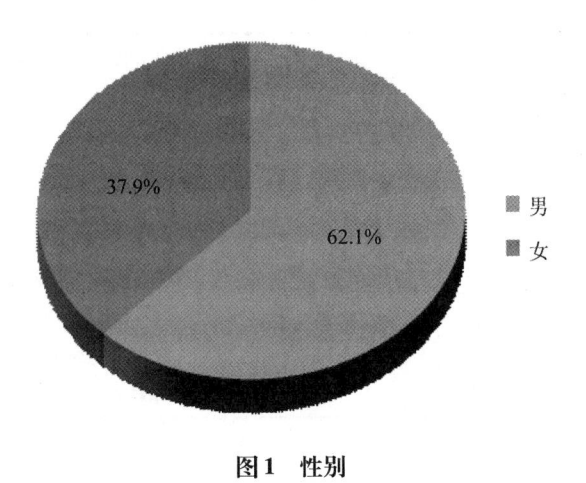

图1 性别

根据表1、图1可知，在此次调查的所有983名大学生中，男性有610人，女性有373人，分别占62.1%和37.9%。

表2　年龄

	均值	标准差
年龄	20.4337	1.38896

根据表2可知，参与本次调查的总人数的平均年龄约为20.4岁，标准差为1.38896。因此，年龄的平均值20.4337具有代表性。即参与调查的总人数年龄多在20岁左右。

表3　院系分布情况

院系	频率	有效百分比（%）	累积百分比（%）
机电工程学院	232	23.6	23.6
电子与控制工程学院	180	18.3	41.9
经济管理系	105	10.7	52.6
计算机与遥感信息技术学院	88	9.0	61.5
材料工程学院	87	8.9	70.4

续表

院系	频率	有效百分比（%）	累积百分比（%）
建筑工程系	79	8.0	78.4
会计系	72	7.3	85.8
物理学院	39	4.0	89.7
外语系	29	3.0	92.7
文法系	29	3.0	95.6
数信学院	23	2.3	98.0
化学学院	20	2.0	100.0
合计	983	100.0	

表4　　　　　　　　　　　　文理比率

门类	频率	有效百分比（%）	累积百分比（%）
文史	235	23.9	23.9
理工	748	76.1	100.0
合计	983	100.0	

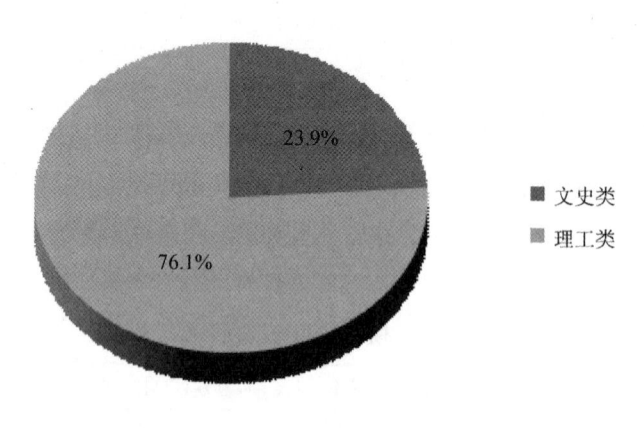

图2　文理比率

由表3可知，此次参与调查的共有12个院系，机电工程学院所占人数最多，为232人。

如表4和图2所示，将12个院系进行文理划分后，理工类所占比例为76.1%，文史类所占比例为23.9%。

表5　年级分布情况

年级	频率	有效百分比（%）	累积百分比（%）
一年级	516	52.5	52.5
二年级	323	32.9	85.4
三年级	142	14.5	99.9
四年级	1	0.1	100.0
合计	982	100.0	

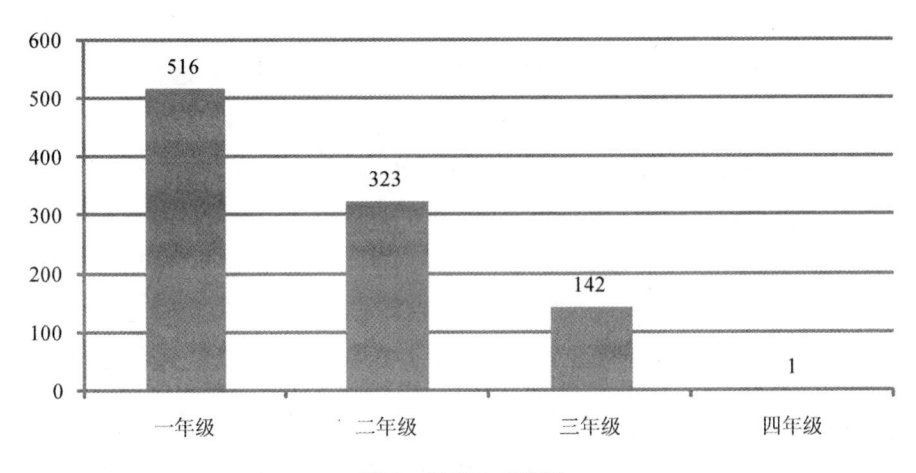

图3　年级分布情况

由表5和图3可知，参与本次调查的大学生人数中，一、二、三、四年级所占比例逐级递减。人数分别是516人、323人、142人和1人。所占比例分别为52.5%、32.9%、14.5%和0.1%。可见，参与的大学生多集中于一、二、三年级，四年级几乎没有。

二、对大学生社会主义核心价值观认同度的总体观照

调查内容主要围绕对社会主义核心价值观内容的知晓度、接受度以及践行的自觉性三个维度展开。"知晓度"是指对社会主义核心价值观的知晓程度,"接受度"是指对社会主义核心价值观的情感认同倾向,"自觉性"是指对社会主义核心价值观的践行意愿。

为了了解大学生对社会主义核心价值观具体内容的"知晓度",我们设计了"非常了解""基本了解""不太了解""不了解"四个选项,数据显示,"非常了解"的比例为50.2%,"基本了解"的比例为24.6%,"不太了解"的比例为20.1%,"不了解"的比例仅为5.1%。对于社会主义核心价值观的整体内容及要素,选择"富强、民主、文明、和谐"的有61.4%,"自由、平等、公正、法治"的有66.3%,"爱国、敬业、诚信、友善"的有62.5%。由此可见,大学生对社会主义核心价值观的基本内容知晓度较高。

为了解大学生对社会主义核心价值观的"接受度",我们设计了"十分赞同""比较赞同""难以判断""不赞同"四个选项,调查结果显示,80.7%的大学生持完全赞同的态度,9.1%的大学生选择了"比较赞同",6.2%的大学生选择了"难以判断",仅有4%的大学生选择了"不赞同"。对于马克思主义对当代中国特色社会主义建设事业的指导作用,选择"作用大"的占41.8%,选择"作用较大"的占32.3%,两者比例之和达到74.1%,说明大学生充分肯定马克思主义对当代中国特色社会主义建设事业的指导作用。对于中国特色社会主义共同理想的重要性,选择"符合历史规律"的占54.3%,选择"将来可以超越资本主义"的占15.4%,两者比例之和达到69.7%。大学生高度认同以爱国主义为核心的民族精神,认为"爱国主义应成为民族精神的主要内容"的达到83.2%,赞成"大学生应当把个人理想与中国梦想结合起来"的高达82.5%。从以上这些数据看出,大学生

对社会主义核心价值观表现出很高的接受度。

为了了解大学生对践行社会主义核心价值观的"自觉性",我们设计了"是否愿意以社会主义核心价值观来规范自己的言行"一题,数据表明,79.3%的学生表示非常愿意,10.4%的学生表示比较愿意,6.8%左右的学生表示无所谓,3.5%的学生表示不愿意。在践行社会主义核心价值观的要求上,愿意为实现中华民族伟大复兴的中国梦而奋斗的学生成为主流,认为人生应该"追求崇高理想,赢得社会尊重"的占45.6%,应该"为人类和社会进步做出贡献"的占43.7%,两者比例之和为89.3%。据此可知,大学生对践行社会主义核心价值观表现出较高意愿。

三、大学生社会主义核心价值观认同方面存在的问题

当代中国社会正处于变革时期,随着市场经济的发展和经济结构的多样化以及利益关系的复杂化,使价值观呈现多元并存的局面。作为大学生,他们的价值取向可以说就是中国社会转型的思想折射,他们的价值困惑是社会成员价值困惑的折射。对于部分大学生而言,核心价值观的迷失,是他们面临的最严重的问题之一。

(一)价值取向凸显多元化

如今的大学生多为"90后",他们正处于个体价值观体系的形成及定型期,由于其思想活跃、感受力强、注重自我、张扬个性,在价值选择上表现出较强的不稳定性。特别是随着改革开放和市场经济的深入发展,国外思潮大量涌入,异质文化相互碰撞,对人们的思想观念、生活方式带来极大的冲击。与此同时,市场经济的利益驱动原则、人际关系的趋利化倾向,也深刻地影响着大学生的价值观念,大学生的价值观凸显分化性与多元化特征,在价值取向和选择上存在明显的冲突。

1. 价值的多元化与价值评判标准单一化的冲突

从价值判断来说，当前社会发展多元化，使主客体之间形成不同的价值关系，从而形成价值的多元化。而主体要进行价值判断，就必须理性地把握价值评判标准。从逻辑上讲，正确的价值判断只会产生于绝大多数价值主体普遍接受的评判标准。于是，价值的多元化与价值评判标准单一化势必出现矛盾。因此，大学生在充分享受多重选择带来的自由与轻松的同时，也会处于难以判断、取舍的尴尬境地，从而造成大学生的价值评判标准的模糊、混乱。

2. 大学生因理性与感性的矛盾而导致的价值选择冲突

任何人都是感性与理性的结合体，一个人的成熟过程就是从感性一步步走向理性的过程。一个理智的人能够用自己的理性把控感性，从而不为感性所左右。如今的大学生多为"90后"，"任性"是他们的口头禅，感性的冲动体现在大学生的价值观选择上也是草率的、随意的。这种选择的"任性"，必将造成大学生价值评判标准的混乱，并最终导致行为的盲目性。

3. 价值认同中主流与非主流的冲突

在价值观多元化的当今社会，主流与非主流相互交织并存，各类非主流文化以各种方式影响和冲击着主流文化，使得大学生的价值认同充满着困惑和矛盾。例如，一些标新立异的非主流网络文化、影视文化和消费文化等受到大学生的青睐，追热播美剧、韩剧、日剧，看欧美大片，购买国外电器、生活用品等已成为时尚。这些多元的体验拓宽了大学生的视野，也催生了部分学生的虚荣心，甚至对我国传统文化不屑一顾、嗤之以鼻，失去认同感。有的大学生甚至崇尚西方的拜金主义、享乐主义、个人主义。长此以往，必将形成大学生不良的价值认知和错误的价值观念。

（二）理想追求流于世俗化

一位哲学家说得好：人一半是天使，一半是魔鬼。正是由于人的本性中既有动物性又有神性，所以除了来自对衣食住行这样一些物质的世俗化需求外，人还有超越动物性的更高层次的对理想的追求。但西方价值观念在政治、经济、文化等领域全面渗透，给大学生的思想观念带来不同程度的影响。多元文化模糊了意识形态，动摇了一些大学生的理想信念。从调查数据看，在"是否具有建设社会主义社会和实现共产主义的坚定信念"的问题上，回答"有"的占46.5%，"一般"的占33.9%，表示"没有、太虚幻"的占19.6%。而随着市场化浪潮的冲击与社会的快速转型，以个体为本位的价值观日益受到人们的关注，对于理想，已然是一种社会隐痛了。大学生的理想也逐渐流于世俗化，不再仰望天空，而是关心脚下。理想过于现实和实际，缺少更高层级目标的牵引和激励，在一定程度上会导致生活视野的短视、狭小和浅薄。理想流于世俗化突出表现在以下两个方面。

1. 实用主义泛滥

以追求利益最大化为最终目的的市场经济对整个社会的观念产生着深刻的影响，随着社会主义市场经济的深入发展，功利主义的价值态度日渐成为我国社会建构，甚至社会日常生活的支配性模式。受这种社会现实的影响，很多学生在遇到问题时，并不首先考虑行为的是非原则，而是直接考虑行为最后的效果和对自己是否有利。具体来说，大学生的实用主义的行为主要表现在以下几方面：一是在大学生学习的问题上出现错位。过于功利的学习态度，使部分大学生追求短、平、快，只重视较实用的课程和知识，而那些不能立竿见影的基础理论课则受到冷遇。在实用主义影响下，考试作弊、校园枪手等违规违纪现象已成为大学校园中的一大顽症。二是大学生人际关系出现庸俗化倾向。不是通过公平竞争而是通过找关系、送礼等手段获取机会。在人际交往中，有的学生把经济活动中的等价交换原则移植到人与人的关系处理上，不是通过真诚相待，而是通过吃喝玩乐等庸俗手段搞好同学关系，以是否有用作为择友的标准，还有的大学生把金钱作为维系人际关系的一种手段。如有的大学生过生日，以礼物贵重判别关系的远近、情谊的厚薄，使纯洁的友谊蒙上了一层金钱的面纱。三是参与政治动机功利化。有的学生参加政治学习、入党等是为了综合测评加分或为找工作增加砝码，而不是为了提高思想政治素质。四是职业选择的功利化。有一部分大学生在职业选择中不是首先考虑是否符合自己的专业，是否有利于自己兴趣专长的发挥，而是更看重工作条件、生活待遇等。因此，"到有钱的地方去，到有权的地方去"成为一些大学生的择业标准。对于未来生活，有些学生向往逍遥自在的小资生活，希望能够找到一个可以爱自己的人，过上舒适安逸的白领生活。这种理想，不再是对生活的超越，而只是对生活的改善以及在社会竞争中获得安全感、价值感，不再是关注自己内心的愉悦、心灵的净化，而是退回世俗生活、自我世界。功利主义的弊端是急功近利，只关注事物的外在价值，忽视事物的内在价值，造成事物价值和意义的最终丧失。

2. 享乐主义盛行

在经济快速发展和各种媒体日益发达的今天，大众文化、消费文化的流行对大学生的思想道德产生了深刻影响。大众文化以商业性、娱乐性、通俗性、流行性等为主要特征，为了迎合大众消费需求，会有世俗化、低俗化和感官化的倾向，导致受众重视感官体验、思维和想象趋于平面化的消极后果。另外，消费文化的灌输、各种广告在生活中的无孔不入，造成了部分大学生追求物质享受的浅薄的生活理念和行为方式。有些大学生不知道自己真正想要什么，不知道自己为什么而活。他们忽略了人生奋斗历程中的耕耘过程，在物质追求面前淡化了精神追求，现在的大学校园里，"郁闷"一词风靡各个角落，早已成为大学生们的口头禅。为了排解郁闷，有的学生沉迷于网络，有的学生徜徉于爱河，以即时的享乐和刺激来满足精神的空虚。特别值得一提的是，社会上大肆挥霍、一掷千金的畸形消费观，不仅造成了社会心态的躁动和失衡，而且对大学生们的消费观念也带来了不良影响，少数大学生不考虑自身的经济承受能力，追求超前消费。在一些大学生中，讲虚荣、摆阔气、穿名牌、互相攀比、追求高档消费成风，他们把高消费看作是一种派头、一种个人价值的体现。少数同学追求高消费会影响到其他同学的消费心理，这都直接导致了大学生中享乐主义的盛行。

（三）政治热情呈现淡漠化

大学生是最富有政治热情和政治敏锐性的群体，调查显示，对政治新闻非常感兴趣的学生占 36.5%，54.2% 的学生认同我国的人民代表大会制度，有 69.2% 的大学生希望有更多机会参与政治活动。但不可忽视的是少数学生存在政治态度不坚定、政治热情比较淡漠等问题。特别是当今在新媒体环境下，前所未有的海量信息不仅开阔了大学生的视野，而且潜移默化地改变着大学生的生活以及思维方式。网络上的信息鱼龙混杂、难辨真假，甚至充斥着形形色色的"网络暴力"。这些不仅转移了大学生的兴趣点和关注点，降低了他们理论学习的兴趣，削减了他们的政治热情，还在一定程度上影响着他们的价值判断。社会上一些极端的非主流的政治观点和言论特别容易吸引那些情绪控制力差和政治敏锐性低的大学生的眼球，诱导他们产生盲目认同，甚至还可能会使他们对政治生活产生一种抵触、排斥心理，如有的学生对社会主义的前途和命运缺乏信心，有的学生对反腐的长期性和复杂性认识不足，出现焦虑和偏激，有的学生对政治活动采取回避态度等。

（四）道德榜样趋向边缘化

榜样是主流文化树立的人生楷模，是在世界观、价值观及人生观方面具有高尚品德的模范人物，激发人们思想情感的共鸣，为人们提供做人行事的范本。榜样形成具有三个特点：一是现实化，即对榜样的特质做现实性评估，它会使人们积极认同那些可具模仿价值的人物，进而使其榜样认同深具世俗人格属性；二是矫正性，它会使人们不盲目认同、模仿那些与个人能力和志愿不相吻合的榜样特质，进而使其榜样认同深具针对性；三是相对化。榜样的优缺点和特长受到所处生活领域和时代的限制，在人们学习的过程中，其体认并不会只受宣传教育模式的影响，而应立足于生活实际来理解和认同。但"值得注意的是，在 20 世纪末的中国，随着市场经济的发展，民间英雄崇拜的气氛已经淡化，整个社会正在日益向平民时代过渡"。① 就现实而言，道德榜样的力量正在弱化，榜样陷入了曲高和寡的尴尬境地。调查显示，在大学生的崇拜偶像中，排在第一位的是文体明星，第二位是企业家，第三位是政治家，第四位是科学家。榜样与偶像的错位，究其根源，一方面，随着西方和港台偶像文化的大量涌入，我们的社会进入了一个"偶像文化"的时代，出现了近乎狂热的"追星族"。而活跃于人们视野的大众文化融入了越来越多的低俗元素，偏重于感官化、娱乐化和快餐化。为了吸引人们的眼球，当前选秀节目泛滥，电视上、手机中，"粉丝"比比皆是，偶像处处可见。偶像，可以说是青年人在其人生成长历程中所选择的情感载体与行为榜样。在心理层面，他们是凝聚着青年人"光环效应"的产物；在行为层面，他们是青年人追随与模仿的焦点人物；在观念层面，他们是青年人疯狂崇拜的一种价值观符号；在生活层面，他们是青年人丰富个人情感生活与娱乐闲暇时光的一种感性抒发。大学生对于偶像，常常是感性多于理性，甚至是痴迷的、狂热的。另一方面则来自商业化的包装和炒作，是市场利用青年人的从众心理和猎奇心理排演的一场行为艺术。由于媒体的运作，对这些偶像过度包装，其个性的造型、舞台表演的夺目性，更容易得到大学生的认同，而榜样在精美程度上远远不能与其相比，因此，青少年更加倾向于喜欢偶像而忽视榜样。虽然大学生需要偶像，偶像能丰富他们的精神世界，影响他们的价值取向和人格形成，能给予他们温暖、安慰和激励，但需要警惕的是，大学生的"追星"目的还停留在较低层面的外化崇拜，即他们往往崇尚偶像们靓丽帅气的外表和炫目的光环，却忽视了偶像们成功路上艰难的跋涉和奋斗的汗水。偶像不可能都是榜样，但榜样一定要转化为偶像。因为不同人的偶像不可能是一致的；而榜样只有成为偶像，才会促发模仿趋同的欲望。历史上，一些英雄人物成为人们偶像的事例很多，包括雷锋、焦裕禄等。

---

① 李慎明：《法国电视纪录片〈革命.com. 美国：征服东方〉解说词》，载《2007年世界社会主义跟踪研究报告》，社会科学文献出版社2008年版，第192页。

深入分析，关键在于当时人们接受榜样的价值标准并没有现在那么利益化、多样化，因而，一个榜样出台，很快与人们趋同的价值观对接，并迅速转化为社会上许多人的偶像。而现在受众的认知结构已经发生重大的变化。多元的内心取向与榜样的宣传极易发生对接错位。要避免这种情况，一定要着力把榜样的价值和人们内心尚存的美丽部分打通，更加亲切些、更加现实些、更加客观些、更加可信一些，用真实的、有思想的、有情感的东西来支撑、来感染，引发人内心深处的感动与冲动，从而接受榜样，学习榜样。这需要我们的榜样宣传者、倡导者下极大的工夫，而绝非是发号召、下通知、演讲会那样简单。

四、影响大学生社会主义核心价值观认同的主要因素

（一）思想政治理论课实效性差降低了对社会主义核心价值观的认同

调查表明，多数学生肯定思想政治理论课对其社会主义核心价值观培育发挥较大的作用，但对其针对性和实效性评价不高。数据显示，41.6%的大学生认为当前学校的思想政治教育缺乏吸引力，40.3%的大学生认为课堂传授缺乏实效性，与现实结合不紧密，35.4%的大学生认为学校的理论灌输方法有待改进。从现实情况看，社会主义核心价值观教育存在以下五个问题。

1. 教学内容不接地气

有些高校对社会主义核心价值观的传授往往过于空洞、脱离现实，很少结合学生关心的社会热点问题与学生进行讨论，导致社会主义核心价值观无法入耳、入脑、入心。

2. 教学方法没有与时俱进

有些高校教师把思想政治理论课教学视为单纯的思想教育和知识传授，仍然采取以教师为中心、以考试分数为评价标准的教学模式，缺乏师生之间平等的互动交流和对话，忽略了大学生在教学过程中的

主体性和创造性，忽视了大学生的接受能力和实际需要，很难激发学生学习的兴趣。虽然很多高校也在实施案例法或讨论等教学方法，但是缺少科学的指导和有效的监督，导致这些方法也不能很好地发挥应有的作用。例如有的老师在案例法教学过程中，课上案例教学的事例选取不典型、引导性不强，导致最后归纳提升主题时观点不够全面。有的教师不能很好地理解案例教学方法，认为讲授法就是单纯地在课堂上讲故事，重点讲授学生喜欢的事例，甚至是道听途说的事例，不能很好地启发学生。在讨论法实施过程中，由于有的教师对问题的设置不科学合理，导致学生讨论中容易偏离主题。总而言之，这些不得法的教学，致使思想政治教育实效性降低，在一定程度上影响了大学生社会主义核心价值观培育的效果。

3. 教学手段单一

虽然大多数教师上课使用多媒体进行教学，但教学理念仍然没有改变，仅仅是把板书变成课件，和学生互动较少，没有发挥出多媒体辅助教学的优势。

4. 第一课堂与第二课堂相脱节，理论与实践相脱节

要使社会主义核心价值观真正"入脑入心"，离不开实践教学环节，而一个不争的事实是，目前相当多高校的思想政治理论课的实践教学环节流于形式。调查显示，大学生认为提高社会主义核心价值观认同度亟待解决的问题，排在第一位的是"理论联系实际"，排在第二位的是"加强社会实践环节"。实践教学是提升学生认知、感悟和践行社会主义核心价值观的有效途径，如果不充分运用社会实践的平台增强学生对社会主义核心价值观的感性理解和体验，也就很难使大学生把社会主义核心价值观内化为个人的思想素质和行动。这就要求高校教师在思想政治理论课堂上把理论讲解透彻的同时，真正把实践教学环节落到实处。

5. 理论教育与具体行为习惯的养成脱节

在我们对大学生进行社会主义核心价值观的教育时，重知而轻行，价值观教育成为知识性教育。学校缺少对学生的语言习惯、思维习惯、

行为习惯的养成训练进行研究和管理，更没有建立一套科学的符合人的心理发展规律的、循序渐进的引导方式。

（二）异质文化的交织冲击了对社会主义核心价值观的认同

伴随着经济全球化，异质文化纷纷涌入中国，并渗透到中国人生活的方方面面。据调查，在"影响大学生确立社会主义核心价值观最主要的原因"问题上，33.1%的学生认为是社会转型，30.5%的学生认为是西方价值观念的渗透和冲击，15.2%的学生认为是大学生自身存在弱点，21.3%的学生认为是网络负面信息的影响。由此可见，西方价值观念的渗透和冲击不可小觑。自由主义、历史虚无主义等错误思潮，不仅模糊了意识形态，消解了人们的理想信念，而且严重误导了涉世未深的大学生。大学生喜欢追求"新、奇、特"，对新鲜事物有很高的开放度和接受度，但受理论水平和实践经验的限制，他们对普世价值、自由主义等思潮缺乏正确判断因而极易被其迷惑。在对"你是否接受西方民主、自由、平等、人权的价值观"的调查中，完全接受的比例为7.2%、比较接受的比例为19.1%、难以判断的比例为56.3%、不接受的比例为17.4%。这充分说明，普世价值对大学生具有很强的蛊惑力，这必然给大学生认可社会主义核心价值观带来冲击。

（三）市场经济的逐利性妨碍了对社会主义核心价值观的认同

市场经济是一把"双刃剑"，一方面，社会主义市场经济体制的建立，给社会带来了新的活力，大大加快了我国经济发展的步伐，人民群众的物质文化生活水平也在不断提高。另一方面，市场经济的逐利性使一些道德失范和诚信缺失现象不断发生，诸如请客送礼、摆阔攀比、考试作弊、论文抄袭等，如果这些不良风气得不到及时纠正，势必会大大降低大学生对社会主义核心价值观的认同度。

（四）网络文化的泛滥干扰了对社会主义核心价值观的认同

1. 网络文化的易复制性和娱乐性淡化了人们的政治理想和道德

观念

早期西方资本主义国家对社会主义国家实行"遏制战略",采取以政治孤立、军事包围和经济封锁为内容的不同措施,而网络媒体复制性在娱乐性的掩护下使西方国家转向实行"超越遏制战略",阿尔温·托夫勒在《权力的转移》中说:"世界已经离开了依靠暴力与金钱控制的时代,而未来世界政治的魔方将控制在拥有信息强权的人手里,他们会使用手中掌握的网络控制权、信息发布权,利用英语这种强大的文化语言优势,达到暴力金钱无法征服的目的。"西方国家利用其网络优势,大肆在网络上宣扬资本主义价值观念,导致大学生思想和价值取向上的混乱,消解了大学生对社会主义主流价值观念的认同。网络文化的虚拟性往往容易造成人们行为的无节制和社会道德责任感与道德行为的缺失,使人们的道德认知与判断能力发生偏差,一些对社会心存不满的大学生因此放松了道德约束,通过网络肆意发泄,甚至恶意攻击。面对纷繁复杂的信息,有些大学生缺乏甄别能力,在暴力、金钱、色情等消极的价值观诱惑下很容易失去方向。

2. 网络文化倡导消费主义和享乐主义

网络文化是一种消费文化。人们在享受电子化消费带来的愉悦的同时,也经受着网络文化带来的负面效应。网络文化通过各种缤纷的形象和华丽的包装,竭力刺激人们的欲望需要,不断向人们推销消费至上的理念和享乐主义的价值观。网络文化为每一个选择它的人提供了展现自我、创造价值的机会,但是它同时也成了某些学生失去自我的陷阱。他们无法区分网络世界与现实世界的差异,甚至把网络文化活动看作生活的全部。他们痴迷于其中,甚至无法回到实际的生活世界,导致在日常生活中无法自由地安排自己的时间和学习。

3. 网络文化混淆社会主导价值标准

网络文化由于是一种由技术塑造的文化,是一种同一性的文化,它以一种强烈的同质化力量单面塑造着人们的价值观,混淆价值标准,导致认同危机。网络文化的广泛传播形成了一股潮流、一种时尚、一种环境、一个氛围,使得人们的兴趣、喜好和口味日益趋同。统一化的特点消灭了文化本应具有的思想的丰富性和价值的多样性,造就人们思想和行为的单面特征。虚拟网络文化的膨胀发展使一些学生完全从自我感受出发,以自我为中心,淡化对远大人生理想的追求和人生意义的严肃思考。与此同时,纷繁复杂的网络文化又混淆社会主导价值标准,从而导致大学生对社会主义核心价值观产生认同危机。

(五) 消极腐败现象削弱了对社会主义核心价值观的认同

中国自古就有"以吏为师"的政治文化传统,官德不彰,民风难淳。而在当今社会生活中,一些党员领导干部言行不一,以权谋私,腐败堕落,严重影响了党和政府的形象。习近平总书记在十八届中央纪委第二次全体会议上的讲话中指出:"干部心系群众、埋头苦干,群众就会赞许你、拥护你、追随你;干部不务实事、骄奢淫逸,群众就会痛恨你、反对你、疏远你。"因此,从根本上说,当前培育和践行社会主义核心价值观面临的许多问题,都与某些党员干部背离宗旨意识有关。

2013 年 6 月 18 日,习近平总书记在党的群众路线教育实践活动工作会议上发表重要讲话。他指出:"我们必须看到,面对世情、国情、党情的深刻变化,精神懈怠危险、能力不足危险、脱离群众危险、消极腐败危险更加尖锐地摆在全党面前,党内脱离群众的现象大量存在,一些问题还相当严重,集中表现在形式主义、官僚主义、享乐主义和奢靡之风这'四风'上。"[①] 这些问题如不认真加以解决,我们党就会失去根基、失去血脉、失去力量。党的十八大以来,党中央认真落实"八项规定"精神,坚决惩治党内腐败现象,充分显示了党中央对腐败"零容忍"的坚定态度,反腐倡廉工作取得了明显成效。但也要看到,"四风"问题尚未从根本上剔除,部分党员干部违纪违法的问题仍然比较严重,一些地方和部门损害群众利益的问题仍然比较突出,有的地方干部腐败现象仍未得到有效遏制。个别党员干部和政府

---

① 《习近平谈治国理政》,外文出版社 2014 年版,第 368 页。

官员利用自己手里的权力只为自己谋求利益，更有甚者不惜以违法乱纪为代价。这些无不破坏了党群、干群关系，并严重污染了社会风气，削弱了社会主义核心价值观的感召力。

（六）教育制度的流弊制约了对社会主义核心价值观的认同

随着高等教育的不断发展壮大，教育制度需要不断的创新，以适应变化了的教育需求。无论是招生制度、学术管理评价制度、管理制度以及人事制度等都在教育改革中发生变动，但新制度或者配套制度尚未及时有效地跟进，制度缺失便成为教育改革过程中普遍存在的现象。而一些新的举措由于缺乏适宜的土壤，还存在一定弊端，影响了教育的发展和人才的培养。

1. 教育行政化

教育行政化模式的表现有以下几个方面：一是过分地强调教育单位的行政级别即行政隶属关系，以便向行政化的管理靠拢。大学的官本位倾向影响着大学学术的发展，使大学作为时代和社会灯塔的作用逐步失去色彩，也是教育受到非教育因素严重干扰的起点；二是形成了自上而下单向管理的机制，教育实践效果的反馈作用不灵。如进行各种各样的命名、评比等，看似加强了对学校的管理和投入，实际上却是一次又一次用行政指挥棒来调控教育，使学校工作日程完全从属于行政管理日程，而不能服从于教育的本质要求；三是导致学校和教师形成惰性心理，丧失创新意识，习惯于被动执行，眼睛向上争取资源，一味等、靠、要，其结果必然是教育领导部门的负担越来越重，而学校自身的创造性活力越来越弱；四是教师、学生与行政管理人员之间较为频繁的矛盾冲突，由疏离到强化控制，最终形成学校内部人际关系的恶性循环，严重破坏学校的气氛；五是长期的理性精神贫乏，使高校在发展模式上习惯性地选择简单化、技术化的方式，形成了对数字的崇拜现象。而对数字的极端追求，使高校的管理变得僵化而教条，使高校的形象变得功利、肤浅和庸俗，致使高校"使人成人"的本质异化，无法产生高教应有的价值和意义。

2. 教育产业化

教育产业化导致教育事业成为一种营利性产业，1999年，中国高等教育大举"开闸放水"，进行扩招改革，使我国的大学生数量急剧上升，并且上升速度十分惊人，有数据显示，2006年我国普通高校招收了540万，是1998年的5倍，先后超过俄罗斯、印度、美国，成为世界第一。但是，这种扩招并非自然发展的结果，而是超常规的盲目扩招，从而导致一系列问题。一是教育本质的扭曲。众所周知，教育的本质就是用教育的手段培养对社会、对国家有用的人才的社会活动，培养出来的学生不是商品。而教育产业化则把教育事业看作一个有利可图的产业，以企业营利为目的来运营来培养学生，最后再把整个教育产业化的教育产品包括学生都要按商品的品质和价格来加以经营出售。这就造成教育性质的扭曲，将学校等同于企业了，学校开始悄无声息地成为生产学生商品的工厂，教育事业也从大家公认的公益性事业开始变成了营利性的企业工厂。

3. 教育评价指标化

目前各种高等教育评价体系的指标化和规范化，成为高等院校上台阶上水平的必经途径和发展方向，严重制约着高等院校结合自身实际的个性化发展。翻开各种评价体系，可以看到，动辄把院士数目、科研经费、三大索引文章数目、博导数目等作为衡量标准，并且占据很大权重，这无疑成为高校实力比拼争取优质生源的指挥棒，无疑成为高校引进和培养人才的最终目标。我们一方面口口声声强调对学生的素质教育，另一方面又在发展中受到各种评价体系的束缚，让高校不得不面对如何有利于适应竞争环境的现实选择，这种素质培养和实力评估不能并重的指标化体系，不但使很多高校缺乏个性特征、缺乏创新思维，而且也使他们陷入盲目发展的危机。目前，高职高专忙着搞升本，专业院校忙着搞综合，综合院校忙着搞新增，教育体系内的重复建设不容忽视，这使本就紧张的教育资源造成极大的浪费，而且没有针对性地培养学生的素质和技能。

(七) 校园文化建设的误区影响了对社会主义核心价值观的认同

"校园文化是以在校师生为参与主体、以校园环境为地理空间、以大学精神为核心特征的群体文化。校园文化对高校培养目标的实现起着不可估量的作用，科学健康、与时俱进的优秀校园文化可以潜移默化地影响学生的思想观念、成才追求、道德规范和价值取向。"[①] 校园文化是学校发展的灵魂，是凝聚人心、展示学校形象、提高学校文明程度的重要体现。校园文化对学生的人生观、价值观产生潜移默化的深远影响。现今，各高校都意识到了校园文化建设对提高大学生素养教育的重要作用，对于校园文化建设的重视程度日益提升，但校园文化建设中仍存在不少问题和误区，具体表现如下。

1. 重形式，轻内涵

从构成上看，校园文化可分为三个方面：一是校园的物质文化，包括校园建筑、绿化和美化、文化设施等；二是校园的制度文化，包括校园的各种规章制度、道德行为规范等；三是校园的精神文化，主要是以大学生为主体的校园主体思想意识、价值观念、精神面貌、心理素质、审美情趣等。这三个方面是一个统一的整体，缺一不可、相互作用、相互促进。校园物质文化是校园文化的物质载体，它是整个校园文化的外在标志，其核心内涵是校园文化中的精神文化因素。学校应注重发挥物化环境的育人功能，对校园的绿化、美化都应进行科学规划，只有科学规划，才能营造高品位的校园环境。校园内每一座建筑，每一条道路以及每一个绿化、美化景点不只给人以一种清新的感受，而且应该蕴涵着一种向上的精神，应该有意识、有目的地在校园营造人文景观，寓人文知识于校园景点、环境布局、建筑风格、绿化美化之中。精神文化是学校的灵魂，是一所学校办学理念、学校个性和精神面貌的集中反映。精神文化建设要全面开展校风、教风、学

---

① 沈壮海：《思想政治教育有效性研究三题》，载《思想理论研究》2002年第1期。

风建设。一是要凝练校训。校训集中体现了一所学校的办学特色，它是广大师生共同遵守的基本行为准则与道德规范，是学校办学理念、治校精神的反映，是一所学校教风、学风、校风的集中表现，是大学精神的核心内容，一所大学的校训，最集中地反映了大学人的办学理念和价值取向，表达的是大学管理者对求学者的热切希望。久而久之，它融入一代又一代大学人的血脉和灵魂，形成一所大学的精神。二是要在教师中扎实开展师德师风教育，增强广大教师作为人民教师的光荣感、责任感、使命感，激发教师严格自律、恪尽职守，树立人民教师良好师表形象，建设热爱学生、为人师表、教书育人、钻研教法、不断探求的优良教风。三是要加强对学生的教育和引导，建设勤奋努力、积极向上、认真诚信、充满兴趣、乐于探究的良好学风。四是要认真抓好班级文化建设，形成团结友爱、互相帮助、快乐和谐、健康向上、争做主人的良好班风。校园物质文化建设的目的应该是使它成为承担精神文化的载体，建设物质文化不是目的，而是手段。但是，高校校园文化建设的现状中部分学校对校园文化建设的内涵没有准确深刻地理解，对于如何建设适合本校实际的校园文化这一问题尚没有清晰的思路。

就校训而言，很多高校的校训大同小异，在校训中使用频率最高的词是"求实""创新""团结""勤奋""严谨""求是"等。校训严重雷同，无法体现学校的特色和风格，难以对教职工及学生形成强烈的感召力和凝聚力。

有些学校把校园文化片面地等同于校园环境，在校园环境的绿化和美化上花费了过多的金钱和精力，不惜巨资建设华丽的校园和漂亮的校舍，购进崭新的设备，同时以投入经费来体现对各种校园文化活动的重视。校园环境建设的内容大同小异：花草假山、名人画像、校园雕塑等。这种注重形式而忽视内涵的做法，违背了校园文化的本义，或者说这是一种"没有文化"的"学校文化"建设。特别是在新校区建设中，片面追求宏大的规模和豪华的装修，而忽视了大学的文化积淀和个性，新校区往往最终变成"文化沙漠"。

对于师德师风，高校虽已建立教师考核制度，但偏重于对教师教学科研工作的考核，忽视对其政治思想、教书育人、为人师表等方面的考核。思想政治工作和教学业务工作仍然存在"两张皮"现象，在具体的工作目标、任务和要求中未能很好地体现教书育人的联系。在师德考核与教学评估、优秀教学成果评比、学术带头人的选拔、优秀中青年教师的破格晋升等诸多方面缺乏统一的考核办法。在师德考核过程中，缺乏科学的考核内容及指标。久而久之，师德考核就成为一项例行公事，走走形式而已。至于考核成绩，则可以用业务成果来代替，一好遮百丑。由于师德考核过程中存在一些不合理现象，因此考核的导向性作用不能得到很好的发挥，甚至还会使教师出现抵触情绪和逆反心理，产生负面效应。

关于学风，自高校扩大招生规模以来，随着高校在校学生数量不断扩大，学生思想状况、学业水平参差不齐，同时，由于社会各种文化思潮等诸多因素的影响，导致部分学生的学风状况令人担忧。如大学生缺乏远大的理想和目标，缺乏明确的学习目的，学习动力不足，不能严格要求自己，学习松懈，考前突击的现象十分普遍，补考、重修成为部分同学的家常便饭。有的学生刻苦精神不够，存在"60分万岁，61分浪费"的混文凭倾向。有的学生学习纪律松懈，迟到、早退、旷课、上课玩手机的现象屡禁不止。部分学生专业思想淡薄，内心期望值较高，往往会出现理想与现实的反差，觉得"入错了门"，由此产生厌学情绪和混学行为。

2. 重娱乐，轻价值

当前，高校用社会主义核心价值观引领大学校园文化建设存在的主要问题是校园文化建设价值成分的缺失。大学校园文化建设必须注重大学生价值观的培养，因此，大学校园文化建设必须要融入适度的价值成分，否则校园文化建设就会因失去了文化建设的"魂"而浮于表面。目前，高校校园文化建设大多依赖学校学生会、学生社团等组织的各种类型的学术、体育、艺术和娱乐活动。有些大学将校园文化建设当成了纯粹的娱乐消遣活动或者是培养学生的技能的活动。随着社会发展和教育改革的不断深入，大学生社团的规模不断扩大，成员大批增加，但与此同时，社团文化活动的品位并不高。一方面，大学生的文化活动娱乐性的内容多，启迪性的内容少，学术气氛不浓，科、教、学结合不够。另一方面，传统文化内涵不足，许多大学生忽视对中国传统文化的学习，对中国传统文化不甚了解，甚至还抱有偏见，使传统文化处于曲高和寡的尴尬境地。另外，课桌文化、寝室文化充斥的大多是格调较低的内容，折射出的是有些大学生精神空虚与寂寞，并且容易传递给其他人，对学生的学习和生活会产生极大的不良影响。而像学雷锋、树新风等活动，许多学生是迫于学校、班委等的压力被动接受。各种积极向上的文艺活动，则是由于学生只凭个人喜好参加，难以形成一种自觉行为。这些无疑阻碍了校园文化建设向高层次方向发展。

第 六 章

培育与践行大学生社会主义核心价值观的必要性

大学生是时代的精英,是社会发展最强有力的推动者和社会创新最活跃的生力军。思想是行动的先导,大学生任何能力与热情只有在正确价值观的引导下才能发挥其正能量,才能使自己的行动为社会做出应有的贡献。所以,培育和践行社会主义核心价值观对大学生来说至关重要。

一、世界格局调整期需要固化社会主义核心价值观

当今世界处在一个由时代发展所引发的全方位社会转型期,而在这种转型中既有阵痛,也有机遇,充满着各种不确定性和变数,矛盾错综复杂,局势瞬息万变。世界既是统一的也是多元的,既是一体的也是分裂的。正如美国的约瑟夫·奈指出的:"信息革命、技术变革和全球化不会取代民族国家,但会让世界政治的行为体和所有问题变得更为复杂。"[①] 经济活动的全球化、政治格局的多极化、文化发展的多元化、信息传播的网络化是这个时代的主要特征。时代的这种转型升级需要我们做好各方面的准备和调整。在这种变与不变、诱惑与坚

[①] [美] 约瑟夫·奈:《硬实力与软实力》,门洪华译,北京大学出版社2005年版,第187页。

持、迷茫与信仰的矛盾中，大学生只有在思想上保持定力，坚定社会主义信念，牢固树立起社会主义核心价值观，才能全身心地投入社会主义建设事业中去。

（一）经济全球化

经济全球化是指世界经济活动超越一国的界限，通过对外贸易、资本流动、技术转移、提供服务等形式使不同国家经济之间形成相互依存、相互联系的有机过程，主要表现为在世界范围内的商品、技术、信息、服务、货币、人员等经济要素的跨国跨地区流动。经济全球化发端于15世纪末的地理大发现，成长于三次产业革命，形成于"冷战"结束后的资本和市场的全球化。经济全球化是世界发展在经济领域的必然结果，也是当前世界主要的经济特点。虽然人们对经济全球化爱恨交加，但它作为世界经济发展的客观规律是不以个人或个别国家的意志为转移的，我们必须要正视它的存在，存其优而去其劣、用其利而弃其弊。

经济全球化对大学生核心价值观的形成可以说是一把"双刃剑"，一方面它有利于大学生加强和巩固社会主义核心价值观，另一方面又为大学生打开了价值多元化的窗口，难免会引诱大学生滋生一些错误的价值观，而这些错误的价值观势必会淡化大学生对核心价值观的认同和信仰，成为大学生核心价值观形成和巩固的障碍。

首先，经济全球化是经济发展的全球化，它的目标、机理、规律和特点都有利于当代大学生培养"富强、民主、文明、和谐，自由、平等、公正、法治，爱国、敬业、诚信、友善"的核心价值观。经济全球化的目的是促进世界经济的繁荣，主观上表现为每个经济体追求自身经济利益的最大化，客观上促进了世界经济的共同发展。经济全球化在促进世界经济总量的增长方面是有目共睹的。我国作为最大的发展中国家，在经济全球化下受益匪浅。在经济全球化背景下，我国不仅利用外国投资解决了资金短缺和人才匮乏的"瓶颈"问题，加速了中国工业化、现代化的进程；而且国家之间的自由贸易使我国能够充分利用本国的劳动力资源把中国制造输送到世界各地以换取真金白银；当然我国也通过参与国际竞争、国际分工和国际交流优化了国家的产业结构和经济结构，提高了我国的产品质量和服务水平，提升了我国的科技实力和经济实力，使我国从一个经济大国走向经济强国。而且，经济全球化以市场经济为前提，而市场经济就是法治经济，法治倡导自由平等、维护公平正义、促进文明和谐，所以经济全球化必然与作为核心价值观的"法治、自由、平等、公平、文明、和谐"的价值理念具有某种一致性。任何市场主体在法律上都是平等的，任何经济行为在法律的框架内都是自由的。在国际市场上，任何经济主体之间都存在公平竞争，而要赢得市场的认可，就需要提高产品和服务的质量和水平，如果没有敬业精神，生产或提供不出好的产品和服务来，任何质次价高的产品和服务以及欺骗消费者的经济行为必然会被国际市场所淘汰。这种在竞争中追求卓越的经济规律必然有利于培养大学生的敬业精神和诚信品质。

其次，经济全球化也为当代大学生打开了价值多元的窗口，因而也为大学生错误价值观的形成提供了滋生的土壤。经济全球化以经济开放、市场自由为前提，而经济开放、市场自由又是以开放的思想和自由的理念为前提，并为思想上的开放和理念上的自由打开了更为方便的大门。开放的大门一旦打开，错误思潮难免会趁机占领大学生的观念市场，引起大学生思想和价值观的多元、混乱和冲突。第一，资本主导下的经济全球化容易使当代大学生产生拜金主义思想。"货币拜物教即拜金主义就是将货币当作神灵的一整套理论主张和观点，它反映的是一种对货币极度崇拜的心理。……拜金主义者将金钱视为自己一生追求的对象，过度崇拜金钱、无止境地追求金钱，把是否能获得钱财或物质利益作为衡量某一事物是否具有价值的标准，将获得越来越多的金钱视为人生的最大乐趣，视为人生理想、人生目标和首要任务。他们所做的一切都是为了得到金钱，他们生活的原则也是千方

第六章 培育与践行大学生社会主义核心价值观的必要性 / 171

百计获取金钱。"①拜金主义淡化了大学生的政治意识、社会意识和责任意识,腐蚀着大学生高尚的灵魂和远大的理想,从而使大学生降低了对诗和远方的渴望和激情而把眼光转向眼前的利益、享受和现实,使大学生变得世俗化、庸俗化。拜金主义对大学生的危害是方方面面的,而最可怕的就是它导致部分大学生产生了对核心价值观的怀疑和抛弃,阻碍了大学生对核心价值观的学习和实践。第二,以自由市场为前提的经济全球化容易使当代大学生产生自由主义、个人主义等错误思想。自由是人的权利,也是社会主义核心价值观的基本内容,但这种自由一定是有限的自由、相对的自由。就像卢梭所说的那样:"人是生而自由的,但却无往不在枷锁之中。自以为是其他一切的主人的人,反而比其他一切更是奴隶。"② 自由的这种限度有法律限度、纪律限度、政策限度甚至道德限度。所以,自由不是自由主义,那种以追求绝对自由而无所顾忌的自由主义不仅伤害了他人的自由,而且注定会在追求自己自由的道路上陷入泥潭。自由主义和拜金主义必然导致个人主义、利己主义泛滥。利己主义是个人主义的表现,其核心就是眼中只有自己没有他人,办事只为自己而不考虑他人,以是否对自己有利作为检验真理的标准而没有其他标准。第三,经济全球化下以利益为纽带和价值取向的陌生人社会淡化了人与人之间交往的道德性。随着资本对地域观念的打破,传统以家庭、地域为主要纽带的熟人社会向以经济联系为主的陌生人社会转变,社会联系多于家庭联系和邻里联系,外部联系多于内部联系,陌生人之间的联系多于熟人之间的联系。在没有建立起完善的法治和成熟的市场经济的情况下,与陌生人之间的"一锤子买卖"便挑动起了人自私的基因,从而产生了在经济交易中敲诈勒索、行骗行贿等不道德甚至违法的行为。所以英国历史学家、哲学家亚当·弗格森(Adan Ferguson)就说:"蒙昧时

---

① 李美惠:《拜金主义对我国大学生正确价值观形成的消极影响及对策》,载《开封大学学报》2016 年第 3 期。

② [法]卢梭:《社会契约论》,何兆武译,商务印书馆 2003 年版,第 4 页。

代（rude ages）的商人目光短浅，招摇撞骗，唯利是图。"① 马克思也说："荷兰——它是17世纪标准的资本主义国家——经营殖民地的历史，'展示出一幅背信弃义、贿赂、残杀和卑鄙行为的绝妙图画'。最有代表性的是，荷兰人为了使爪哇岛得到奴隶而在西里伯斯岛实行盗人制度。为此目的训练了一批盗人的贼。盗贼、译员、贩卖人就是这种交易的主要代理人，土著王子是主要的贩卖人。"② 第四，随着世界经济一体化程度的逐步提高，各成员国经济主权的独立性在不断下降，国家主权重要性的下降无形中消解了人们的爱国主义精神。根据美国盖洛普公司2009年在全球的民调显示："全球有7亿人希望永久移民到另外一个国家。……这一数字占全球成年人口总数的16%……这些人都觉得'异乡的月亮更圆'。"③ 这说明当前人们对自己国家认同感的降低和爱国意识的淡化。不管经济一体化如何发展，主权国家仍然是当今世界经济发展中最主要的经济主体和经济单位。就如英国学者鲍伯·杰索普所说："在当前全球化的以知识为基础的经济当中，民族国家仍然重要，它不是正在消亡，而是正在被重新想象、重新设计、重新调整以回应挑战。"④ 无论是国家还是个人仍然需要爱国主义这个纽带把他们紧密地联系起来。如果抛掉了国家，个人将成为无本之木、无源之水，他们根本不会在这样一个空荡荡的大千世界中找到落脚之地和庇护所。如果抛掉了爱国主义，国家就是一个不能提供任何实质价值的虚假存在。所以在经济全球化下，大学生更应当固化社会主义核心价值观，强化爱国主义思想和精神。

面对经济全球化这把双刃剑，我们不仅要利用好它有利的一面，也要预防好它不利的一面。在经济全球化的今天，我们一方面要利用

---

① ［英］亚当·弗格森：《文明社会史论》，林本椿、王绍祥译，辽宁教育出版社1999年版，第159页。
② 《马克思恩格斯全集》第44卷，人民出版社2001年版，第861—862页。
③ 管克江：《调查：全球7亿人想移民》，《环球时报》2009年11月5日。
④ ［英］鲍伯·杰索普：《重构国家、重新引导国家权力》，何子英译，载《求是学刊》2007年第4期。

经济全球化对社会主义核心价值观的激励机制加强对大学生核心价值观的培养；另一方面也要警惕经济全球化的陷阱和诱惑以防止大学生错误价值观的滋生和蔓延。

（二）政治格局多极化

随着苏联的解体，美国和苏联两个超强大国之间的两极对抗正式结束，随之而来的是以美国霸权主义和单边主义为主、其他国家多派鼎立为辅的世界政治格局，但这种以单极多派为特点的政治格局又随着近年来中国、俄罗斯等大国的崛起和世界矛盾的复杂化而正在向多级并存的世界新格局转变。马克思所预言的"资本主义一定灭亡、共产主义一定胜利"似乎随着社会主义带头大哥苏联的解体和以美国为首的资本主义国家的繁荣发展而越来越成为一种幻想，从而在一定程度上动摇了当代大学生对马克思主义、社会主义和共产主义的信仰，有些大学生甚至认为资本主义才是人类的未来。对资本主义政治制度的崇拜不仅动摇了大学生对社会主义核心价值观的信仰，也使他们滋生了腐朽的资本主义价值观，有些人还冠冕堂皇地把资本主义价值观称为"普世价值观"。其实，"'普世价值'以西方民主制度为理论依托，以西方国家制度精神为核心价值观，是西方敌对势力'西化''分化'我国的思想武器"。"'普世价值'一旦还原为政治价值，其'人类共同价值'之表与资本主义国家制度之实的矛盾马上就暴露无遗。"所以，"历史证明，政治实践领域不存在'普世价值'，没有一种国家制度是各国普遍适用的'普世模式'"。[1]

国际政治格局的多极化必然产生多元并存的政治制度和意识形态。当今世界的政治制度依然以资本主义和社会主义为主，其中资本主义国家在数量上占绝对优势，就资本主义和社会主义各自内部而言，不同国家的资本主义制度和社会主义制度依然有着微妙的差别。不同的

---

[1] 侯惠勤：《"普世价值"的理论误区和制度陷阱》，载《求是》2017年第1期。

政治制度必然形成不同的意识形态和价值观。陈延斌教授把国外核心价值观总结为这样几类：一是以美国为代表的西方国家的核心价值观；二是朝鲜、古巴、越南、老挝等社会主义国家的核心价值观；三是以新加坡、韩国等为代表的亚洲价值观；四是以宗教为根本理念的核心价值观；五是遍及亚非拉地区的广大发展中国家的核心价值观，并且指出不同国家核心价值观之间的不同。"考虑到每个国家不同的历史文化和社会发展状况，核心价值观的某些要素在不同国家也存在不同的特点，即便是民主、自由、平等、人权等具有所谓'普世意义'的价值观念也是如此。"[1] 就目前我国和其他国家的关系而言，"西强我弱"的局面依然没有得到扭转，西方资本主义国家在意识形态和价值观上和平演变我国的阴谋一直存在，他们企图用他们的意识形态和价值观来颠覆社会主义核心价值观，从而达到推翻共产党的领导和消灭社会主义制度的目的，妄图把我国变成他们政治上的附庸和经济上的奴隶。如美国政府一直把自己的自由、民主、人权、宪政当成是世界上唯一可行可信的"普世"价值观，要求世界各国学习和使用，妄图在精神上统治世界。长期以来，美国政府打着支持一些国家民主运动的旗号，到处散布自己的价值观，甚至用武力强制推行。美国前总统布什就公开宣称"我们在点燃自由之火。这把火将温暖着世界上追求自由的人们也将熔化那些压制民主、阻碍民主的人。这把自由之火也将在地球上其他黑暗角落点燃"。[2]

任何社会占统治地位的意识形态和价值观都是统治阶级的意识形态和价值观，都是为这个阶级的经济利益服务。马克思和恩格斯深刻地指出："统治阶级的思想在每一时代都是占统治地位的思想。这就是说，一个阶级是社会上占统治地位的物质力量，同时也是社会上占

---

[1] 陈延斌、周斌：《国外核心价值观的凝练及其启示》，载《马克思主义研究》2012年第10期。

[2] 参见《法国电视纪录片〈革命.com.美国：征服东方〉解说词》，载《2007年世界社会主义跟踪研究报告》，社会科学文献出版社2008年版，第192页。

统治地位的精神力量。"① 以美国为首的西方资本主义国家的价值观是为资本主义国家的资产阶级利益服务的，它们从来不是什么救世主也从来没有想过要当什么救世主，它们是在为它们自己的经济利益做精神上的准备，企图把价值输入国变成为实现它们经济利益的精神奴隶。"奥巴马总统以及前国务卿希拉里在挑选非洲出访国时一般把'民主'和'良政'标准列入首选，希望通过高层出访传递美国在支持和推动非洲民主和良政方面的立场与决心。"②

价值观的多元必然导致共享价值观的缺失，因而不利于形成社会共识，从而造成社会的信任危机。社会主义核心价值观是我国人民共享的价值观，它是人民民主专政的社会主义政治制度在价值观上的统一体现和统一要求，是坚持和发展我国社会主义制度的思想基础和灵魂支柱。大学生要信仰社会主义和共产主义制度，维护中国共产党的领导和人民民主专政的政治制度，就必须要树立和坚定社会主义核心价值观，不受其他非社会主义核心价值观的影响和干扰。在社会转型时期和大数据开放时代，即使是做不到在价值观上唯社会主义核心价值观是从，也要把大学生价值观的主要方面固化为社会主义核心价值观，杜绝任何与社会主义核心价值观相背的价值观占领大学生价值观的核心地位，也绝不允许其他价值观动摇社会主义核心价值观作为大学生价值观的核心地位和主要方面。以美国为首的西方资本主义国家之所以给我国人民灌输资本主义价值观，就是企图以资本主义价值观来稀释、淡化甚至是排挤社会主义核心价值观，从而把中国人变成为它们精神上的奴隶，颠覆我国的社会主义制度。如今在我国大学生当中，价值观的西化已经是一件很严肃也很严重的事，许多人崇洋媚外，认为西方人的自由民主就是真正的自由民主，而我国的自由民主就不是真正的自由民主；或者简单地认为社会主义核心价值观所倡导的自由民主就是西方的自由民主。其实任何价值观都是由一定的经济基础

---

① 《马克思恩格斯选集》第1卷，人民出版社1995年版，第98页。
② 贺文萍：《美国对非洲战略的新变化》，载《新视野》2013年第6期。

所决定的,并受这个国家政治制度的影响,反映并服务于一定的经济基础和政治制度。我国社会主义核心价值观所倡导的自由民主与西方资本主义国家所倡导的自由民主有着本质的区别,绝不能等同视之。我国核心价值观所倡导的自由民主是建立在社会主义公有制经济基础之上的上层建筑,它体现了社会主义制度的本质要求,它是人民的自由、人民的民主,而人民具有最大的广泛性,所以是绝大多数人的自由民主。而且我国自由民主的价值观与我国人民民主专政的社会主义制度是一致的,只有进入共产主义社会,民主和自由才属于全民。而资本主义社会的民主同样是建立在资本主义私有制经济基础之上的上层建筑,是为资本主义经济和政治统治服务的,虽然它在形式上以法治的名义美其名曰是所有人的自由民主,实质上仅是资本家和那些政客们的自由民主。就像有的学者所说的那样:"资产阶级民主政治本质上是通过金钱政治达到专政统治,是金钱的民主,'有钱人的游戏'。在这样的社会里,只有资产阶级的民主和自由,无产阶级则沦为他们专政下的对象,没有任何真正的民主与自由。"[①] 马克思在谈到工人的自由时也说:"一方面,工人是自由人,能够把自己的劳动力当作自己的商品来支配,另一方面,他没有别的商品可以出卖,自由得一无所有,没有任何实现自己的劳动力所必需的东西。"[②]

(三) 文化多元化

文化形成于特定的生活和环境,是各种生活方式的习惯化和历史积淀的结果。所以,任何一个民族、地域和时代都会形成与自己的环境和历史相一致的独特的文化体系。没有文化就没有历史因而也就不存在生活的痕迹。多元文化的并存是一种历史现象,只不过随着经济全球化和世界一体化的发展,国与国之间在相互交流的过程中才逐渐使不同国家的文化差异进入了人们的视野,人们才逐渐发现不同民族、

[①] 袁银传:《当代资本主义核心价值观评析》,载《马克思主义研究》2014 年第 6 期。

[②] 《马克思恩格斯全集》第 23 卷,人民出版社 1972 年版,第 192 页。

国家和地域之间的文化差异,这种文化间的差异就是文化多元的原因。所以世界多极化、一体化与多元文化之间并不存在矛盾。如何看待文化的差异,如何对待外来文化,这是个文化认同与选择的问题。弗洛伊德认为,认同是"个体或群体在感情上、心理上趋同的过程"。① 哈贝马斯则认为:"认同归于相互理解、共享知识、彼此信任、两相符合的主体之间的相互依存。认同以对可理解性、真理性、正当性、真诚性这些相应的有效性要求的认可为基础。"② 在文化认同方面,我们应当采用"求同存异"的态度尊重不同国家的文化个性,毕竟文化与文明相比,文化的价值中立性更强一些,每种文化在自己的环境和背景中都具有一定的合理性。但在文化选择方面,我们应当坚持"是否有利"的价值保护原则,选择适合于我国环境的并有利于促进中国文化和价值观发展的外来文化。所以,"文化的选择并不是随心所欲的,它通常表现为对文化传统和文化模式的理性反思与批判"。"文化选择实质上就是对先进文化的选择",因为"实践表明,一切先进文化都必须站在时代前列、符合客观真理、代表最广大人民群众利益的文化"。③ 不同文化之间是对立统一的关系,相互之间有共同点也有差别,有联系也有各自的独特性,所以我们要以"凡是存在的都是合理的"的哲学理由承认其存在的合理性。但是在相互交流、学习、借鉴的过程中,在进行文化选择时一定要看外来文化是否适合我国,是否与我国的核心价值观相契合,取其精华、去其糟粕,有选择地借鉴和吸纳,绝不能囫囵吞枣、全盘接受,也不能关起门来、全盘否定。

虽然每一种文化都有其存在的合理性,但这种存在的合理性是因为每种文化都存在适合自身生存和发展的环境,如果脱离了文化生长

---

① 车文博:《弗洛伊德主义原著选辑》上卷,辽宁人民出版社1988年版,第375页。

② [德] 尤尔·哈贝马斯:《交往与社会进化》,张博树译,重庆出版社1989年版,第3页。

③ 田丰:《当代中国马克思主义大众化的文化选择》,载《河北大学学报》(哲学社会科学版)2015年第2期。

的环境，那将是无本之木、无源之水，如果把外来文化移植于不适合其生长的环境中，它最终会因不适应而凋零死去。中国的土地上最适合成长的应该是自己的文化，它包括在中国大地上生根发芽并且茁壮成长了几千年的传统文化和与新中国的政治经济制度相适应的现代文化，这些文化的价值浓缩在一起就是社会主义核心价值观。社会主义核心价值观具有极大的包容性，它是在吸收和借鉴中国传统文化价值观和其他国家优秀的文化价值观基础上，根据本国的实际情况凝练出来的符合最广大人民群众利益和需求的价值观。方爱东教授指出："社会主义有许多重要的价值观念，但不能都笼统地称之为核心价值观。至少要符合如下三个方面的内在要求才能进入核心价值观范畴：一是它们在马克思、恩格斯创立并为后人不断发展了的科学社会主义体系中占据重要地位。二是既容纳继承人类文明进步的共同价值，又区别于各种非科学社会主义价值观反映科学社会主义本质。三是具有久远的作用和影响，代表着人类文明发展的方向和未来。"并且指出"只有'人的自由全面发展'才符合社会主义核心价值观的本质要求"[1]，人民群众的需要和利益是社会主义核心价值观的现实基础。"一方面，社会主义核心价值观的内容和目标取决于当前广大人民群众需要体系的结构形态和发展趋向，生存、享受和发展等层次的合理需要都在社会主义核心价值观中获得了观念性重现；另一方面，社会主义核心价值观指引着人民群众不断调整自身的需要体系，使需要沿着中国特色社会主义的方向实现更高程度的丰富和发展。"[2] 如果说还有什么文化没有被包括在社会主义核心价值观体系中去的话，那说明这种文化不适合中国的土壤或不符合中国人民的需要或利益，最起码在目前条件下是这样。所以要坚定社会主义核心价值观就必须警惕其他文化价值观尤其是资本主义文化价值观的渗透和入侵。

---

[1] 方爱东：《社会主义核心价值观论纲》，载《马克思主义研究》2010年第12期。

[2] 赵伟：《人的需要：社会主义核心价值观认同的现实根基——培育践行社会主义核心价值观的路径探索》，载《社会主义研究》2014年第5期。

当代大学生价值观的多元除政治多级化和经济全球化的原因外，文化的多元化也是一个十分重要甚至可以说是一个最为重要的原因。改革开放和信息化时代为外国文化进入中国市场提供了便利，不同国家的文化以各种形式纷纷进入中国市场并且在中国市场寻找其追随者和信仰者。外国文化已经渗透到中国人生活的方方面面。如在影视作品中，韩国的爱情剧等肥皂剧、美国大片、日本动漫占领了大片的中国影视剧市场；在音乐作品中，英文歌曲、日文歌曲、韩语歌曲大多被中国年轻人尤其是大学生所乐听；在饮食文化上，快餐文化随着生活节奏的加快已经成为人们的饮食需要，麦当劳、肯德基尽管并非是健康的食物但为大多数儿童和青少年人所乐吃；在语言方面，自从英语被列为高考必考科目以后，中国学生学习英语的势头甚至超过了学习中文，对于未来根本就没有机会使用英语的学生来说，单纯为了一个高分而进行的英语学习其实就是对时间和精力的浪费。这些"快餐式"时尚型娱乐化的西方文化在某种意义上扭曲了大学生的价值观，从而使大学生养成了享乐主义、个人主义、拜金主义、自由主义、历史虚无主义等错误思想。

西方文化对大学生核心价值观的影响是全方位的。这种影响首先表现为反马克思主义文化思潮与马克思主义文化思潮的对立。中国特色社会主义核心价值观是马克思主义文化在价值观上的体现，它坚持的是社会主义共产主义文化方向和无产阶级领导下的为人民服务的文化宗旨，它的本质是人民性的。反马克思主义文化思潮就是要取消马克思主义在文化中的指导地位，把社会主义文化演变为资本主义文化，为资本摇旗呐喊、为剥削寻找理由。其次表现为极端个人主义与集体主义、爱国主义的对立。袁银传教授认为，"资本主义核心价值观的形式（口号）"是"自由、民主、平等、人权"，但"真正自由平等的不是人而是资本，资本主义自由平等是以生产资料资本主义私有制为基础的自由平等，是形式上的自由平等而事实上的不自由、不平等。资本主义核心价值观的实质是拜金主义、享乐主义、个人主义"，"在资本主义社会里，拜金主义与享乐主义、极端个人主义是紧密联系的孪生兄弟"。① 社会主义核心价值观从来不否认个人权利和自由，但个人自由和权利的实现不能损害集体的利益，当个人利益与集体利益发生冲突时，个人利益要服从集体利益。集体主义原则是社会主义公有制的必然要求，社会主义核心价值观决不允许以个人利益、个人自由为借口损坏国家、社会和人民的整体利益。极端个人主义反对集体主义，否认集体利益，他们为了实现个人的自由和利益不惜损害国家和集体的利益。毛泽东在《反对自由主义》一文中指出："自由主义的来源，在于小资产阶级的自私自利性，以个人利益放在第一位，革命利益放在第二位，因此产生思想上、政治上、组织上的自由主义。"② 自由主义在不同的历史时期和领域具有不同的表现形式，毛泽东在文章中列举了自由主义的十一种表现。其中最主要就是眼中无组织、无纪律、自由放任、无法无天，命令不服从，责任不承担，自认为老子天下第一。中华民族传统美德中特别强调集体本位和责任意识，强调爱国守法、明礼诚信、敬业奉献，反对我行我素的个人主义、自由主义和享乐主义。

（四）信息网络化

社会的发展把我们带入了一个信息大爆炸时代，尤其是网络技术的普及和发展把整个世界变成了地球村。互联网使世界各地的人们彼此之间不再感觉遥不可及，只要打开网络，任何地方都可以触手可及，任何信息都可以随时获取，任何交流都可以随时进行。在信息网络化时代，每个人既是信息的制造者，也是信息的传播者，还是信息的接受者。但是，信息网络化也是一把"双刃剑"，它带给我们便利和好处的同时，也带给我们迷惑和压力，人们在海量的信息面前渐渐丧失了自我判断的能力。由于缺乏有效的网络监督和制度规范，网络信息可以说良莠不齐，真实的和虚假的、健康的和不健康的、积极的和消

---

① 袁银传：《当代资本主义核心价值观评析》，载《马克思主义研究》2014年第6期。

② 《毛泽东选集》第2卷，人民出版社1991年版，第360页。

极的、高尚的和低俗的信息并存,从而造成人们选择上的困难。"网络文化对社会主义核心价值的影响是双重的,它既有可能弱化和消解社会主义核心价值体系凝聚力,也能为其提供新的传播平台并促进思想共识的形成"。① 社会主义核心价值观作为正能量,它需要让更多的人理解、接受、内化并且转化为积极的行为。网络技术为核心价值观在社会的弘扬和传播提供了工具性便利,我们理应应用网络技术把社会主义核心价值观播撒在祖国大地的每个角落,让其生根、发芽、开花、结果。而且,核心价值观理论的抽象性需要网络传播的技术和艺术使其生动化、形象化。但另一方面,网络化所带来的海量信息也对社会主义核心价值观构成一定的威胁。

首先,网络技术的发展带来信息量的增加,其中很可能存在与核心价值观相悖的信息和价值观,这在某种程度上会消解大学生对核心价值观的认可和认同。大学生处在价值观形成的关键时期,他们的思想活跃,喜欢接受新鲜事物,而且也是网络信息消费的主力军,他们的价值观和人格的形成极易受网络信息的影响。尤其是手机和 Wi-Fi 在大学校园普及以后,大学生极易受手机网络"微文化"的影响,微信、微博、微电影、微视频、微广告、微支付等一系列"微文化"在不知不觉中成为大学生重要的生活方式和思想理念。"在微传播环境下,由于大众传播的低门槛,每个具有不同价值观念、精神信仰、生活方式的个体,都可以通过对信息创造、传播、评论和关注的一体化模式,成为信息传播的主体,从而开创了一种新的裂变式或病毒式传播路径,实现了信息的自由传播。在传播过程中,每一个体都是一个信息源,每一条信息都可能引发共振和向中心聚集效应。在此情况下,难以控制的信息传播像打开了潘多拉魔盒,既打开了言论自由的空间,同时也造成了信息泛滥和信息污染,甚至有人称微博是'信息公

---

① 高洪贵:《网络文化与社会主义核心价值体系的内在关联及双重影响》,载《现代远距离教育》2012 年第 3 期。

厕'。"① 虽然大学生有选择和接受信息的自由和权利，网络也确实为他们选择和接受信息提供了条件和便利，我们没办法阻止一些负面的信息进入大学生的视野，但如果一旦让那些与核心价值观相悖的垃圾信息占据了大学生的思想和灵魂，势必会动摇他们对核心价值观的信仰。面对海量的信息，如果大学生没有甄别信息的能力、缺乏抵制不良信息的意志，这些与核心价值相悖的不良信息和价值观很容易被大学生所接受，从而变成他们人格和价值观的一部分。

其次，信息网络化颠覆了大学生价值观形成的稳定机制，从而导致大学生价值观的不稳定。价值观作为人格品质的一部分，从来就不是可有可无的事，也不应该是随意更改的事，它应当具有一定的稳定性和持久性，不能轻易变脸。价值观的改变在某种意义上说可能是一个人本质的改变。一种稳定的价值观的形成需要长期的积累和内化，但信息网络化所带给我们的信息大爆炸改变了我们接受信息的方式，我们不仅每时每刻都能接收到大量的信息，而且新旧信息的更替速度也是惊人的。这些接收到的新信息不仅削弱着历史信息在人头脑中的印象，而且动摇着历史信息在人头脑中的根基。信息大爆炸使我们对信息的消费由细嚼慢咽、反复品味变成了一次性消费、快餐式消费，人们对待网络信息的态度也由慎重选择变成了即拾即扔的随意态度。社会主义核心价值观之所以不同于一般价值观，就在于它是我党在长期的革命和建设实践中总结出来的反映我国社会主义最基本的、最稳定的社会关系及价值取向的价值观，是中国特色社会主义价值观体系中最基础、最核心、最重要的部分，在整个社会主义价值观体系中居于主导和支配地位，对其他社会主义价值观起着引领和统率的作用。社会主义核心价值观是支撑我们改革开放和社会主义现代化建设伟大实践的行为指南和基本准则，从最深层次上影响着全体中国人的思想和行为。所以社会主义核心价值观应当是固化在大学生思想和灵魂深

---

① 于安龙、刘文佳：《微文化对大学生社会主义核心价值观教育的影响及对策》，载《中国青年研究》2014年第11期。

处的价值观，应当是大学生长期坚持并信仰的价值观，是任何时候都不能动摇也动摇不得的价值观。

最后，网络作为信息传播工具，其工具的平等性决定了人们既可以通过网络传播积极的思想和正能量，又可以被不法分子拿来当作攻击核心价值观的工具。网络作为工具本身是中性的，但人们可以利用它行善或作恶，这样的例子不胜枚举。如通过网络传播虚假信息、进行网络行骗从而造成社会的诚信危机，魏则西事件、徐玉玉事件就是典型；网络游戏、暴力、色情不仅腐蚀和扭曲着大学生的灵魂和心灵，而且诱发大学生犯罪，许多犯罪就与犯罪分子长期接触不良的网络信息有关；还有一些别有用心的人利用互联网歪曲历史、颠倒黑白甚至攻击党、攻击社会主义制度，污蔑社会主义核心价值观，把互联网变成了攻击党和国家的炮台。网络的力量是无穷的，网络上的负面信息对社会的危害也是无穷的。网上曾流传着这样一句话："你的粉丝超过了100，你就是一本内刊；超过1000，你就是个布告栏；超过了1万，你就是一本杂志；超过10万，你就是一份都市报；超过100万，你就是一份全国性报纸；超过1000万，你就是电视台。"习近平总书记说："没有网络安全就没有国家安全。"这些历史虚无主义和反党、反社会主义的网络信息是人民的大敌，是社会主义的大敌，是核心价值观的大敌，我们必须要坚决制止和打击。所以，我们一定要出台政策法规，加强网络规范和监管，净化网络环境，强化网络安全。面对网络信息，大学生也要自觉抵制不实信息、不良信息，固守社会主义核心价值观不动摇。

二、改革开放攻坚期需要强化社会主义核心价值观

目前我国改革开放进入了深水区和攻坚期，经济发展中的深层次矛盾也随着经济发展的"瓶颈"和改革的深入推进逐渐地暴露出来。但是，不管改革的困难和阻力有多大，我们也不能因噎废

食而停止改革,改革开放和经济发展中的问题依然需要改革来解决。坚定改革开放不动摇就需要强化社会主义核心价值观。对大学生来说,在改革开放攻坚期强化社会主义核心价值观是坚定政治信仰、完善市场经济、缩小贫富差距、遏制权力腐败、强化道德建设的需要。

(一) 坚定政治信仰的需要

信仰是大学生立身处世的基石和前进道路上的指路明灯,是大学生不畏艰难险阻、能够持续成功的动力源泉。契诃夫说过:"一个人理应是有信仰的或者是正在寻找信仰的人。人没有信仰,就成了行尸走肉。"邓小平同志也有过总结:"为什么我们过去能在非常困难的情况下奋斗出来,战胜千难万险使革命胜利呢? 就是因为我们有理想,有马克思主义信念,有共产主义信念。"[①] 坚定政治信仰就是要坚定对中国特色社会主义的信仰,具体表现为坚定对马克思主义和中国化马克思主义的信仰,坚定对共产党的信仰,坚定社会主义共产主义信仰,坚定中华民族伟大复兴的信仰。

1. 大学生要坚定对马克思主义和中国化马克思主义的信仰

马克思主义是马克思、恩格斯在批判地继承和吸收人类历史上关于自然科学、思维科学、社会科学优秀成果的基础上创立的,并由后来各国马克思主义者在实践中不断丰富和发展起来的关于无产阶级革命和人类解放事业的科学体系,它由马克思主义哲学、马克思主义政治经济学和科学社会主义三大部分组成,其中马克思主义哲学是马克思主义科学体系的基础,它是关于人们正确认识世界和改造世界科学的世界观和方法论。马克思主义政治经济学是马克思主义科学体系的重要组成部分,它揭示了资本家剥削的秘密,并科学地推导出了资本主义必然灭亡和共产主义必然胜利的历史发展规律。科学社会主义是马克思主义科学体系的价值追求,是人类理想的社会形式。马克思主

---

① 《邓小平文选》第 3 卷,人民出版社 1993 年版,第 110 页。

义的意义就在于以革命的理论从事革命的实践最终实现革命的理想——共产主义社会。"十月革命一声炮响，给中国送来了马克思主义，从此中国革命的面貌焕然一新。"毛泽东的这句总结科学地说明了马克思主义对中国革命的意义和影响。马克思主义是全世界无产阶级革命事业和全人类解放事业的科学理论，具有鲜明的科学性、实践性和革命性。中国共产党就是马克思主义政党，是在马克思主义指导下成立的无产阶级先锋队组织，中国革命正是在马克思主义的指导下成功的。可以说没有马克思主义的科学指导，就没有中国革命的胜利，就没有新中国。在马克思主义的指导下，我国在革命胜利后建立了社会主义国家，最终的目的是实现共产主义社会。新中国成立以后，我们在马克思主义的指导下经济建设取得了前所未有的发展，实践证明，马克思主义不仅能够成功地指导中国革命取得胜利，而且也能够指导中国的经济建设取得成功。所以大学生必须要树立对马克思主义的信仰，坚持马克思主义信仰不动摇。当然，马克思主义也不是教条而是一套发展的理论，诞生于欧洲的马克思主义之所以能够在我国被成功地应用，就在于马克思主义与中国国情的实际相结合，从而发展了马克思主义，产生了中国化马克思主义。中国化马克思主义是马克思主义的组成部分，是适合中国革命和建设的马克思主义。马克思主义是发展的学说，它在不同的国家和不同的历史时期都有不同的形式，只要我们坚持马克思主义的基本原理不动摇，中国化、时代化的马克思主义依然是马克思主义。所以在新的历史时期，信仰马克思主义也包括信仰中国化马克思主义。

2. 大学生要坚定对共产党的信仰

"没有共产党就没有新中国"，这不仅是历史事实，也是一条普遍的真理。近代以来的一百多年，中国一直是一个积贫积弱、被动挨打的国家，是一个被外国不断践踏欺侮的国家，社会动荡不安，人民生活在水深火热之中。面对这样一个半殖民地半封建的旧中国，农民起义没有拯救中国，北洋军阀没有拯救中国，官僚资产阶级的代表国民党也没有拯救中国。历史的重任落到了中国的无产阶级身上，他们人数虽少,但他们一无所有,斗争的积极性、革命性最强。中国无产阶级这样一支革命力量需要一个先进政党组织起来,他们一定是无产阶级的先锋队、排头兵,他们有决心、有意志、有能力领导中国革命,他们敢于行动、敢于冒险、敢于牺牲,这个政党就是中国共产党。在这个最初由几十个人组成的党的领导下,中国无产阶级联合了中国农民这个最大的多数,不断取得了革命的一个又一个胜利。北伐战争消灭了军阀,抗日战争赶走了日本侵略者,解放战争打败了资产阶级的代表国民党,从而建立了中华人民共和国。实践验证了"没有共产党就没有新中国"的真理性。中华人民共和国成立后,在中国共产党的领导下,中国的政治、经济、法制、国防建设等事业蒸蒸日上,取得了惊人的成绩,历史又一次证明,没有共产党就没有今天的发展。如今,要实现中华民族的伟大复兴,最终实现共产主义社会,依然需要共产党的领导。所以,大学生一定要信仰共产党,服从共产党的领导,全面贯彻执行党的方针政策。大学生只有在党的正确领导下,才能发挥出自己应有的贡献和价值。

3. 大学生要坚定社会主义共产主义信仰

共产主义社会是马克思主义的理想社会,也是人类历史上最美好的社会。这是一个没有阶级、没有剥削、没有任何政治统治的完全平等的社会;这是一个物质极大丰富和人民精神境界极大提高、能够实现按需分配、每个人都能够像对待自己一样对待他人、社会和谐文明的理想社会;这是一个每个人自由而全面地发展、每个人的潜能和价值能够充分地释放和发挥的理想社会。更重要的是共产主义社会不是理论的空想而是科学的实践,只要我们按照马克思主义的逻辑进行发展,共产主义社会一定能够实现。社会主义社会是共产主义社会的初级阶段,是向共产主义社会的过渡。所以坚持社会主义信仰是坚持共产主义信仰的必然结果和必要前提,社会主义发展得如何直接决定着共产主义社会到来的快慢。大学生是社会主义的建设者,大学生只有坚定社会主义共产主义信仰,才更有益于个人价值的实现和共产主义事业的成功。

当然，大学生坚定政治信仰就一定要坚定中华民族伟大复兴的信仰。2012年11月29日，习近平总书记在参观《复兴之路》展览时第一次阐述了中国梦，他说："我以为，实现中华民族伟大复兴，就是中华民族近代以来最伟大的梦想。这个梦想，凝聚了几代中国人的夙愿，体现了中华民族和中国人民的整体利益，是每一个中华儿女的共同期盼。"2013年3月17日，习近平总书记在十二届全国人大一次会议上多次提到中国梦，他指出："实现中华民族伟大复兴的中国梦，就是要实现国家富强、民族振兴、人民幸福，既深深体现了今天中国人的理想，也深深反映了我们先人们不懈追求进步的光荣传统。"2013年6月7日，国家主席习近平在美国加利福尼亚州会晤美国总统奥巴马时指出，"中国梦要实现国家富强、民族复兴、人民幸福，是和平、发展、合作、共赢的梦，与包括美国梦在内的世界各国人民的美好梦想相通"。这些话阐明了中国梦深刻的内涵和基本特征，体现了习近平总书记的执政理想和发展目标。中国梦是实现中华民族伟大复兴的梦，是国家富强、民族复兴、人民幸福有机统一的梦。国家有梦想，人民有希望，没有梦想的民族是没有希望和未来的民族。中国梦是民族梦、国家梦，但归根结底是人民的梦，它需要每一个中国人的信仰，需要中国人民的共同努力。青年学生是祖国的未来，是中华民族伟大复兴的中坚力量，大学生只有坚信中华民族的伟大复兴，才能投身于实现中华民族伟大复兴的建设行动当中去。

（二）完善市场经济的需要

社会主义核心价值观与市场经济的价值追求是辩证统一的关系。首先两者在价值追求上具有一致性。任何经济都具有逐利性的特点，但市场经济更加突出了这一点，它与计划经济相比更加追求经济利益的最大化，所以社会主义核心价值观的富强理念与市场经济的利益最大化的价值追求是一致的。要在市场优胜劣汰的竞争法则中实现利润最大化，市场经济的主体必须要具有敬业精神和诚信品质，不仅要在工作和服务上精益求精，努力提高自己的业务水平和工作能力，提高产品和服务的质量，使自己的产品和服务在竞争中能够胜出，也要有长远打算，做长线投资，做到诚实守信、童叟无欺、文明礼貌、友好和善。卖产品其实也是卖服务、树口碑的过程，文明礼貌、诚信友善的服务态度能够使顾客感到温暖温馨，增进顾客与企业之间的亲近感。所以市场经济在某种意义上也是道德经济、文明经济、诚信经济，企业的文明道德决定着企业的命运。许多企业热衷于社会慈善事业，就是因为它们需要通过做慈善拉近与社会民众的距离，最终让老百姓由喜欢企业映射到喜欢企业的产品和服务上来。市场经济是在经济规律指导下的自由经济，自由、平等是市场经济的基本价值和理念。今天，我国的市场经济进入了一个前所未有的"大众创业，万众创新"的自由时代，政府在为市场"松绑"的过程中做了大量简政放权的工作，其目的是让每一个人都可以自由、平等地进入市场，公平、公开地进行市场交易和竞争。当然，市场的自由和平等都是法律框架下的自由平等，也只有在法治的保证下才能真正实现自由平等。市场经济是法治经济，市场的自由不是绝对的，没有约束和限制的自由不仅根本不存在而且也会危及其他价值的实现。而且，法律不仅要维护市场竞争中的公平价值，也要维护国家的经济主权和经济民主，确保和维护社会主义公有制经济的主体地位和广大人民群众的经济利益。资本无国界，但资本家、企业家有自己的国家。经济发展是中性的，但经济为谁服务、如何服务涉及经济价值问题。市场经济在引进外资、允许外国企业在我国投资设厂的同时，也要考虑保护本民族经济的发展。中国经济的发展归根结底还需要依靠自己，民族经济才是我们这个国家能够持续发展的根本内因，丢掉了本民族经济就丢掉了我国经济发展的根本。而且任何一个国家的核心产业、机密产业都不能交给外国企业，必须牢牢掌握在自己手里，这是确保国家和民族安全的前提。所以市场经济也要强调爱国，需要维护国家的整体利益。

其次，社会主义核心价值观与市场经济也存在对立的一面。社会主义市场经济唤起了人们的利益意识，从而也点燃了人们的自利性和自私性，这必然引起经济现实与价值理想、其他方面的价值追求与核心价值观之间的矛盾与冲突。"如经济快速发展与价值观引导滞后的矛盾、利益意识逐渐觉醒与传统价值观日渐式微的矛盾、利益现实性与价值理想性的矛盾。"① 第一，市场经济的逐利性会引发诚信危机。"在中华传统文化视域中，'诚'即真诚、诚实，'信'即守信、信用、信任。……'诚'强调人的内在修养……'信'则要求人与人之间坦诚相待、信守承诺。'信'是主体'内诚'的外化，是道德主体内在修养的外在体现。"② 诚实守信是中华民族的传统美德，是人与人交往的基本准则，也是个人品德的外在表现。市场经济以逐利性为目的，当不诚信以较低的成本在获得较大的利润方面战胜诚信时，人们就会选择不诚信。第二，市场的自由竞争必然导致实质上的不平等和不公正。当自然界"适者生存"的丛林法则贯穿于市场经济后，弱肉强食的经济竞争是不可避免的，因为唯有竞争才能生存。就如马克思所说："社会分工则使独立的商品生产者互相对立，他们不承认任何别的权威，只承认竞争的权威，只承认他们互相利益的压力加在他们身上的强制，正如在动物界中一切反对一切的战争多少是一切物种的生存条件一样。"③ 经济领域的竞争包括两种不同性质的竞争：一是公平法则保护下的符合经济发展规律的正当竞争，二是违背公平原则的不受法律保护的不正当竞争。无论是哪种形式的竞争，最终结果都是强者胜出、弱者淘汰。正当的自由竞争是受法律保护的竞争，它通过优胜劣汰促进了生产力的发展，有利于优化产业结构和经济结构。不正当竞争违背了经济平等和公平原则，违背了经济规律和社会主义核心价值观，因而是法律所禁止的竞争。如有些经济主体通过权力靠山或黑社会背景搞经济垄断、内幕交易、强制交易，损害了其他经济主体的经济利益。马克思认为劳动是价值的唯一源泉，可在当今社会，虽然我

---

① 张瑞：《价值与利益：市场经济条件下社会主义核心价值观的构建》，载《中共中央党校学报》2014年第6期。
② 徐秀娟、高春花：《当代中国社会诚信道德的缺失与重构——以社会主义核心价值观建设为视角》，载《伦理学研究》2016年第4期。
③ 《资本论》第1卷，人民出版社2004年版，第394—395页。

们仍实行的是以按劳分配为主的多种分配方式，但劳动与分配的不成比例的趋势在逐渐加大，不劳而获和劳而不获的现象越来越多，从而导致社会的不平等、不公正，进而影响社会的和谐与文明。

所以，对大学生进行社会主义核心价值观教育不仅能够强化市场经济中符合核心价值观的价值理念，而且能够通过社会主义核心价值观矫正市场经济中不合理的价值诉求，还能弥补原有市场经济中所缺失的对市场经济的发展弥足珍贵的价值空白，从而完善社会主义市场经济。

（三）缩小贫富差距的需要

社会主义核心价值观既可以作为价值工具发挥价值实现的功能，也可以作为价值标准发挥价值衡量的功能。作为价值工具，大学生树立社会主义核心价值观有利于缩小贫富差距，实现共同富裕。现代社会是由一个个个体组成的集体社会，人与人之间的关系决定着整个社会的文明与和谐程度。市场经济的发展和个体对利益的自由追求必然会导致贫富差距的加大，这是社会进化的必然结果，是自由平等竞争下造成的结果不平等，在严格的程序意义上也没有什么不公平，但结果上造成的不公平却是显而易见的，而且必然导致社会的不和谐。按照联合国的规定，基尼系数低于0.2，表明收入绝对平均，在0.2和0.3之间表明收入比较平均，在0.3和0.4之间表明收入相对合理，在0.4和0.5之间表明收入差距较大，在0.5以上表明收入差距悬殊，所以一般以0.4作为警戒线。根据国家统计局的统计，近十年我国的基尼系数均超过了0.4，2007年是0.484，2008年是0.491，2009年是0.490，2010年是0.481，2011年是0.477，2012年是0.474，2013年是0.473，2014年是0.469，2015年是0.462，2016年是0.465。这表明我国收入差距较大，社会不公平问题突出。贫富差距的加大不利于实现共同富裕，不利于实现共产主义社会，因而不是社会主义核心价值观所追求的结果。我国改革开放的总设计师邓小平同志指出："社会主义不是少数人富起来，大多数人穷，不是那个样子。社会主义最大的优越性就是共同富裕,这是体现社会主义本质的一个东西。"① 社会主义核心价值观虽然强调富强,但这种富强是国家的富强、整个中华民族的富强,是每个中国人相对平等而公平的富强,而不是少数人建立在多数人贫穷基础上的富强。要缩小贫富差距,首先要把"蛋糕"做大,打好"物质财富极大丰富"的基础,使物质财富的总量能够达到使每一个中国人都能富强的程度。有了这个共同富裕的物质基础,接下来的问题就是如何分配的问题。社会财富的分配应当以实现共同富裕为宗旨和目标,坚持平等和公平相统一的原则,既要考虑共同富裕的平等结果也要考虑公平公正的分配原则,两者完美的统一就是分配正义。

共同富裕是一项社会的共同事业,单靠个别人、个别机构的努力和工作是远远不够的,所以实现共同富裕要发挥人民的智慧,借助人民的力量,遵循民主的原则,动员全社会参加到社会主义现代化各项事业的建设中来。共同富裕的受益者是全体人民,而这种受益不是被动地接受,而是主动地创造和争取,不要把为实现共同富裕而进行的财富分配简单地定义为从富人手中接过财富放到穷人的手中,或者简单地理解为富人向穷人的施舍。共同富裕是一项平等公平文明和谐的民主事业,是建立在权利与义务相对明晰而对等的情况下的制度性正义分配。首先,分配制度是一项以实现政治正义为目的、依靠法律规范和保障的经济制度,而且社会主义的任何制度都不是个别人意志下的专制产物,而是全体公民协商讨论后的民主产物。作为一项制度,它对所有人都是平等的,经济的分配是一种平等的权利义务关系而不是施舍与接受的不平等关系,任何人都有参与分配的权利和义务。而且权利和义务是对等的,没有无权利的义务也没有无义务的权利,一个人所取得的经济权利归根结底来源于他人的付出或支付,就如没有买家的支付就没有卖家的盈利一样,千万不要以为你所获得的财富仅是自己的幸运和能力。所以,当一个人获得巨大的经济财富后就必须

---

① 《邓小平文选》第3卷,人民出版社1993年版,第364页。

参与财富的重新分配以回报国家、社会和他人,这样才是正义的。

内因是事物发展的根据,外因是事物发展的条件,外因通过内因起作用。"天行健,君子以自强不息"。所以一个人想要使自己强大,自强是根本。劳动是财富的创造者,是价值的唯一源泉,任何人要想过上富裕的生活,必须要自立自强、爱岗敬业、勤奋努力。所以大学生要树立"劳动光荣""敬业可敬"的价值观。一个有劳动能力的人一味地依赖于他人的帮助等外援条件是很难被扶起来的,他必须要依靠自己的努力、劳动、敬业才能真正强大起来。敬业精神是实现共同富裕、缩小贫富差距的内因。敬业是一种责任、一种品质,更是一种价值和自律精神,它在实现国家和人民的富强方面具有重要的意义。不仅实现国家富强和中华民族的伟大复兴需要全体中国人民的敬业精神和无私奉献,而且每个人要实现财富的积累也需要敬业精神和勤劳品质。

缩小贫富差距,实现共同富裕是一种平等的、公正的、自由的价值体现。不平等的、不公正的、不自由的价值观不仅会导致贫富差距加大,而且贫富差距的加大进一步造成了社会的不平等、不公正和不自由。传统社会的统治阶级认为人生而不平等,有高低贵贱之分,所以有些人不仅天然就应当拥有财富、地位和权力,而且理所当然应当去剥削他人,奴隶和奴隶主、地主和农民的身份上的不平等源于出生而且世代不能改变,具有遗传的固化性,人类社会就是在这种不平等观的指导下被划分为三六九等的。资本主义社会虽然提出了"平等"的口号,较封建社会有了一定的进步,但也只是强调形式上、程序上的平等,而不关心结果上、实质上的平等,因而是不真实、不充分的平等,因为资本主义私有制本来就不具备实现真正意义上平等的现实条件。这种不平等观或实质上的不平等造成了物质财富、权力地位分配的不公平。"平等应当不仅是表面的,不仅在国家的领域中实行,它还应当是实际的,还应当在社会的、经济的领域中实行。""无产阶级平等要求的实际内容都是消灭阶级的要求。任何超出这个范围的平等要求，都必然要流于荒谬。"① 所以只有到了无阶级的共产主义社会以后，才能实现真正的自由和平等。不平等的社会一定是不具有普遍自由的社会。自由的人首先需要在物质上实现自由，实现免于饥饿、贫穷、物质匮乏的自由。一个物质生活上不自由的人很难实现精神上的自由。如果少数人物质上极大丰富而大多数人依然很贫穷，物质上的自由只能是少数人的自由而大部分人出于受物质和精神上的双重奴役而不自由。所以要在灵魂上、精神上享有自由，必须要消除物质上的不平等。缩小贫富差距、实现共同富裕是一个人精神自由的物质基础。

缩小贫富差距、实现共同富裕不仅需要社会主义核心价值观价值工具的保障，而且反过来必然导致社会主义核心价值观所追求的价值结果的实现。缩小贫富差距、实现共同富裕不仅进一步夯实了国家富强民主的基础，提升了国家和社会文明和谐、公平正义的程度，而且实现了人的平等和自由，从而进一步增强了个人爱国敬业的精神和诚信友善的品德。社会的冲突源于社会的不平等、不公平，尤其是财富分配上的不平等、不公平。如果实现了共同富裕，物质生活上不平等的消除一定会带来社会的和谐和文明。而且只有实现了物质生活上的自由平等，才能实现人精神和人格上的自由平等，人们之间才能真正建立起诚信友善的和谐关系。

（四）遏制权力腐败的需要

"权力导致腐败，绝对的权力导致绝对的腐败"，阿克顿勋爵的这句名言时刻提醒我们要防止权力的腐败。其实权力是否必然导致腐败取决于两个方面的原因：一是权力自身是否具有腐败性或易腐败性，二是使用权力的人能否正确运用权力。权力作为特定机构和特定人员所具有的能够做出一定行为的资格，它其实是个中性词，本身不具有腐败性，但一旦掌握在人的手中却容易被滥用而导致腐败，所以它又

---

① 《马克思恩格斯选集》第 3 卷，人民出版社 1995 年版，第 448 页。

具有易腐败性,这种易腐败性是人与权力结合后所具有的便利性和易发性所导致的。如果说权力仅仅是导致腐败的前提条件的话,那么使用权力的人就是导致权力腐败的直接原因。人具有意识性、能动性,人自身的道德品质和政治素质决定了权力是否会在自己手中被腐败掉,人才是权力腐败的内因。因为"从行为逻辑来看,一切腐败行为都是从背离道德开始的,道德腐化是权力主体走向腐败深渊的第一步"。[①]要解决权力腐败的内因和外因,除了建立合理公正的权力体系和权力监督体系、责任体系,把权力关进制度的笼子里,使权力不能腐、不敢腐外,还要加强领导干部的道德觉悟和法律意识,真正做到不愿腐、不想腐。所以加强大学生的核心价值观教育就是为未来培养有政治担当、有政治觉悟、有政治德行的好干部和好干事。

社会主义核心价值观有利于遏制权力腐败。首先合理的权力是民主的产物而不是专制的产物,这是权力合理性的前提。权力产生的合理性来源于绝大多数人的意见和决定。在我国,任何权力都是法定的,都来源于法律的规定或授权,而法律是人民意志的产物,所以我国社会主义的权力都是民主产生的权力,具有合理性、正当性。我国的国家机关有三大类:权力机关即各级人民代表大会和常务委员会、行政机关即各级人民政府及相关机构、司法机关即各级人民法院和人民检察院。我国的权力机关是人民代表大会,人大代表代表人民的意志制定法律,并选举产生行政机关和司法机关,各级行政机关和司法机关对各级人大负责,并受它监督。所以,权力的民主性不仅体现在它产生的民主上而且体现在权力的行使受人民的监督上。我国《宪法》第41条规定:"中华人民共和国公民对于任何国家机关和国家工作人员,有提出批评和建议的权利;对于任何国家机关和国家工作人员的违法失职行为,有向有关国家机关提出申诉、控告或者检举的权利,但是不得捏造或者歪曲事实进行诬告陷害。""对于公民的申诉、控告或者

[①] 陈国权、毛益民:《道德制约权力:现实与可能》,载《学术月刊》2012年第2期。

检举，有关国家机关必须查清事实，负责处理。任何人不得压制和打击报复。"所以，批评、建议、申诉、检举、控告是宪法赋予公民对国家机关和国家工作人员的一种监督权，是人民民主权利的体现。

其次，权力的行使要遵循文明、平等、公正和法治原则。我国是社会主义法治国家，依法治国不仅要求任何权力的产生和运行必须合法化，而且要求法律面前一律平等，任何人没有超越法律的特权。近年来，我们有些机关在行使权力时出现了选择性执法，这是执法不平等、不公正的体现。权力对任何人应当是平等的，任何人的违法犯罪都应当受到制裁，任何人的合法要求都应当得到权力的满足，任何人的权利和利益都应当得到权力的保护。而且权利和义务是统一的、对等的，任何人在行使权力的同时肩负着责任，这种责任就是必须作为的义务和失职违法后应承担的法律后果。历史是一部文明发展史，社会越来越文明和谐是社会发展的必然，权力作为维护社会发展和稳定的工具必须要文明行使。近年来，由于野蛮暴力执法所导致的社会冲突不断，这是权力发展的倒退。权力需要依靠强制力作后盾，但强制力不等于纯粹的暴力，强制力的使用必须有法有据、合理合法，而且现代社会越来越表现出强制力潜在的特点，在许多情况下，强制力都隐而不用。所以，文明执法是社会主义法治国家的基本要求。公正是司法的核心价值，也是社会主义条件下一切权力的价值追求，权力腐败在许多情况下是权力不公正的代名词，权力的腐败在许多情况下是权力不公正行使造成的。权力容易腐败的一个主要原因就是以权谋私，以公共权力谋取个人私利必然导致权力的不平等、不公正。权力是一项公共权利而不是个人权利，个人行使公权力也是代表公共意志在行使，为的是实现公共利益。权力的公正行使虽然有时候满足了个别人的利益和需求，但从整体上来说实现的是社会的整体利益和长远利益，实现的是社会的公平正义。所以社会公正需要权力的公正来保证。

最后，权力作为一项公权力，如何行使权力，如何对待权力，如何处理和权力的关系体现了个人与国家的关系问题。我国社会主义国家的权力和个人权利之间不是绝对对立的关系，他们之间的一致性才是本质。这种一致性一方面表现在个人服从国家的管理和统治，承担向国家应尽的义务，维护国家的安全和利益；另一方面也表现在国家通过公权力保障和实现个人的自由和权利。国家是一个抽象的概念，它必须要通过权力掌握者的具体职务行为来体现国家与个人的关系，从而也在行使权力的过程中体现着权力拥有者与国家之间的关系。爱国主义是处理个人与国家关系的基本原则。对于权力拥有者来说，爱国主义者会利用手中的权力造福于人民，维护社会稳定和安全，促进国家繁荣和富强；相反，卖国主义者会利用手中的权力祸国殃民，故意制造社会动荡，制造人民与国家之间的矛盾和冲突。对于一般的个人来说，爱国主义者会听从党的领导，服从国家的安排，不做国家所禁止的事，积极做国家所要求的事；相反，卖国主义者不服从国家命令与安排，不遵守国家法律，与国家为敌。所以，如何运用权力和对待权力体现着一个人的爱国情怀。树立爱国主义精神，才能够合理地运用权力也才能够理性地对待权力。

（五）强化道德建设的需要

社会主义核心价值观本质上是一种道德或道德价值观，所以习近平总书记指出："核心价值观，其实就是一种德，既是个人的德，也是一种大德，就是国家的德、社会的德。"[①] 作为道德规范，社会主义核心价值观调整的是人与人、人与社会、人与国家之间的需求关系和利益关系，无论是国家、社会还是个人都渴望得到"富强、民主、文明、和谐，自由、平等、公正、法治，爱国、敬业、诚信、友善"中的全部或一部分内容，因为正是这种对价值的需求促进了国家、社会、个人一定利益的实现。比如对国家来说，它渴望富强，而且只有富强才能使自己屹立于世界民族之林而不受其他国家的侵略和奴役；它也渴望国人的爱，因为正是千百万国民对祖国的爱才保证了国家的强大，保卫了国家的各种利益，使国家得到利益的同时国人也得到好处。作

---

① 《习近平谈治国理政》，外文出版社2014年版，第166页。

为道德价值观,社会主义核心价值观是衡量道德的基本标准,也就是说,凡是符合"富强、民主、文明、和谐,自由、平等、公正、法治,爱国、敬业、诚信、友善"的就是道德的,是有利于国家、社会和个人的。作为国家层面价值观的"富强、民主、文明、和谐"不仅是国家发展的基本要求,也有利于个人和社会价值观的实现。贫穷导致落后,落后就要挨打。"贫穷不是社会主义,社会主义要消灭贫穷",所以国家富强是实现社会主义核心价值观其他内容的物质基础。民主和专制是两种价值观相对的政治统治和管理形式,专制强调少数人决定,而民主强调多数人决定,专制是一种不公正、不合理的统治形式,民主是一种比较公正、相对合理的统治形式,专制伴随着野蛮,造成社会的动荡冲突,民主造就了文明,给社会带来和谐稳定。

  作为社会层面价值观的"自由、平等、公正、法治",它一方面是国家层面价值观发展的必然结果,另一方面也促进着国家层面价值的实现。我国社会主义社会是个法治社会,任何活动都被平等地纳入法制轨道上,这种法治化的生活和管理一方面是民主政治的产物,另一方面也实现着社会本身的价值追求,如自由、平等、公正,因为法治的社会本身就是自由、平等、公正的社会,自由、平等、公正本身就是法治价值体系的组成部分,而这种自由、平等、公正也正是每个人的需求,每个人都希望能自由地生活、被平等公正地对待而不被奴役和歧视。自由包括思想自由和行动自由,任何自由既需要物质的保障,也需要法律的保障,更需要自由民主的环境。所以国家的富强、民主的政治环境和法律环境是自由的物质保证、政治前提和法治保障。法律上之所以要规范自由就是为了防止绝对的自由主义对普遍的自由的破坏,个人的绝对自由必然破坏他人的自由而导致每个人的不自由,所以法律上对自由的限制和规范是为了保障每个人自由的实现。如果说法律上的平等体现的是程序价值的公正,那么法律上的公正既包括程序公正也包括实体公正,程序公正是实体公正的保障但并不必然导致实体公正的结果,所以就需要差别原则来矫正,如对生活中的弱者提供保障,等等。

作为个人层面价值观的"爱国、敬业、诚信、友善"在实现国家层面和社会层面价值观方面具有基础意义，它体现的是个人对他人、社会、国家的义务和担当。国家和社会作为一个集体概念归根结底是由个人构成的，没有个人就没有国家和社会这样的集体，所以国家和社会层面的价值观离不开个人价值观的实现。国家的"富强、民主、文明、和谐"和社会的"自由、平等、公正、法治"需要每个人的"爱国、敬业、诚信、友善"。爱国主义作为民族精神的核心已经积淀于中华民族的传统道德当中，体现了个人对国家的认同和情感，在个人利益和国家利益相冲突时，爱国主义指导我们毫不犹豫地为了国家利益而牺牲个人利益，体现了个人对国家的贡献和牺牲精神。国家是一座大厦，它需要每一个人在自己的岗位上勤勤恳恳、兢兢业业，每一个人对自己岗位和工作的忠诚都是在为这个国家和社会做出贡献。诚信和友善是人与人交往的基本的道德原则。人与人的交往是相互的，人们都不希望被别人欺骗而生活在一个虚假的、欺诈的社会环境中，要想不被人欺骗自己首先不能骗人，要想得到他人的真诚相待自己首先要真诚待人，要想得到他人的友好尊重自己首先要对他人友好尊重。只有更多的人做到诚信友善，国家、社会才能和谐文明。

目前我国经济的发展与道德的进步之间不成正比，经济进步亟须道德支撑。2013年11月26日，习近平总书记在视察孔府和孔子研究院时强调："必须加强全社会的思想道德建设，激发人们形成善良的道德意愿、道德情感，培育正确的道德判断和道德责任，提高道德实践能力尤其是自觉践行能力，引导人们向往和追求讲道德、尊道德、守道德的生活，形成向上的力量、向善的力量。"[1] 在大学校园里，由于受功利主义和拜金主义的影响，许多大学生见利忘义、不求进取、只图当前、不谋长远、着眼私利、不顾大义。这背后更主要的原因就是对大学生的价值观教育尤其是社会主义核心价值观的教育没有跟上。所以，要强化大学生的道德建设，必须要加强大学生的核心价值观教育。

---

[1] 《人民日报》2013年11月29日第1版。

三、青年学生个性整合期需要内化
社会主义核心价值观

大学时代是青年学生人生观、价值观形成的关键时期，是青年学生个性和人格发展的矛盾期和整合期。所以这个时期尤其需要对大学生进行社会主义核心价值观教育，其目的是让他们对社会主义核心价值观的认识由感性认识上升到理性认识，再由理性认识应用于实践活动，真正把社会主义核心价值观内化为大学生自己的价值观和个性特征。

（一）思想活跃求新求变

大学时代是人生最美好、最阳光的时代，也是大学生思想最活跃、最富有创新的时代，他们接受新鲜事物的愿望强、能力高，并且具有一定的鉴别能力和批判能力，在善于接受新事物的同时也善于怀疑新事物，在善于肯定的同时也善于否定。所以他们无论是在心理上还是在行为上都表现出一定的矛盾性。其实这种矛盾性在逻辑上并不矛盾。大学时代是大学生人生观、价值观形成的关键时期，这种思想人格的可塑性本来就是双向的，一方面表现为对自己所喜欢的东西的肯定、接受和吸纳，从而将其作为塑造自己个性人格的素材而在思想深处将其储存起来；另一方面也表现为对自己所反感的东西的否定、排斥和拒绝。任何变化都表现出肯定和否定的辩证统一，任何事物发展的实质都是肯定与否定相互作用下的新陈代谢。大学生在大学阶段的成长也是否定之否定的过程，没有对自身消极因素的否定，就不可能表现出对新事物的肯定；没有对旧思想的改造甚至抛弃，就不可能接受新的思想。面对海量的信息，面对多元的价值选择，面对紧张的生活节奏，大学生思想上求新求变的新陈代谢是容易理解也合乎时代发展的逻辑。

当然，任何外在的价值观能够进入大学生自己的价值体系，除了作为受体的大学生愿意接纳的主观原因外,被接纳的价值观所具有的价值个性也是决定大学生是否愿意接纳的客观原因。大学生思维的活跃和求新求变的热情为大学生培养社会主义核心价值观提供了很好的主观内因,而社会主义核心价值观的价值个性为大学生培养社会主义核心价值观提供了很好的客观外因。

社会主义核心价值观的基本内涵符合大学生的价值观需求。首先,追求物质上的富足和自身的强大是每一个人最基本的自然需求和成长基础,万物竞争,适者生存,所以富强不仅是每个国家的追求,也是每个人的追求。其次,人除了是自然的人外,更重要的也是社会的人,有参与政治活动的愿望,有过文明生活的渴望,又有被人尊重的需要,所以国家需要在制度构建上满足人们的这些需要,即把自己变成一个民主和法治国家。民主制度平等地保障了有资格和条件的人参与政治生活和社会事务的权利,社会主义法治通过民主立法所产生的法律维护着社会的平等、公正、自由、和谐等价值。平等和公正虽然并不是在绝对意义上对某个人有利,但是在总体上对每一个人有利,因为人们都不希望自己被歧视,被不公正对待。这样对每一个人的平等就是社会最大的平等,对每一个人的公正就是社会最大的公正。自由是人之所望,但不同个人之间的自由是有冲突的,所以需要法律来协调,使每个人在行使自己自由的同时不能干涉他人的自由。和谐是一种生活状态,也是民主法治发展的必然结果,当每一个人的利益得到平等保护时,当社会的不公正得到及时矫正时,整个社会就处于一种和谐的氛围中。最后,人是社会的人,因而也是道德的人,每个人都要过道德生活。对大学生思想政治的教育就是要把他们培养成为一个高尚的人、文明的人、脱离低级趣味的人。所以大学生要具有爱国、敬业、诚信、友善的品质。爱国主义是中华民族的传统美德,是我国的民族精神,作为社会主义现代化建设事业接班人的大学生,一定要把国家利益放在第一位,工作后要爱国爱岗,敬业奉献。人们之间的信任和友善是相互的,每个人在希望得到他人的以诚相待和友好相待的前提是自己要诚实守信、友好待人。

当然，思想上的易变性对大学生核心价值观的固化很可能会带来不利影响。年轻人喜欢新鲜事物本无可厚非，但如果面对众多的价值观而出现了选择上的错误，而且这种错误持续发生或坚持不改，它对大学生的负面影响就是终身的和致命的。还有，如果大学生自己多年培养形成的核心价值观由于在错误价值观的迷惑下产生了动摇，这也是大学生价值观走向误区的表现。所以，否定之否定规律在大学生核心价值观的形成上并不是直线式的，有时候会出现对核心价值观的动摇、背离甚至抛弃，出现价值观选择上的错误。所以，有必要对大学生进行价值观的教育，提高他们对各种价值观的认识能力和判断能力。因为新的东西并不一定都是好的，旧的东西也并不一定都不好，新旧不是价值判断的标准，不管是新的还是旧的，首先要在价值上进行定位，不能盲目地求新和抛旧。面对新事物，我们首先需要用社会主义核心价值观进行衡量、评判，确定其价值性后再做选择。当然在面对自己已有的价值观体系时一定要仔细分析、判断，如果在自己的价值观体系中有值得保留的东西一定要保留，不能以偏概全、全盘否定。只要提高了大学生的认识能力、判断能力和选择能力，再加上大学生的意志和决心，思想活跃的大学生一定能够固化社会主义核心价值观。

（二）选择冲突易陷迷茫

如果一个人的意志和定力不是修炼到了很高的程度，没有人能够在多种选择中感到困惑，没有人能够在各种诱惑中不被吸引。人们总是喜欢引用狄更斯的名言"这是最好的时代，也是最坏的时代"来说明事物的矛盾性，习近平总书记在世界经济论坛2017年年会开幕式的主旨演讲中也引用了这句话来说明我们生活在一个矛盾的世界之中。对大学生来说，好就好在世界的丰富性——似乎没有什么东西是他们得不到的，他们原有的欲望在得到满足以后，各种新的欲望被最大限度地挖掘了出来，人类社会充满了有史以来的最多的可能性。坏就坏在世界展现给他们的并不都是好东西，在大学生的认识能力和判断能力尚未得到充足发展的时候，在大学生的控制能力和意志能力尚未达到理性的自觉时，他们从外界所得到的不一定全是好东西；而且在理性和意志还不发达的时候，人的欲望势必会转化为贪婪、自私甚至导致毁灭。"最好的时代"同时也是"最坏的时代"对大学生的价值观和信仰来说就变成了"这是信仰的时期，也是怀疑的时期"的迷茫与困惑。

大学生虽然已经成年但未必就成熟，尤其是在思想和意志力上，他们的人格正在被雕刻，感性思维和理性思维的共同发展难免会出现不和谐的矛盾，所以面对纷繁复杂的世界难免会出现选择上的困惑和冲突。"青少年总是要同时掌握原则的多变性和多变的原则性，他们在决定做某事之前一定先走极端。特别有时在意识形态混乱和同一性扩展的边缘上，这些极端不仅包括叛逆的，而且还包括了不正常的、犯罪的和自我毁灭的倾向。然而这一切都可归之于合法延缓期的性质。在这一延缓时期中，在把身体和精神的力量交付给现存（或将存）的秩序之前，可以先试探一下某种真理的究竟。"① 大学生价值观选择上的迷茫、冲突甚至走极端源于主客观两方面的原因，客观原因是世界的多样性和复杂性，主观上是由大学生成长过程中的心理矛盾决定的。

首先，大学生理想与现实的心理矛盾导致价值观选择上的迷茫与冲突。十多年的校园生活灌输给学生们的不仅仅是知识，还有对美好社会的向往和追求。大学生是热血青年，是未来社会主义事业的建设者，青年人所具有的理想和抱负在大学生身上更为强烈，他们在大学里读书就是希望有朝一日能为社会做贡献，实现自己的价值。虽然"人们的主观愿望可以超越客观历史条件，向往美好的社会和完善的人性，也可以据此对现实作道德批判，但历史只能解决客观条件已经具备的问题，科学理论只能回答已经进入实践视野的课题"。② 进入大

---

① ［美］埃里克·H.埃里克森：《同一性：青少年与危机》，孙名之译，浙江教育出版社1998年版，第225—226页。
② 侯惠勤：《"普世价值"与核心价值观的反渗透》，载《马克思主义研究》2010年第11期。

学以后，大学生有更多的机会接触社会，并且具备了一定的发现问题和分析问题的能力和主见，不再完全相信老师和书本上的见解。由于社会毕竟不同于象牙塔，它更像是成人世界的角逐场和竞技台。现实世界毕竟不同于理想世界，它包容着美好与丑陋、高尚与低俗、希望与失望，凡是真实存在的东西现实社会从不拒绝。现实世界的残酷与困难难免会给大学生的理想浇上一盆冷水，从而导致一部分学生放弃理想而甘于现状，放弃坚持而选择随大流，放弃高尚而选择平庸。在价值观上的选择也是一样，社会主义核心价值观是一种高尚的、理想的价值观，也是国家主导下的主流价值观，它与社会上存在的形形色色的非核心价值观尤其是腐朽堕落的价值观有着本质的区别，作为大学生应当正视现实但绝不能听命于现实任现实摆布，而应当要有坚持核心价值观的决心、意志和勇气。

其次，大学生理性与感性的心理矛盾导致价值观选择上的冲突与迷茫。任何人都是集感性与理性于一身的人。一个理智的人虽然有感性因素，但他能够用自己的理性来把控感性，从而不受感性的控制。大学生虽然理性有了一定程度的发展，但感性因素依然很多。感性的冲动和诱惑在某些情况下甚至会造成较大的危害。在感性因素的支配下，许多大学生往往很短视，只注重眼前利益，缺乏长远打算的能力，如为了兼职赚钱而放松学业，为了一次考试而选择作弊，等等。由于经受不住诱惑，许多大学生沉溺于游戏、色情等低级趣味或者掉入其他的物质欲望和感官刺激中不能自拔；由于感性的冲动，有些大学生为一点点小事而大打出手或为哥儿们义气而两肋插刀甚至酿成犯罪；等等。感性的冲动体现在大学生的价值观选择上也是任性的、随意的而不是经过深思熟虑而确定的，它既可能是一时冲动，也可能是一时糊涂，这种随意选择价值观的结果将造成价值观的不稳定，他可以随意接受也可以随意扔掉。如果说大学生随意选择了错误的价值观后又随意地抛弃了，这也没什么不好，但问题是如果说他们随意选择了正确的价值观而没有得到巩固、加强而是随意地抛弃了，就未免有点可惜。所以大学生在价值观的选择上一定要理性、慎重，不能感情用事。

最后，大学生依赖性与独立性的心理矛盾导致价值观选择上的迷茫与冲突。长久以来，大学生都是作为一个未成年人受着父母和老师的管教，生活上依赖于父母，学习上依赖于老师，长久对家长和老师的依赖从而养成了他们依赖的习惯，他们似乎只知道依赖的权利而不知道需要承担什么责任和后果。进入大学以后，对成年人的独立性和法律要求加在了大学生身上，他们需要独立承担自己行为的法律责任和后果，而且大学里学习和生活环境的特点也决定了大学生需要更多地进行自主学习和独立生活。虽然年龄上的原因使大学生渴望自由和独立，但长久的依赖生活后进入大学开始独立生活使他们一下子像断了线的风筝没有了方向感和目标感。这种渴望独立又害怕独立、渴望自由又害怕自由的内心矛盾一定程度上造成了大学生认识上的迷茫和选择上的矛盾，从而影响了大学生价值观的选择。

所以，要消除大学生价值观选择上的冲突和迷茫，就需要对大学生进行心理健康教育，消除大学生的心理矛盾，培育积极健康的个性心理。

（三）知易行难、知行脱节

知行关系是认识论的基础，正确认识和理解知行关系对大学生树立正确的认识论和实践观具有重要的意义。认识来源于人的实践，实践经验又分为直接经验和间接经验。对大学生来说，大学生的学习特点、环境制约和年龄限制决定了他们对事物的认识主要来源于间接经验，即来源于书本和老师的传授，所学习和理解的东西大多为前人经验的总结。大学生对知识掌握程度的检验形式是考试，但考试还不是真正意义上的实践检验，因为考试成绩和实战能力之间还存在一定的差别甚至差距。脱离社会实践的象牙塔式的教学培养了学生获得知识的能力，但这种知识因缺乏实践的训练并没有直接转变为能力或者至少没有得到直接实践的检验，他们对知识从学习到掌握依然在知识到知识的闭环中转圈，只不过是把他人的经验从书本或老师那里复制到自己的头脑中罢了。

知易行难、知行脱节是当代大学生普遍存在的问题，这种状况容易造成大学生个性人格的分裂。一方面，大学生获得知识的能力经过十几年的训练在不断提高，而且事实上他们也掌握了大量的理论知识。另一方面，他们因不知道如何应用这些知识而感到困惑、焦虑甚至失望。在当今功利主义盛行的年代，大学生迫切希望自己的知识具有实用性和价值性，能够及时转化为看得见的成果和利益。当他们辛辛苦苦十几年所学到的东西不能给自己带来利益和好处或不能及时给自己带来利益和好处时，急躁、悲观失望甚至愤怒的情绪就会滋长，从而产生了对知识的怀疑甚至否定。还有，长期缺乏实践训练的大学生在思想深处已经养成了知识的癖好而非实践的癖好，他们喜欢学习但不喜欢实践，喜欢储存知识而不喜欢应用知识，喜欢泡图书馆、埋在故纸堆里但不喜欢深入社会实践，这种实践上的惰性习惯只会把自己变成教条主义者和本本主义者。这种"书呆子"式的学习造成的结果就是学得越多对自己越有害。

社会主义核心价值观也是一种道德认识论和道德价值观，它最终需要转化为道德行为或价值行动才具有意义。"道德活动与一般认识活动的一个重要差别在于道德活动必须见诸行，而认识活动不一定见诸行。所以在道德活动中，知必须表现为行，能知必能行，在道德活动中知行相即不离，是合一的。在知的过程中抱着'真切笃行'的态度，在行的过程中保持'明觉精察'，否则不是冥行就是妄想。"[①] 对大学生进行社会主义核心价值观教育有利于解决大学生知易行难、知行脱节的心理困惑和人格缺陷。社会主义核心价值观不仅仅是一套完整的理论体系，也是贯穿我国社会发展始终的实践精神，实践性是社会主义核心价值观的灵魂。首先，我国社会主义事业是一项伟大的实践工程，它以实现共产主义社会为目标，而实现共产主义的物质基础是"物质财富的极大丰富"，能够满足按需分配的要求。这就要求我们必须要大力发展社会生产力，大力发展社会经济，把我国建设成为

---

① 郭齐勇：《中国哲学史》，高等教育出版社2006年版，第340页。

富强的国家。建设富强的国家不能只是一句口号，它需要实实在在的行动、踏踏实实的工作，需要每个中国人的爱岗敬业、无私奉献。所以大学生需要具备爱国敬业的精神，树立爱国、敬业、富强的价值观。其次，实现共产主义社会的精神条件是人的精神境界的极大提高，这种精神境界的提高是个人道德发展的结果，是社会主义核心价值观内化于心、外化于行的结果。个人精神境界的提高表现在行动上就是为人诚实守信、待人亲和友善、行为文明礼貌、办事公平公正等方面。这样的社会才是文明的社会、和谐的社会。所以，文明和谐的社会是个人实践的结果，是一种客观存在的实践社会而不仅是一种理想或理念。所以马克思说："共产主义对我们来说不是应当确立的状况，不是现实应当与之相适应的理想。我们所称为共产主义的是那种消灭现存状况的现实的运动。"① 最后，民主与法治建设也是一项大众事业。民主的本质是由大多数决定，如果没有社会大众参与政治实践和经济实践就没有政治民主和经济民主。资本主义政治民主和经济民主是资产阶级少数派的民主，对广大的无产阶级来说无所谓民主，因而是虚假的民主。而我国社会主义国家通过人民民主的政治制度和公有制经济保证了最大多数人的民主，是真正意义上的民主。法治是民主的产物也反过来保障民主，只有通过民主程序产生的法律才是真正法治意义上的法律，否则就是人治。社会主义法治把一切活动和事务纳入法律的轨道，是真正意义上的实践事业。

"人是在价值观的指导下进行活动的，追求着价值、创造着价值，也创造着历史，历史活动本身也就体现为一系列价值的追求、创造和实现的过程。"② 所以，社会主义核心价值观不只是一句口号，而是实实在在的行动。大学生要践行社会主义核心价值观就必须行动起来，切实解决有知无行、知行脱节的矛盾。

---

① 《马克思恩格斯选集》第 1 卷，人民出版社 1995 年版，第 87 页。
② 方爱东：《社会主义核心价值观论纲》，载《马克思主义研究》2010 年第 12 期。

第三篇

培育与践行大学生社会主义核心价值观的路径研究

新时期大学生社会主义核心价值观的有效培育与践行，除探究、分析其存在的问题及原因外，我们还要进一步明确培育与践行大学生社会主义核心价值观的基本目标和构建原则。基本目标和构建原则具有引导性和指向性价值。基本目标可为培育与践行社会主义核心价值观指明方向以及提供动力和评价标准。而明确的构建原则则有利于基本目标的细化、具体化。二者之间是相互联系、相互促进的。

第七章

大学生社会主义核心价值观培育与践行的基本目标和构建原则

一、大学生社会主义核心价值观培育与践行的基本目标

马克思主义认为，人的能动性的一个重要表现是人的行为的目标性，在人的社会活动中，目标提示了行为的方向、意图和预期实现的目的。从这种意义上来说，教育目标蕴含着国家、社会的期望与要求，给我们展现的是教育主客体的需要和追求，预示着人的发展方向及其结果。大学生价值观教育的目标，规定了一定时期内大学生价值观教育的基本任务和要求。与以往学术研究的不同点在于将大学生价值判断和选择能力作为价值观教育的重要目标，与受教育者预期形成的价值观共同构成价值观教育目标。社会主义核心价值观从国家、社会和个人三个层面向人们提出了不同的价值要求。在文化多元化背景下，大学生社会主义核心价值观培育与践行的基本目标，就是要用这些价值观要求规范自身的行为，在追求自我实现、自我完善过程中逐步实现价值观的认同，即重塑信仰、提升精神和融入生活。

（一）重塑信仰——大学生社会主义核心价值观培育与践行的灵魂

信仰是人类的精神家园，是人们进行价值判断、价值选择的精神支柱与起点，"是一种源于现实又超越现实的理想，是一种源于历史

而又重构历史的信念,是一种源于实践而又变革实践的智慧"。① 对"信仰"的具体内涵,学者们各抒己见。德国哲学家路德维希·安德列斯·费尔巴哈在《基督教的本质》中谈到信仰时,曾这样说:"信仰不外意味着坚定不移地确信主观的东西——跟限制、也即根本性与理性之规律相对抗的主观的东西——具有现实性,也即确信其具有无条件的有效性和真理性。"② 中国人民大学马克思主义学院教授刘建军在其著作《马克思主义信仰论》中指出:"信仰是人们对其认定体现着最高生活价值的某种对象的始终不移的信赖和执着不渝的追求。"③ 赵建国在《终极关怀——信仰及其传播》中解释道:"信仰是人们对某种主义、价值理想的极度信服和尊崇,并把它奉为自己的行为准则和活动指南,它是一个人做什么和不做什么的根本准则和态度,它寄托着人的精神的最高眷顾和关怀。"④ 虽然,学者们对"信仰"这一概念的内涵表述不一,认识也不尽一致,但有一点是共识:信仰是人们对其认定体现着最高生活价值的某种对象的始终坚定不移的信赖和执着不渝的追求。⑤

对于当代大学生而言,"信仰"问题既包含着对"我是谁"的追问,也包含着对"意义予我而言为何"的迫切澄清,事实上其明显纠缠于价值断裂、群体危机的转型时代。剧烈转型的现实社会就已经触发了人与信仰的激烈冲突,引发普遍的精神困惑,甚至波及一些大学生的生命态度。因此,有研究者称之为"精神史中的虚无主义问题"。⑥ 当前我国社会正处于转型期,全面改革的深化所触及的经济、

---

① 孙正聿:《马克思主义基础理论研究》,北京师范大学出版社2011年版,第195页。
② 费尔巴哈:《基督教的本质》,商务印书馆1984年版,第10页。
③ 刘建军:《马克思主义信仰论》,中国人民大学出版社1998年版,第1页。
④ 赵建国:《终极关怀——信仰及其传播》,中国传媒大学出版社2008年版,第6页。
⑤ 王翠菊:《大学生的信仰危机》,载《继续教育研究》2014年第3期。
⑥ 张荣华:《大学生信仰研究视域及教育进路》,《当代青年研究》2016年第2期。

政治、文化及社会生活领域全方位多层面的深刻变革,所引发的冲击和震撼是前所未有的。尤其在多元观念交互冲击且纷繁复杂的文化格局中,一方面当代大学生的信仰日趋世俗化、功利化、非科学化,以及由精神家园漂泊"无根"境遇所导致的信仰危机问题日益突出;另一方面作为"现代民族—国家知识生产的社会信度与价值规范的直接说服力"[1] 面临严峻挑战。重塑信仰、重塑大学生的精神家园成为我们无法回避的现实问题。

核心价值观即信仰。当代大学生信仰的确立离不开时代的发展要求,时代的发展要求也离不开青年的实践。"信仰是人们对其认定体现着最高生活价值的某种对象的始终不移的信赖和执着不渝的追求。"[2] 2012年11月,党的十八大报告用24个字从三个层面凝练出社会主义核心价值观,即"富强、民主、文明、和谐,自由、平等、公正、法治,爱国、敬业、诚信、友善",这24个字被几千年来的中国历史和实践证明了它的重要价值,国家的繁荣昌盛、社会的民主自由是几代人百年来的梦想。社会主义核心价值观正是基于人们的期望与社会需求而提出来的,它应该成为一种信仰,被广大人民群众,尤其是当代大学生所接受,并内化为自身精神家园的一部分。

(二) 提升精神——大学生社会主义核心价值观培育与践行的追求

精神家园是维系人存在的生命意义与价值归属,它是以理想信念、价值观念、精神信仰等为核心要素的价值观念体系,是"人的精神支柱、情感寄托和心灵归宿,是人们对生活意义、生存价值和生命归宿的一种精神与文化认同"。[3] 教育的终极目标在"为人的生成",即"通过培养不断地将新的一代带入人类优秀文化精神之中,

---

[1] 张荣华:《大学生信仰研究视域及教育进路》,载《当代青年研究》2016年第2期。
[2] 刘建军:《马克思主义信仰论》,中国人民大学出版社1998年版,第1页。
[3] 欧阳康:《民族精神——精神家园的内核》,黑龙江人民出版社2010年版,第5页。

让他们在完整的精神中生活、工作和交往"①，旨在完善人的个性、促进人的发展、提升人的境界。核心价值观是精神家园的核心，表现为理想、信念、信仰等，是人们进行价值判断、价值选择的精神支柱与起点。

总体上来说，大学生作为一个独特的群体，其精神家园、精神状态的主流是积极的、向上的、奋发进取的，大多数学生有明确的职业理想和奋斗目标，能将自己的成长、成才与国家、社会的发展紧密联系在一起。然而，在教学一线的思政课教师，近些年来在与学生交流或进行的调查中，发现当代大学生在道德、理想信念、精神文化、生活等方面存在不同程度的失衡、失序现象。调查结果显示，93.3%的调查对象是赞成"人活着应该有精神追求"，而对此持"否定"观点或"没想过"的则分别仅占2.1%和4.4%。大学生普遍关注自己的精神追求，但是对精神家园及自身精神生活状况的认知与评价呈现多元化，且感性认识多于理性认识。大学时期是青年价值观形成、精神塑造的重要阶段，直接影响到其个人、社会，乃至国家和民族未来的价值取向。因此，我们认真研究当代大学生的价值取向和精神追求，以社会主义核心价值观为引领，多种渠道、多种方式引导当代大学生价值观的形成和积极健康精神家园的建构。

精神家园是一个包含文化体验、认知模式、心理状态、情感方式、价值观念等要素在内的精神文化系统。从教育的文化意义上来说，精神家园的建构，一方面是价值引导，即社会建构的产物，是特定历史文化背景下人们互动和协商的结果，它不能超越历史和文化的内在的意识和心理结构。另一方面也是主体自我精神建构的过程，主体在生存发展过程中以人生意义、理想信仰和终极价值关怀为内核，建构人生的精神文化体系。"没有价值引导的自主建构必然缺乏超越性向度和足够的发展性；否认自主建构的价值引导就有可能蜕化为强制粗暴

---

① 卡尔·雅斯贝尔斯：《什么是教育》，邹进译，生活·读书·新知三联书店1991年版，第44页。

的灌输。"① 因此，在新的时代条件下，以社会主义核心价值观为价值引领，培育与养成大学生社会主义核心价值观，重新塑造积极健康向上的精神家园，也需从以上两个层面着眼。社会主义核心价值观"承载着一个民族、一个国家的精神追求，体现着一个社会评判是非曲直的价值标准"②，明确了当代大学生人生价值追求的目标和取向，及遵循的价值准则，培育和践行社会主义核心价值观，使之成为当代大学生的共同价值追求，这是构建大学生精神家园的精髓和基点。

（三）融入生活——大学生社会主义核心价值观培育与践行的归宿

日常生活是意识形态被认知、认同和实践的基本价值场域。个体的生活环境在其价值观形成中发挥着决定性的作用。马克思指出："只有当物按人的方式同人发生关系时，我才能在实践上按人的方式同物发生关系。"③ 社会主流意识形态要从理论文本内化为社会个体的自觉践行，必须深入现实生活中去。法国著名马克思主义理论家亨利·列斐伏尔在他的"日常生活批判"理论中突出强调，要变革现存日常生活中的生活方式、价值观念，以此使人完全摆脱异化，成为"全面的人""完整的人"。④ 在亨利·列斐伏尔看来，社会意识形态包容并掩藏在日常生活中。日常生活是价值观培育与实践的生长点和作用点，是价值观养成的土壤。离开了日常生活，价值观培育与养成将走向虚无。

习近平总书记在谈到社会主义核心价值观的践行时多次强调："一种价值观要真正发挥作用，必须融入社会生活，让人们在实践中感知它、领悟它。要注意把我们所提倡的与人们日常生活紧密联系起

---

① 刘艳萍：《新媒体视域下大学生核心价值观培育要注意"四个结合"》，载《阴山学刊》2016年第5期。
② 《习近平谈治国理政》，外文出版社2014年版，第168页。
③ 《马克思恩格斯全集》第42卷，人民出版社1979年版，第124页。
④ 鲁静：《价值观教育的日常化建构——大学生社会主义核心价值观教育的反思》，载《教师教育研究》2014年第5期。

来，在落细、落小、落实上下功夫。"① "要注意把社会主义核心价值观日常化、具体化、形象化、生活化，使每个人都能感知它、领悟它，内化为精神追求，外化为实际行动，做到明大德、守公德、严私德。"② 高校作为开启青年人人生梦想的地方，扣好"人生第一粒扣子"的地方，社会主义核心价值观教育要从理论文本中走出来，融入大学生的日常生活，内化为大学生的精神追求、价值信仰。

德国哲学家、社会学家尤尔根·哈贝马斯认为，说话者和听话者之间要达成共识，需要"选择一种本身是正确的话语，以便听者能够接受之，从而使言说者和听者能在以一个交往行为为背景的话语中达到认同"。③ 在大学生群体中有效开展社会主义核心价值观的培育与践行活动，就必须使之实现生活化建构，即推进社会主义核心价值观的"高校化"④，使之渗透在大学生日常生活中。因此，社会主义核心价值观不可能单纯地依靠思想政治工作者的高度重视和主观热情来传播，而要探究大学生成长、成才及认知、接受规律，通过科学、理性的方法，引导他们树立社会主义核心价值观。将社会主义核心价值观这一"形而上"的意识形态，渗透到丰富多彩的大学校园生活中，才能使之内化于心、外化于行。

二、大学生社会主义核心价值观培育与践行的原则

（一）教育理论与教育实践相结合

核心价值观作为一种理论体系上的总结，是理论和实践两方面共

---

① 《习近平谈治国理政》，外文出版社2014年版，第165页。
② 习近平：《走好科技创新先手棋就能占领先机赢得优势》，http://news.xinhuanet.com/polities/2014-05/24/c-1110843342_2.htm。
③ 尤尔根·哈贝马斯：《交往与社会进化》，张博树译，重庆出版社1988年版，第3页。
④ 陈顺伟：《社会主义核心价值观"高校化"的形成过程探析——基于信仰心态的视角》，载《西北民族大学学报》（哲学社会科学版）2015年第2期。

同作用的结果。从理论上说，社会主义核心价值观的形成，既得益于我国优秀传统文化的滋养，也得益于科学社会主义理论的指引；既得益于第一代中央领导集体的艰辛探索，也得益于改革开放后历届中央领导集体的理论思考。自2006年10月《中共中央关于构建社会主义和谐社会若干重大问题的决定》中提出"社会主义核心价值体系"之后，无论学界还是民间，"核心价值"成为人们关注的一个高频词语，关于社会主义核心价值观内容的凝练与表述也成为人们关注的焦点：2012年11月中共十八大报告明确提出培育社会主义核心价值观的"三个倡导"①；2013年12月，中共中央办公厅《关于培育和践行社会主义核心价值观的意见》中明确提出，以"三个倡导"为基本内容的社会主义核心价值观是我们党凝聚全党全社会价值共识做出的重要论断。这一系列的理论探索和总结都给我们提供了丰富的资源。从实践中看，社会主义核心价值观的形成是中国共产党人在社会主义建设实践，特别是改革开放过程中逐步产生和发展的。如果说理论源头体现了社会主义核心价值观在文化发展中的历史继承性的话，那么就实践源头来说，则是另一个重要的源泉。毛泽东指出："人的正确思想，只能从社会实践中来。"② 社会主义核心价值观源头的活水应该到当今现实的社会实践中去寻找。中华人民共和国成立之后一直非常注重核心价值观教育方面的探索，从新民主主义文化到社会主义文化，从思想政治教育到公民道德建设，从建设社会主义精神文明到社会主义荣辱观，从社会主义核心价值体系到社会主义核心价值观，经过多年的探索直到逐步开始有了核心价值观的表述。核心价值观教育必然是一个知、情、意、行相互结合的过程，必须要牢牢坚持理论性和实践性相统一的原则。"理论由实践赋予活力，由实践来修正，由实践来检验"③，为了强调这一观点，列宁还引用了歌德更为诗意的名言——"我的朋友，理论是灰色的，而生命之树是常青的"。理论只有回归到

---

① 《十八大以来重要文献选编》（上），中央文献出版社2014年版，第25页。
② 《毛泽东文集》第八卷，人民出版社1999年版，第320页。
③ 《列宁选集》第3卷，人民出版社1995年版，第381页。

实践才能充满勃勃生机，公民核心价值观教育也必须回到公民核心价值观相关的实践中去开展，既遵循理论的逻辑又尊重实践的逻辑，既有理论魅力又有现实实践吸引力，真正实现理论和实践的有机结合。

（二）一元主导与多元取向相结合

社会主义核心价值观就是相对于多元价值观而提出来的。没有"多元"也就无所谓"核心"。"核心"是"多元"中的"核心"，"多元"是有"核心"的"多元"。因此，"核心"只能是"一元"的"核心"。指导思想的一元化主导和多元化的价值取向的并存是我国当前核心价值观教育必须面对的一个基本事实，一元主导和多元取向并存的辩证关系是社会主义核心价值观教育的基本关系。

从马克思主义唯物史观来分析，核心价值观作为意识形态的灵魂，占据主导地位的核心价值观是与统治阶级的占统治地位的意识形态相一致的。在一个具体的社会形态里面，维护和发展好这个社会统治阶级的根本利益是意识形态的本质和根本任务。这一任务的实现方式是通过将统治阶级利益上升为国家、民族等共同体的利益，并且"概念化为一批价值观和信仰"，"它们服务于复制社会秩序，保证人们忠诚于它"[①]，从而使广大共同体成员自觉地接受。也就是说，意识形态领域内牢固的领导权是统治阶级长久掌握国家政权的关键方面。

同时，社会环境复杂多变，文化多元化的进一步发展，多种交互对立、交互融合的社会思潮同时存在，东西方意识形态领域内的斗争不仅没有平息或者消减，反而是在文化多元化掩盖下以文化传播的形式展开更加全面的渗透，我们所面临的以核心价值观为核心意识形态的斗争形势更为严峻。事实上，不仅我们国家，世界上每一个社会、国家或民族等共同体之间或内部的意识形态斗争都是复杂多变的。作为无法逃避和阻挡的世界潮流，多元文化和多元价值观并存也是每个

---

① 约翰·B.汤普森：《意识形态与现代文化》，高铦等译，译林出版社 2005 年版，第 83 页。

共同体都需要面对的。要想维持共同体的正常运转，就必须呼唤一种能够处于统摄地位的，可以引领、制约整个共同体核心价值体系运转及其他非统摄非核心地位的价值观的出现。这种核心价值观作用的正常发挥，能够保障和推广共同体的主流意识形态，从文化和价值观的深层次精神层面维护本阶级统治。毋庸置疑，指导思想和核心价值观是否一元化关系到整个共同体的治乱进退以及成败兴衰。

（三）文化传承与观念创新相结合

"坚守我们的价值体系，坚守我们的核心价值观，必须发挥文化的作用。"[①] 核心价值观是文化的核心，培育和践行社会主义核心价值观是与"以文化人"紧密结合在一起的。2014年2月24日，习近平总书记在主持中央政治局第十三次集体学习时指出："培育和弘扬社会主义核心价值观必须立足中华优秀传统文化。""对历史文化特别是先人传承下来的价值理念和道德规范，要坚持古为今用、推陈出新，有鉴别地加以对待，有扬弃地予以继承，努力用中华民族创造的一切精神财富来以文化人、以文育人。"[②] 社会主义核心价值观从国家发展的价值目标、社会进步的价值取向和公民培育的价值准则三个层面诠释了全国各族人民普遍认同的"最大公约数"。但社会主义核心价值观不是无本之木，它是社会主义的本质要求；社会主义核心价值观不是无源之水，它是对我国优秀传统文化的传承和创新；社会主义核心价值观不是无为而成，而是对世界文明有益成果的扬弃和吸纳。[③]

中华民族是一个拥有丰富文化传统的民族，在几千年的历史长河中创造了辉煌的中华文化，这种文化内涵曾经支撑过一个庞大而统一的多民族国家繁荣发展，并已成为一种深深融入民族血脉的强大传统。传统与现代并不是对立的，"传统文化是一种动态系统，它永远包含

[①]《习近平谈治国理政》，外文出版社2014年版，第165页。
[②] 同上书，第163—164页。
[③] 郝清杰：《论社会主义核心价值观的基本特征》，载《伦理学研究》2016年第1期。

着新旧文化的磨合和变更，当今时代在建构当代文化中都会借鉴其上一代文化发展的经验和教训"。① 中华优秀传统文化是中华民族的文化基因和精神命脉，植根在中国人内心，潜移默化影响着中国人的思想方式和行为方式。培育与践行社会主义核心价值观，需要从中华民族优秀传统文化中汲取丰富营养，使其焕发更大的生命力和影响力。继承和弘扬中华优秀传统文化，要坚持马克思主义为指导，坚持古为今用、推陈出新，努力实现中华优秀传统文化的创造性转化和创新性发展。因此，我们要向青年学生讲清楚中华优秀传统文化的历史渊源、发展脉络、基本走向，讲清楚中华文化的独特创造、价值理念、鲜明特色，增强文化自信和价值观自信。我们要结合时代发展要求，深入研究阐释中华优秀传统文化讲仁爱、重民本、守诚信、崇正义、尚和合、求大同的时代价值，使中华优秀传统文化成为涵养社会主义核心价值观的重要源泉。

（四）理论灌输与情感体验相结合

尽管不少学者对"灌输"提出了不同的主张或观点，但"灌输"一词的基本含义可以理解为：灌注、输送、输入，它是指"国家或教育者利用各种媒介、手段途径向社会成员或受教育者传播和输送主流意识形态思想体系、政治观念、道德规范等，以促使社会个体达到一定阶级或集团所期望的政治社会化、道德社会化目标的社会实践活动"②，从本质上来说是在一定的社会条件下为统治阶级培养什么样的人和如何培养人的教育实践活动。"灌输"无论在内容上还是在方法上都不是脱离实际的"本本"模式，而是从主体、对象、内容、方法等形成的实践过程。在这一实践过程中要着力解决"为何灌输，灌输什么，如何灌输"的问题。"工人本来也不可能有社会民主主义的意

---

① 徐宗华：《现代化的政治文化维度》，人民出版社2007年版，第275—276页。

② 董杰：《灌输与接受：现代思想政治教育学的基本范畴》，载《中南民族大学学报》（人文社会科学版）2012年第6期。

识。这种意识只能从外面灌输进去，各国的历史都证明：工人阶级单靠自己的力量，只能形成工联主义的意识。"[①] "灌输"是实现马克思主义理论价值认同的有力武器。社会主义核心价值观不是在人们头脑中自然产生，不可能不学自知、不教而会，因此，只有通过各种形式的灌输才能使其在人们头脑中扎根生芽，尤其是在当今全球各国意识形态斗争错综复杂、日趋激烈特别是西方发达国家千方百计对社会主义国家采取所谓"文化殖民主义""文化帝国主义""颜色革命"的今天，强化灌输、肯定灌输，有利于消解非马克思主义的思想价值观念对社会主义核心价值观的侵蚀。

从核心价值观培育与践行的过程来看，灌输终究还是外在的，还要主体将其内化于自身的价值认同，外化为行为践行才能真正发生作用。而主体的情感体验则是主体价值观内化的关键一环。情感体验是核心价值观内化的"触发器"，一方面，当个体做出符合核心价值观的行为时，会产生愉悦的积极情绪，这种积极情绪具有自我奖励的功能，会巩固和强化个体的价值观认同行为，可以有效改变个体对于核心价值观的表面依从态度，在价值观同化的选择过程中主动选择接受社会主义核心价值观；另一方面，当个体违背核心价值观时，会触发个体产生内疚感，为了逃避内疚感的惩罚，个体只有自觉遵守符合社会主义核心价值观的规范准则，抵制非核心价值观的意念和行为。对于核心价值观情感不认同可能导致"合理不合情"，而一旦情感认同了，即使认知图式不一致，也可以做到"合情不合理"的认同。

（五）自律与他律相结合

一个人能否践行社会主义核心价值观，归根结底要依靠自律，即依靠内心信念来约束自己。自律是个人对社会、对他人负责的内在的自觉意识，涉及个人的良心、正义感、责任心和荣誉感，是个人通过长期的外在教育、熏陶和感染形成的。这种内在力量和自觉意识对人

[①] 《列宁选集》第1卷，人民出版社1995年版，第317页。

的价值取向和行为具有决定性作用。康德曾经指出:"任何外部立法,无论使得任何人去接受一种特定的意图,或者,能够决定他去追求某种宗旨,因为这种决定或追求取决于一种内在条件或者他心灵自身的活动。"任何外在的制度安排或非制度措施(包括道德、宗教、礼仪、典籍文化、宪法传统等),都必须被人们认可并成为"意志自律","人们必须愿意我们的行为准则能够变成普遍规律,一般说来,这是对行为的道德评价标准"。① 只有转化为意志自律的制度安排或非制度措施才能成为人们道德行为的圭臬和社会价值判断的尺度(包括道德价值判断)。道德的存在价值和运作方式,从本质上说是一种内在善的意志自律,因此,无论是外在灌输的思想内化还是主体体验的德性自律,都必须首先提升为受教育者意志自律的"心""性"信念,这样行为才能彰显主体的自我善性。践行社会主义核心价值观就是要人们通过自律将价值要求内化为自身的价值理念,加强自我约束、自我教育,将他律转化为自律。将社会主义核心价值观价值理念内化于心,进而外化为规范自身的行为。

"自律"与"他律"犹如一鸟之两翼,相辅相成,缺一不可。这就需要把践行社会主义核心价值观与其他各种社会调控手段结合起来,把践行社会主义核心价值观的柔性导向融于法律法规等硬性规定之中。作为上层建筑组成部分的法律和道德,都是维护社会秩序、规范人们行为的重要力量,它们之间相互联系、相互作用、相互补充,共同发挥作用。法治是"他律"之治,以权威性和强制性手段来规范人们的行为;德治是"自律"之治,通过说服和劝导来提高人们的思想认识和道德觉悟水平。深入的法律意识教育和思想道德教育,有利于人们更好地遵守各种法律法规和道德规范。要把思想政治教育、道德教育与法制教育结合起来,从而把自律和他律、倡导和禁止、内在约束与外在约束有机地结合起来,使人们的行为更加文明有序,形成践行社会主义核心价值观的良好社会风尚。

---

① 康德:《法的形而上学原理》,沈叔平译,商务印书馆1991年版,第34页。

人只有不断地开发自我的"本质力量",才有可能不满足现实、改造现实、超越现实,从而实现自身对德性的追求。学生作为一个能动的个体,不应该成为价值标准的复制品,而要成为自主、独立、具有创新能力的社会主义核心价值观践行者。我们高校社会主义核心价值观教育不应该简单地告诉学生是什么、做什么,而是让学生学会独立思考为什么、应该怎么做,从而锻炼其自我判断、自我约束的能力。

(六)高校教育与家庭教育、社会教育及网络教育相结合

苏联著名教育家苏霍姆林斯基指出:"两个教育——学校和家庭不仅一致行动,向儿童提出同样的要求,而且要志同道合,抱着一致的信念,始终从同样的原则出发,无论在教育目的上、过程上还是在教育的手段上,都不要发生分歧。"[①] 二者紧密配合,共同构筑个体成长的良好环境。家庭、学校、社会是青少年的生活、学习、成长的物质和精神高度融合的场所,网络媒体成为青少年的生活、学习、成长的重要精神家园;家庭、学校、社会和网络媒体既是青少年培育和践行社会主义核心价值观的阵地,又是青少年培育和践行社会主义核心价值观的人文资源。家庭、学校、社会和网络媒体随着社会进步发展,不仅本身不断发展、完善,而且还为青少年培育和践行社会主义核心价值观创造有利的条件和需求。

把大学生培育和践行社会主义核心价值观融入学校教育全过程。高校是培育和践行大学生社会主义核心价值观最有效、最主要的方式,是大学生学习、生活和成长的主要场所。因此,推进社会主义核心价值观进教材、进课堂、进学生头脑;完善教育教学体系、发挥社会实践的养成作用;把培育和践行社会主义核心价值观融入校园文化建设全过程。社会主义核心价值观要引领校园文化建设方向,凝聚校园文化的正能量,通过社会主义核心价值观融入校园文化的所有领域,发

---

① [苏联]苏霍姆林斯基:《给教师的建议》下册,杜殿坤译,教育科学出版社1981年版,第244页。

挥校园文化特有的育人功能。

充分发挥社会导向对青少年培育和践行社会主义核心价值观的作用。社会对大学生的影响以及大学生对社会的了解和认识，在一定程度上是片面的、具有选择性的和带有新奇感的。运用社会及其各种组织有利的、积极的资源，抵制社会及其组织有害的、消极的资源，把社会主义核心价值观融入社会并发挥社会对大学生健康成长的重要渠道作用具有现实意义。充分发挥重要节庆日传播社会主流价值的独特优势，运用公益广告传播社会主流价值、引领文明风尚，发挥优秀传统文化怡情养志、涵育文明的重要作用。

把家庭作为培育和践行社会主义核心价值观的有效阵地。家庭教育对青少年有着终身影响，良好的家庭教育能够促进青少年全面而自由的发展，能够帮助和促进青少年社会主义核心价值观的养成。在青年大学生的成长过程中，良好的家风和家庭美德的熏陶，有效的家庭教育是无可取代的。父母重视家庭教育，一言一行都直接影响孩子，也是孩子从小学习效仿的对象。因此，家风和家庭美德对子女产生极大的感染力，这要求父母在教育孩子的同时，也要严格要求自己、加强自身修养，用自己的实际行动熏陶孩子、培养他们的良好品性。营造和睦的家庭氛围，一个家庭的家规、家训，是由长辈传承下来的家庭风气，是一个大家庭在为人处世中的沉淀，其中亲情尤为重要。营造和睦的家庭氛围是培养优秀下一代的基础。

网络媒体特别是移动网络媒体的快速发展，对社会各个领域产生了深远影响，对人们的思维模式和行为方式带来巨大变革。青少年是网络社会的主体，也十分依赖网络社会，并深受其影响。因此，要充分发挥精神文化产品育人化人的重要功能。文化产品有着自身的艺术品位和思想价值，有利于弘扬真善美的社会主流价值取向、完善社会公共文化推广和展演服务。既要发挥传统新闻媒体传播社会主流价值的主渠道作用，也要充分运用网络媒体特别是移动网络媒体。

第八章

高校社会主义核心价值观培育与践行的方式

"人民都有信仰，国家才有力量。"① 社会主义核心价值观对国家、社会、公民发挥着导向和凝聚作用。高校社会主义核心价值观的培育与践行是高校大学生思想政治教育的核心工作，其培育与践行的效果如何直接关系到国家和民族的未来。所谓高校社会主义核心价值观培育与践行，其含义就是高校通过一系列的教育活动、通过校园文化构建、通过校园学生管理制度的建立与落实，用正确的价值观念和行为准则引导大学生，使大学生在实践中能够自觉用正确的价值观念和行为准则来指导自己的行为。实现高校社会主义核心价值观教育的实效性是思想政治工作者努力追求的目标，但要实现这一目标首先要了解目前在"培育与践行"过程中存在的问题，以便对症下药，提高时效性。

社会主义核心价值观的培育和践行是一个动态的过程，其中包含培育和践行两个环节。培育即培养、教育；践行即体现在学习、工作和生活中。培育与践行是一个互相有区别，又紧密相连的实践过程，"培育"是"践行"的前提，没有"培育"的过程，"践行"就无从谈起；而"践行"是培育的目的和归宿，没有"践行"，"培育"就是打空枪、放空炮，就是"宣传归宣传"，"培育"与"践行"就成

---

① 习近平：《在全国精神文明建设工作表彰暨学雷锋志愿服务大会上的讲话》，2015年2月28日。

了没有联系的两张皮。然而，在这一过程中，培育与践行并非截然分开、独立运行，而是交互进行、相互影响。培育过程中会伴有践行，践行过程中也会伴有培育。

一、当前大学生社会主义核心价值观培育必备的五个要素

从大学生社会主义核心价值观培育过程来看，其培育过程的实现必须具备五个要素：培育者、培育对象、培育内容、培育环境和培育路径。

培育者是培育过程中的引导者和影响者。在传统教育观念中，一般高校思想政治理论课老师、辅导员和学生工作者是培育者，然而，多年的教育实践证明这是远远不够的，课上一小时的政治理论教育的影响力常常敌不过教育服务过程中一分钟的不公正，越是与个人利益有关联或是与自身价值观能产生共鸣的价值观对大学生产生的影响越大。因此，教育培育过程既包含以一定的价值观，有目的、有意识地对培育对象的教育与引导，也包含为学生学习和生活提供服务的过程中相关老师和服务人员无意识中施加的影响。总之，无论是有意识的还是无意识的，只要是涉及价值判断都会对大学生价值观的形成产生影响，意味着大学生社会主义核心价值观培育需要全员参与，只是不同岗位有所侧重，方式不同。

培育对象是来自不同时代、不同的家庭背景、不同的成长环境的大学生。

培育内容既包括社会主义价值观在国家、社会和个人三个层面的宏观概括，也包括三个层面核心价值观的具体分解，需要研究如何把这一核心价值观内容落细、落小、落实，真正体现在大学生的学习、工作和生活中。

教育环境主要指的是在可控的校园环境中，营造有利于大学生社会主义核心价值观培育的校园物质和精神环境。

培育路径是对培育者、培育对象、培育内容、培育环境等组织实施的方式和方法。对培育者、培育对象、培育内容、培育环境的内涵及其关系的认识不同，工作中的着力点也会不同，其培育的具体方式方法都会不同，甚至差异巨大。因此，科学地认识核心价值观的培育要素及其关系是正确选择培育路径的前提条件。

二、当前高校培育和践行社会主义核心价值观的主要路径

一直以来，思想政治工作是我们党的传家宝，在革命、建设和改革的不同历史时期，党的思想政治工作为推动党和国家事业的发展提供了坚强的思想保证，发挥了不可替代的重要作用。但是，随着社会的发展，对思想政治工作的路径和方法也提出了新的要求，需要不断地拓宽和丰富。只有反思过去，发现问题，才能在解决问题的过程中把工作推向前进。概括起来，当前高校培育和践行社会主义核心价值观的路径主要有以下几方面。

（一）思想政治理论课是社会主义核心价值观教育的主渠道

大学阶段，不只是学习知识的过程，也是一个"精神成人"的过程。大学生在自身发展的过程中，需要具备正确的观察社会、分析问题和解决问题的立场和方法，高校所承担的思想政治理论教学任务，就是帮助大学生正确认识个人与自我、个人与他人、个人与社会、个人与国家、个人与自然之间的关系，树立正确的人生观、价值观、世界观，实现由"生理成人"向"精神成人"的转化。在纷繁复杂的社会中，形成正确分析、鉴别与处理问题的能力。然而，这些素质与能力不是自然而然生成的，它需要用科学的理论来武装和培养才能获得。

思想政治理论课承担着对大学生进行政治信念和人生价值观引领的重任。从小学到大学，思想政治理论课都是学校开设课程的重要内容，尽管在不同的学习时期，针对学生的理解能力和学习能力，思政

课的课程内容和学时都有所不同，但是开设思想政治理论课所要实现的最终目的是一致的，那就是培养又红又专的社会主义事业的接班人和未来国家的建设者。

思想政治理论课把社会主义核心价值观教育系统化和层次化。2012年党的十八大明确提出了社会主义核心价值观，从国家、社会和个人三个层面对社会主义核心价值观做了概括。这24个字的核心价值观是对社会主义核心价值体系的高度概括，其内涵丰富而深刻。如何才能使这一价值观思想成为社会的主流价值观思想，为社会公民所接受，成为思想信念呢？最有效、最便捷的方法就是抓紧对下一代的政治思想教育。需要把这一核心价值观思想系统化和层次化，针对不同年龄阶段的学生，开设不同的课程内容，采取不同的教育形式进行社会主义核心价值观教育。

马克思主义深刻揭示了人类社会的发展规律，坚定代表和维护社会上最广大人民的根本利益，是推动社会不断进步，引导人类创造美好社会的科学理论。思想政治理论课以马克思主义理论作为指导思想，以中华民族传统文化精髓、中国共产党革命与建设的历史与经验总结为内容，引导大学生树立科学的世界观、人生观、价值观，坚定正确的理想信念。实现这一目标，不仅要使学生知其然，而且要知其所以然。教育过程中，不仅需要理论自信，还需要情感共鸣和知行统一，因此思想政治理论教育同样也是科学，而且是比一般的科学教育要求更高的科学。

古今中外，对下一代的引导和教育是继承民族文化血脉，培养未来接班人的需要。尽管不同国家所开设课程的名称不同，但其实质是一样的。在我国，思想政治理论课是引导大学生树立正确的世界观、人生观、价值观，实现"精神成人"的有效途径，是有效引导和教育青年人的主渠道。

（二）日常思想政治教育是社会主义核心价值观教育的主阵地

大学生日常思想政治教育就是"将思想政治教育生活化，依据党和国家的方针政策及高校思想政治教育工作要求，以树立大学生的正确世界观、人生观、价值观作为教育目的，将社团、宿舍、班级及各级党团组织作为载体，利用辅导员、班主任在思想政治理论课堂之外，进行有目的的思想政治教育"。①

大学生思想政治教育包括思想政治理论教育和日常思想政治教育两个重要的方面，一个是主渠道，另一个是主阵地，二者是相互依存、互为补充的。主阵地要积极配合主渠道，共同做好大学生思想政治教育。

大学生的校园生活是丰富多彩的，除学习生活外，还有政治社团、文体社团、学术社团、公益社团。此外还有各种班级集体活动等。大学生的这些丰富多彩的课外生活占据着大学生大部分时间和精力，是他们自我锻炼成长的一部分，在其间发生的人和事与学生的关系也最为紧密，影响也最大。因此，大学生的日常生活是开展思想政治教育的主阵地，不仅贴近大学生的日常需要与生活，而且更具个体差异性，因此，做好大学生日常生活的思想政治教育，将思想政治教育生活化，将各级党团组织、社团、班级、宿舍等作为载体，利用团委、学生会教师、辅导员、班主任以及各部门服务人员等在思想政治理论课堂之外，进行有目的的思想政治教育，牢牢占据思想政治教育的主阵地。

（三）校园文化是社会主义核心价值观教育的重要载体

校园文化是以学生为主体，以校园为主要空间，以育人为主要导向，以精神文化、环境文化、行为文化和制度文化建设等为主要内容，以校园精神文明为主要特征的一种群体文化。它主要包括：以青年学生为代表的文化观念以及学生特有的思维特征、行为特征和方式；学生课余生活中一切以群体形式出现的文化活动，其中最能体现校园文化本质内容的是校园风气或校园精神。

---

① 杜晶波、张慧欣：《大学生社会主义核心价值观培育与践行路径研究》，东北大学出版社2014年版，第51页。

校园文化是学校本身形成和发展的物质文化和精神文化的总和。它不仅包括校园建筑设计、校园景观、绿化美化这种物化形态的内容，也包括学校的传统、校风、学风、人际关系、集体舆论、心理氛围以及学校的各种规章制度和学校成员在共同活动交往中形成的非明文规范的行为准则。健康的校园文化，可以陶冶学生的情操、启迪学生心智，促进学生的全面发展。

（四）校园网络是社会主义核心价值观教育的新挑战与新机遇

随着"互联网+"时代的到来，大学校园"深陷其中"。今天，网络化生活已成为当代大学生的常态，当代大学生处在"无人不网""无处不网""无时不网"的生活状态，网络对大学生思想行为带来了全方位、深层次的影响。一方面网络对传统的教育模式提出了新的挑战，同时也为人才培养提供了新的载体、平台和巨大信息资源。今天，如何利用网络即时性、移动性、互动性的特点，创新思想政治教育的模式，发挥网络的作用，是摆在高校教育工作者面前的重大研究课题。

（五）社会实践是社会主义核心价值观教育的必经阶段与归宿

一种理论只有根植于实践才是有生命力的。社会主义核心价值观来源于社会生活，是对社会主义实践的总结和概况，因此，大学生对这一理论的学习和传播也不能脱离社会实践，否则，单一的理论学习，就使这一理论就成了无源之水、无本之木，课堂上老师讲得再精彩，也只能是插在花瓶里的花，缺乏发达的根系与存活的沃土，经不起生活和时间的检验。因此，理论结合实践，从理论到实践，再到实践中去学习、体会和理解理论，并把这一理论内化为自己的人生价值观，自觉在社会生活中去践行这一理论才是社会主义核心价值观教育的最终归宿。

三、当前高校培育和践行社会主义核心价值观的成效及原因分析

(一) 当前思想政治理论课的实效性分析

思想政治理论课包括《思想道德修养与法律基础》《马克思主义原理》《毛泽东思想与中国特色社会主义理论概论》《近现代史纲要》《形势政策教育》五门课程，五门课程既相互独立、各有侧重，又相互联系、构成体系。其中既有涉及哲学思辨，涉及世界观和方法论的认识，也有对个人人生观、价值观的理论思考；既有对历史知识的了解、历史事件的认识和反思，也有对现实社会问题的分析与认识。应该说这是一个内容丰富的理论体系。

1. 当前思想政治理论课主渠道现状

为了了解大学生思想政治理论课的学习效果，课题组对全国27个省（自治区、直辖市）的在校大学生随机做了调查。调查结果具有一定的代表性，反映了高校思想政治理论课教育的现状。

调查显示大学生认同中国共产党，认同我国社会主义制度的占较大比例。调查显示，打算在校期间入党的大学生接近半数，占总数的49%，不打算在校期间入党的大学生仅占总数的19%，目前不清楚是否要在大学期间入党的大学生占总数的32%，说明对中国共产党的执政理念与执政能力有着很高的认可度。其中同意"社会主义现代化建设要坚持共产党的领导"观点的占73%；同意"社会主义市场经济是强国富民的必由之路"观点的占87%；同意"社会主义终将战胜资本主义"观点的占54%；不同意"社会主义与资本主义将会逐渐融合、走向趋同"观点的占51%；不同意"不管实行什么制度，只要强国富民就行"观点的占55%。在对"哪一类伟人是大学生心中最伟大的人？"问题的回答中，大学生心中最伟大的前三类人为：中国近现代领袖与革命家、民族英雄爱国者、有杰出贡献的科学家发明家。调查显示思想政治教育在学生政治信仰的选择与人生观价值观的确立方面

产生的作用是明显的、积极的。

然而，对多所高校思想政治理论课的调查却显示对高校思政课的理性认同度不高，理论魅力有待提升。在针对某师范大学的一个调查中，在"你喜欢上思想政治理论课吗？"问题中，喜欢的占24%，不喜欢的占26%，不喜欢也去的占20%，表示无所谓的占30%。在问及在思想政治理论课上做什么时？有66%的学生选择做自己的事，偶尔听些感兴趣的内容，只有16%的学生是认真听讲的。调查显示思想政治理论课对学生的吸引力堪忧。

2. 思想政治理论课缺乏吸引力的原因

课堂如果没有吸引力，那对理论的认同也会大打折扣，这原因又是什么呢？

在2014年杜景波等在沈阳五所高校中开展的"大学生对思想政治理论课开展社会主义核心价值观教育需求情况调查"中，"在'有人说在开展社会主义核心价值观教育时，学生不爱听理论。你认为其主要原因是什么'问题中，有14.6%的人认为'理论本身没意思'、17%的人认为'教师照本宣科没意思'、22%的人认为'把理论当作教条没意思'、45.7%的人认为'把理论当成干瘪的概念没意思'。从调查数据可以看出，大学生并非对理论不感兴趣，真正认为'理论本身没意思'的不足15%，大学生反感的是把理论当作教条或是空洞的说教。"[①] 分析导致这种局面的原因主要有两个：一是教师的素质。思想政治理论课教师传授的是人生价值观——是对理想信念的传递与塑造。只有具备雄厚的理论功底才能做到理论自信，富有说服力。只有自己是一个坚定的马克思主义者才能做到情感充沛，富有感染力。但是随着市场经济的发展，"实用主义"的学习态度越来越凸显。从高中阶段的文理分科到大学专业的选择，越来越多的学生和家长都倾向于报考容易就业、就业前景较好的理工科或是经济类学科等认为有实

---

① 杜晶波、张慧欣：《大学生社会主义核心价值观培育与践行路径研究》，东北大学出版社2014年版，第30页。

用价值的科目。而觉得就业前景不太理想的文科，尤其是思政类、哲学类、历史类学科往往成为"低智商者"的无奈选择。即使上了思政类学科，转行深造或中途转行的比比皆是，真正出于兴趣而致力于从事这一领域工作的并不多，因此培养的人才质量可想而知。另外，有的人认为思政课没有多少专业理论，谁都可以上，因此，许多思政课教师是"半路出家"，因为上其他的专业课程有困难，转而来上思政课，上课的质量可想而知。二是被动的学习方式。随着各高校招生人数的增加，师生比不断增大，各高校只能通过上100—200人的大合班课来解决教师不足的问题。在这样的课堂上，师生开展互动教学很困难，多数课堂只能采取教师讲授的方式来完成教学。这说明提高思想政治理论课时效性的关键是如何培养高素质的师资，如何选择合适的方法进行理论学习，从而不断提升思政课的理论魅力。

（二）日常思想政治教育的主阵地作用分析

高校的党团组织、社团、班级、宿舍是日常思想政治教育的主阵地，所开展的各项活动成为高校社会主义核心价值观培育与践行的载体。学校各级党委、学生工作部、班主任、辅导员等成为日常思想政治教育的主阵地的设计者、领导者、组织者和监督者。

1. 日常思想政治教育的主阵地作用现状

随着东西方文化的交融，随着网络时代的到来与发展，日常思想政治教育的教育环境更具开放性。在这样的一个环境下，社会的价值观念更加多元化，社会也更具包容性，也使大学生的思想意识呈现多元化。使他们的思想更具独立性，敢想、敢说、敢做，更加追求个性。这给日常的思想政治教育工作带来了新的挑战，提出了新的要求。一是要求在教育理念上突出"以生为本"，无论是工作内容还是工作方法的选择都要以学生为中心，强调"为了学生的一切""为了一切的学生"。二是要求教育内容更加突出生活化，更加关注大学生的现实需要，针对大学生存在的各种现实问题，把共性解决和个别关注相结合，使高校社会主义核心价值观教育融入现实生活，落到实处。三是要求教育手段更加创新，充分利用互联网便捷、快捷、影响范围广、青年人更易于接受的特点，积极迎接挑战，改变传统的教育模式，不惧挑战，勇于创新，寻找更有效的教育手段。

然而，目前高校对思想政治教育工作的重要性仍然存在认识不够的问题。很多高校只重视专业知识教育而轻视素质教育，专业要求落实到位、具体可行，而政治思想品德教育要求却模糊不清，导致高校的思想政治工作缺乏针对性，工作中有急功近利、重经济轻教育等问题存在。学校专业发展工作和思想政治工作存在"一手硬，一手软"的倾向，在思政工作上存在"说起来重要，做起来次要，忙起来不要"的现象。只有当出现了严重的问题时，各级领导才会同班主任、辅导员临时补救，成了急于灭火的消防队员。总之，日常思想政治教育的主阵地没能做到严密坚守。

2. 日常思想政治教育的主阵地作用发挥不足的原因

分析导致日常思想政治教育的主阵地作用发挥不足的原因，主要有三个方面：一是社会主义核心价值观活动内容与大学生的日常生活融合度不高，导致学生不关注，不感兴趣；二是思想政治教育活动的载体、手段、方法落后，缺乏活力；三是主阵地的队伍建设不足。大学生思想政治教育干部队伍人手不足，师生比很高，导致老师对自己负责的学生难以全面细致的了解。班主任、辅导员队伍中年轻教师居多，知识、能力、年龄结构不合理。兼职辅导员、新工作人员和非思想政治教育和相关管理专业的工作人员所占比例较大，缺乏相应的专业知识和工作经验。同时，学生思想政治教育工作队伍不受重视、提升空间小等因素使一部分思想政治教育工作者缺乏工作热情，思想不稳、临时观念强，直接影响了大学生思想政治教育的成效。

（三）校园文化重要载体的作用分析

校园文化主要包括校园物质文化、校园制度文化以及校园精神文化。而其中校园精神文化最能体现校园文化的本质内容，表现为校园风气。

1. 校园文化重要载体作用发挥现状

物质文化是校园文化中不可或缺的部分。完善的校园物质设施，不仅为教师和学生提供了学习和娱乐的场所，在寓教于乐中陶冶学生性情，提高精神境界，而且高校的建筑和设施承载着高校的历史和文化，大到教学建筑、基础设施、特色景观，小到一桌一椅、一草一木都是校园价值观建设的载体。制度文化的制度性和约束性特点使高校在日常的教育活动和管理活动中潜移默化地完成对社会主义价值观的有力传播。行为文化是校园文化建设的具体体现，精神文化是校园文化建设的归宿，这些方面都是传播社会主义核心价值观的重要载体。

从研究来看，当前高校校园文化建设在核心价值观的培育和践行中作用发挥不够，存在短视化的实用主义氛围。

通过从对大学生的调查来看，能准确说出核心价值观内容的学生并不多。这一方面说明社会主义核心价值观内容不容易记住，不利于传播；另一方面也说明我们的社会主义核心价值观培育工作做得还远远不够。如果想使一种理念成为工作、生活的指南，那首先需要知晓其内容，理解其含义，并与日常的学习、生活结合起来，否则就是一阵风，吹过之后什么也留不下。

2. 校园文化重要载体作用发挥不够的原因

近年来，随着市场经济的发展，重视现实利益、重视短期效果的实用主义观点在社会上日益盛行，社会心态表现得越来越浮躁。高校作为社会的一部分也难以超然世外，突出表现为短视化的实用主义校园文化盛行。一是轻精神培育重成果显示。表现为从教师到学生都过分追逐学校圈定的可供量化的"成绩"，而对圈外的或是不好量化的一些工作则不愿投入，尽管这些工作对大学生健康成才，对社会主义核心价值观的培育和践行都很重要；二是制度文化建设在突出可操作性的同时却忽略了整体性和长远性，导致制度运行的结果常常和社会主义核心价值观精神相抵触。诟病较多的职称评审制度、工作业绩考评办法等运行过程中导致的弊端对高校育人环境的负面影响就说明了这一问题；三是物质文化建设投入不足，没有把社会主义核心价值观培育与校园物质文化建设有机结合。大学生要牢记社会主义核心价值观的内容，最好的办法就是经常耳闻目睹。如果在校园内以灵活多样，或妙趣横生，或美丽宜人的方式把核心价值观的内容融入其生活的环境之中，不仅能使大学生记得住，而且还能潜移默化地浸润学生的心灵。

校园文化活动既是自发的，也是自觉的，是受社会生活影响也受自我心灵主宰的，是无处不在的，它在今天高等教育中应该发挥重要的作用。只有建设能够充满永恒魅力，能够拨动青年一代心灵的校园文化，才能激发大学生社会主义核心价值观的追求。

（四）校园网络在社会主义核心价值观培育中作用分析

今天，网络化生活已成为当代大学生的常态，当代大学生处在"无人不网""无处不网""无时不网"的生活状态，大学校园"深陷其中"。

1. 校园网络建设现状

当前高校学生使用的网络有两种，经济实力比较强、领导比较重视校园网络建设的高校，已建立起自己高速的校园网络系统，除用于学校管理、教学与科研使用外，还无偿提供给学生使用；而经济实力较差或是领导不太重视的高校，校园网络平台建设往往比较落后，一般仅能满足学校管理、教学与科研使用，学生使用网络需要自掏腰包购买。

校园网络不仅是一个学校的管理服务平台，而且是一个宣传教育平台。高水平的网络硬件条件不仅使学校的管理变得快捷高效，服务师生员工，而且还为高校核心价值观教育提供了一个高效的平台，利用这一平台，高校管理者和教师不仅可以了解学生关心的社会热点、学生动向，还可以进行师生互动讨论，主动宣传引导等。但是，当前除一些少数高校校园网络搞得比较好，在社会主义核心价值观培育中搞得有声有色外，绝大多数校园网络在社会主义核心价值观培育中无法对大学生起到引导的作用。那些校园网络硬件建设落后的高校，面对互联网的影响更成了聋子、瞎子和哑巴，既不能及时了解学生的关注，所思所想，更不能利用网络快速出击，及时引导，因此对学生的了解和管理是被动和滞后的。因此，在"互联网+"时代，高水平的校园网络建设是不可或缺的。

2. 校园网络在社会主义核心价值观培育中面临的挑战

校园网络在社会主义核心价值观教育中面临挑战的原因：一是硬件建设落后，不能适应互联网发展的需要；二是高校缺少一批自愿投身高校社会主义核心价值观培育校园网络建设的人。

校园网络平台的硬件设施只要舍得投入还是相对容易建成的，而最难建设的是形式新颖，对大学生有吸引力，能够承载社会主义核心价值观教育内容的校园网络内容，这是一项需要才华和大量精力投入的工作。这不仅需要一批有才华的高校思想政治工作者愿意投身其中，而且还要有信仰、有道德、敬业爱岗，愿意把它作为一项事业不计所得，倾情投入。因此高校能否发现和培养这样一批人才是校园网络在社会主义核心价值观教育中面临的最大挑战。

（五）社会实践在社会主义核心价值观培育中作用分析

做到"知行统一"是思政课教育追求的最高境界，而社会实践是通向"知行统一"的必由之路。

在亚里士多德的美德论理论中，他所要解决的不是社会中人们应该做什么，不应该做什么，而要解决的是培养人们成为什么性质的人的问题，即对道德主体的关注。亚里士多德把美德分为两类："一类是智慧的美德，它以知识、智慧的形式表现出来，另一类是道德的美德，是以制约情感和欲望的习惯表现出来的。在亚里士多德看来，知识、理智是美德的必要条件，但不是唯一条件，还必须有实际的训练，养成道德习惯，从而形成美德。"[1] 他认为善行是理智美德和道德美德的结合，了解道德的知识只是美德形成的第一步，要最终形成美德还

---

[1] 周中之：《伦理学》，人民出版社2004年版，第46页。

需要道德习惯的形成。

近些年来，思政社会实践课程作为理论联系实际的主要途径，引起了越来越多的重视。一方面实践课程的课时量在不断加大，另一方面社会实践课程的内容也不断在调整和丰富。然而，从调查的结果来看，实践课程开设的效果却不尽如人意。

1. 高校思政实践课程现状

目前高校思政实践课程已经贯穿思政教育的全过程。从大一的《思想道德修养与法律基础》，到大二的《马克思主义基本原理》《中国近现代史纲要》，再到《毛泽东思想与中国特色社会主义理论体系概论》都包括理论和实践两部分内容。而且随着对实践课程重要性认识的加深，实践课程的比重不断加大。思政课是国家教育部直接管理的课程，为了保证两课教育落到实处，对各高校课时有着严格的规定。从调查结果来看，高校思政课的总课时在遵照教育部的要求上不打折扣，但是各高校在理论和实践学时的分配上却相差较大，课时少的占总课时的15%左右，课时多的占总课时的50%左右。在社会实践内容上，除《毛泽东思想与中国特色社会主义理论体系概论》课程有暑期社会实践内容外，其他课程的社会实践内容丰富多样，不尽相同。从课题组对社会实践课程开设情况的调查来看，各高校都在根据自己学校的学时分配多少、学校层次、学生特点进行社会实践课程的内容设置以及实施途径的选择。虽然各高校都在尽其所能开展思政课社会实践活动，也在根据需要对实践内容不断做出调整和丰富，但是从实施效果来看普遍不够理想。存在的主要问题是学生完成社会实践的态度不够认真，真实性水平有待提高，对学生的教育引导作用发挥不够。

2. 高校思政实践课程时效性不强的原因

思政实践课程时效性不强的原因是多方面的，从学生的角度来说，第一，学生对开设实践课程的意义与作用缺乏深刻的认识，主观上导致对本课程的重视程度不够，缺乏认真完成的内在动力，导致存在应付差事的心理和行为，导致多数同学不愿躬行，仅仅满足于不挂科。第二，任课教师核查不严格，通过率较高也是主要原因。从各学校调查结果来看，各门课程的实践成绩主要以上交实践报告为依据，一般情况下，只要上交实践报告都能有及格以上成绩，除非发现两份实践报告雷同或完全一样。即使发现雷同的实践报告，任课教师通行的做法也只是责令重做实践报告，但是此时师生都清楚重做的实践报告只是做了文字上的修改而已。教师核查不严导致学生无所顾忌，应付了事越来越甚。第三，各门思政课沟通不够，实践活动偏多，内容重复。从调查情况来看，各高校思政课的实践内容都很丰富，概括起来主要有精品阅读、公益践行、观影励志、交往体验、热点调研、红色之旅、人物访谈、暑期实践等，有些内容在各门课的教学实践中都有布置。调查发现各门思政课的开设存在各自为政，实践内容不仅偏多，而且有些实践内容重复出现。这一方面导致学生因为时间紧任务重而疲于应付，另一方面重复完成导致没有新鲜感，产生厌烦心理，应付了事。因此，针对思政课实践内容需要总体设计，一则避免学生任务过重，二则避免实践内容重复。第四，学校各级各类社团校园文化活动过多对思政课社会实践形成冲击。调查发现，高校各级各类学生社团普遍存在缺乏沟通、各自为政的情况，导致学生活动过多，尤其涉及学校各院系、各班级的全校性活动，任务重、准备时间长，占用学生大量时间和精力。过多的学生活动，再加上过重的思政课学生实践活动，使学生忙得几乎没有自由支配的时间，疲于应付，在这种情况下，思政实践课程完成的质量就可想而知了。因此，只有学校学生社团活动管理相关人员、思政课老师之间的沟通互动，学校学生各类活动的顶层设计，才能合理安排解决这一问题。第五，思政课老师对于学生社会实践"宽容"的态度也使学生放松了对自己的要求。社会实践是思政课教育的重要环节，活动的"真实性"是对学生的最根本要求，否则纵容学生"虚假"地完成任务不仅与思政课的精神实质背道而驰，而且会影响学生求真务实精神的形成。

四、提高培育和践行社会主义核心价值观实效性的路径探索

习近平总书记高度重视核心价值观问题，他曾经明确指出："对一个民族、一个国家来说，最持久、最深层的力量是全社会共同认可的核心价值观。核心价值观，承载着一个民族、一个国家的精神追求，体现着一个社会评判是非曲直的价值标准。"[1]"人民有信仰，民族有希望，国家有力量。"[2]然而，以往多年高校大学生社会主义核心价值观培育与践行的实际效果并不尽如人意。形成原因涉及从对社会主义核心价值观的观念认识，到培育与践行的决策理念与举措，再到具体实施的每一个环节。因此，既需要宏观上的通盘规划，也需要微观上的举措探索。

（一）培育和践行社会主义核心价值观的过程中存在的认识误区

"知"为"行"的前提和基础，错误的认知必定成为践行的障碍。一直以来，我们在培育和践行社会主义核心价值观的过程中存在一些认识上的误区，影响着践行的深入开展。

1. "24字"的价值观表述不是对社会主义核心价值观的定格

对社会主义核心价值观的认识是一个动态的发展过程，24字的价值观表述并不是对社会主义核心价值观的最终定格。

自2006年10月，党的十六届六中全会通过的《中共中央关于构建社会主义和谐社会若干重大问题的决定》首次提出"建设社会主义核心价值体系"，到2012年11月，党的十八大从国家、社会、公民三个层面，用24个字对社会主义核心价值观作了精练的表述，即"倡导富强、民主、文明、和谐，倡导自由、平等、公正、法治，倡导爱国、

---

[1]《习近平谈治国理政》，外文出版社2014年版，第168页。
[2]《习近平谈治国理政》第2卷，外文出版社2017年版，第323页。

敬业、诚信、友善"。当前，社会上人们对这个社会主义核心价值观存在一个误读，认为执政党把社会主义核心价值观界定为这24个字，已经是凝固化了的。社会上也有人质疑我党的提炼能力，认为24字表述既不如资本主义的核心价值观"自由、平等、博爱"那么简洁，也不如我国封建社会的核心价值观"仁义礼智信"那么易记。那应该如何来认识这一问题呢？

首先，党的十八大报告用的三个"倡导"，意指要朝着这个方向去积极培育和践行社会主义核心价值观，而并不是就永远定格在这24个字上。因此，随着党和人民对社会主义建设规律的认识不断深化，可能以后还会对社会主义核心价值观做出更简练、更鲜明的提炼和表达。

其次，要知道对一个社会规律的认识不是一蹴而就的，因此对其核心价值观的认识也不是一次就能完成的。中国封建社会对"仁义礼智信"这五个字的核心价值观的提炼和概括差不多用了上千年，资本主义国家对其核心价值观的提炼和概括也花了几百年，而中国搞社会主义仅仅60年。我国是1956年建立社会主义基本制度的，其后我们照搬苏联模式，几经挫折。我国真正从中国实际出发，走中国特色的社会主义道路还不到40年。在短短30多年时间，在对社会主义建设规律还没有认识清楚的情况下，就要求把社会主义核心价值观的内涵界定和表述得简洁鲜明是对执政党的苛求。

因此，对社会主义核心价值观的提炼和表达，不会一步到位，还会有一个很长的实践和认识过程，党对社会主义核心价值观的认识和表述是一个动态发展的过程。

2. 社会主义核心价值观不是对中国传统核心价值观的否定

任何一种社会核心价值观的形成都是时代的产物，是具体的、历史的。中国封建社会的"仁义礼智信"核心价值观是在几千年封建家国天下的社会制度下逐渐形成的。然而，今天的中国已经不再是封建社会的家国天下，而是走向现代化、追求实现共同富裕的社会主义国家，因此，时代不同了，社会制度不同了，所倡导的核心价值观也会发生变化。但是，今天我们所倡导的价值观并不是对传统核心价值观的全盘否定，而是在继承传统文化精华的基础上，结合时代发展的特点，对传统核心价值观的继承和发展，是扬弃而非否定。

3. 社会主义核心价值观不是对西方核心价值思想的排斥

核心价值观的历史性、民族性、时代性，决定了资本主义"自由、平等、博爱"的核心价值观也不应该成为强加于他国的所谓"普世价值"。世界上任何事物都是普遍性和特殊性的统一，普遍性寓于特殊性之中，特殊性包含着普遍性。我党今天所倡导的社会主义核心价值观只是适合我们这个国家、这个时代的价值观，我们不会把它作为"普世价值"去向世界推销。同时也不接受西方国家把它们具有特定含义和用意的所谓"普世价值"强加于中国。我党主张世界各国的价值理念都应该交流互鉴，"各美其美，美人之美，美美与共，天下大同"，费孝通的精练概括准确阐明了中华民族对待不同文化价值的理念和心态。

社会主义核心价值观的三个层面也体现了我们党在实践中在一元化指导思想与多元多样多变的社会现实之间良性互动，科学把握和运用了扩容与包容的辩证统一关系，也表明了社会主义核心价值观对西方核心价值思想并非排斥，而是兼容。因为，人类社会对自然现象虽然存在一种普世的认识，但是一旦进入社会历史领域，对普世价值就会有一个主观赋予的特定解释。正如到底是"人权大于主权"，还是"主权大于人权"的东西之争一样，难以有全人类公认的、普世的价值表达。

所以，我不认同的只是一些西方国家强行向我们推销有其特定政治含义和用意而又冠以普世价值名义的东西，不承认在这个文化各异、异彩纷呈的世界上只存在一元化的指导思想却能够应对多元化的社会诉求的观点，但我们不否认在这个世界上确实存在某些具有普世价值的文化认同。所以，我们党和国家在确立核心价值观的指导思想上，把一元化指导与尊重多样化相结合，始终坚持既高扬主旋律，又尊重差异性。

4. 大学生社会主义核心价值观培育不只是一种知识的传授与学习

"大力培育和弘扬社会主义核心价值观，就是推进中国特色社主义伟大事业、实现中华民族伟大复兴中国梦的'铸魂工程',是凝魂聚气、强基固本的'战略工程'。"①

大学生作为社会的精英群体,是未来社会的建设者,承载着国家和民族的希望,大学生的核心价值观选择直接关系到国家发展的方向,关系到国家和民族的未来。对大学生社会主义核心价值观培育,首先要解决认知的问题,使它们不仅要知其然,更要知其所以然。需要通过教师的解析,为他们提供充分的理由,使学生不仅知晓而且愿意接受这一价值观。但是,社会主义核心价值观知识的传授与学习只是大学生价值观培育的第一步,使大学生认同且自觉接受并内化为自身行动的指南才是大学生社会主义核心价值观培育的最终目标。因此大学生社会主义核心价值观培育不仅需要知识的传授与学习,需要课外活动中的润物无声,更需要落细、落小、落实,体现在大学生日常生活中的方方面面。因此,这是一个需要高校领导顶层设计的,涉及大学生活全方位的系统工程。

5. 大学生社会主义核心价值观培育不是"一阵风"的政治教育

每个时代有每个时代的精神,每个时代有每个时代的核心价值观念。习近平指出:"人类社会的发展表明,对一个民族、一个国家来说,最持久、最深层次的力量是全社会共同认可的核心价值观。"② 国有四维,礼义廉耻,"四维不张,国乃灭亡"。这一核心价值贯穿我国封建社会的发展进程。因而,在当代中国我们坚守的核心价值观是在承继历史、适应现在和开拓未来的过程中形成的,大学生社会主义核心价值观培育是对青年知识分子精神世界的塑造,绝不是"一阵风"的政治教育。

6. 大学生社会主义核心价值观培育不是必须以社会风气的转变为前提

在社会主义核心价值观的培育过程中,市场经济对社会主义核心

---

① 《习近平谈治国理政》,外文出版社 2014 年版,第 163 页。
② 同上。

价值观的培育，虽然有积极的一面，但是其消极一面的影响是显而易见。市场经济的趋利性强化了人们利益至上的意识，导致越来越多的人由关注社会价值的"社会人"变成关注经济价值的"经济人"。在自由化的市场中，市场经济就像一只"看不见的手"驱使人们追求功利和迷恋金钱，利益优先吞没了社会道义，能否拥有金钱成为一部分人衡量人们成功与否的最重要标志。对利益的片面追求还可能导致更为严重的后果，那就是经济运行规则泛化到社会生活的一切领域，导致社会生活被利益关系所覆盖，一切人际关系、社会关系都被看作金钱利益关系，并由此产生利益最大化原则与伦理道德观念的激烈冲突。

从调查结果来看，大学生对这种以经济利益为主导的社会风气评价较低，对在这种社会风气下进行社会主义核心价值观培育的效果信心明显不足，一些人存在悲观情绪。从访谈情况来看，这种悲观情绪在社会各个阶层中都有一定存在。

事实上，也正是因为市场经济负面效应导致的不良社会风气的存在，才愈加凸显出我们进行社会主义核心价值观教育的必要性和紧迫性。好的社会风气不是等待来的，而需要主动出击，在正确的价值观念指导下，运用道德引导力量和法制的约束力量来建设。

综上所述，"知"为"行"的"定向器"与"发动机"，作为各层级各环节的教育工作者，如果对这些问题存在认识误区，就容易在决策上存在方向错误，在实施上也会出现动力不足的问题。因此，捋清思路，统一认识，增强理论自信是社会主义核心价值观培育与践行的第一步。

（二）系统化设计与实施是提高高校"铸魂"工程实效性的关键

高校培育与践行社会主义核心价值观是一个系统工程，古语有"纲举目张"，系统化设计与实施就是"纲"。如果缺少一盘棋的宏观统领，那么在培育与践行的各环节中各部门必然会各自为政，在实施中就可能出现"以子之矛攻子之盾"，或是盲人摸象式的以偏概全。

1. 高校"铸魂"工程需要系统化设计与实施的原因

（1）一元主导与多元包容的价值观培育要求实现系统化设计与实施

2006年10月，十六届六中全会第一次明确提出了"建设社会主义核心价值体系"的构想，此后随着对社会主义核心价值体系认识的不断深入，2012年党的十八大对社会主义核心价值体系进行了提炼，提出了"富强、民主、文明、和谐；自由、平等、公正、法治；爱国、敬业、诚信、友善"的社会主义核心价值观。这一价值观是中国共产党在经济体制变革、社会结构变动、利益格局调整、思想观念变化的社会大背景下，有效整合社会意识，把党和国家一元化指导思想与多元价值、多元利益诉求中的合理成分相结合，使其在一元主导的基础上更具社会包容性，成为具有广泛社会基础的核心价值观，成为指引我国社会前进方向的精神旗帜和凝聚社会共识的精神力量。

当前，随着我国改革开放的不断深入，中西文化相互激荡愈益突出，来自各方面的矛盾和阻力也越来越大。在这一过程中，必须高度重视社会主义核心价值观的培育，"把培育和弘扬社会主义核心价值观作为凝魂聚气、强基固本的基础工程"。[①] 高校是青年才俊走上社会的最后一站，在这里，这些人不仅要学习专门技能，而且要逐渐形成自己的人生价值观。然而，高校不是世外桃源，它是社会的一部分，社会的善恶美丑不可避免地会映射到高校。因此，在纷繁复杂的社会现实面前，要完成好为大学生"铸魂"的重任，需要高校能够乱中取静，努力营造符合大学生成长需要的教育环境，这一环境不仅涉及大学生的学习、生活、实践、交往与娱乐，也涉及教师的生活、工作与发展，更涉及高校的管理理念、管理制度与管理机制。可见，高校大学生"铸魂"工程不是哪一个环节、哪一个部门可以独立完成的，需要自上而下，领导主抓，总体设计，全员参与，构建一个上有清晰的顶层设计，下有广大师生广泛参与的核心价值观系统教育工程。

[①]《习近平谈治国理政》，外文出版社2014年版，第163页。

（2）开放性、立体性培育环境要求实现系统化设计与实施

今天大学生社会主义核心价值观培育不是封闭的、孤立的教育环境，而是一个开放的、多维的、立体的、相互联系的培育环境。

传统的价值观培育主要依托思想政治理论课主渠道、日常思想政治教育主阵地以及校园文化重要载体三种主要途径。思政课教师负责传授理论知识；学生管理部门，班主任、辅导员等负责大学生社团活动、日常的思政教育以及校园制度文化建设；后勤部门负责校园的物质文化建设。主渠道、主阵地与校园文化组成大学生价值观建设的"海陆空"大军。但是，此时学生的信息来源主要是课堂、广播、报纸、书籍、电视等，学生获取信息的速度比较缓慢，信息沟通相对较少。负责学生思政教育的"海陆空"大军基本上是独立作战，各负其责，各管一段。

然而，今天大学生社会主义核心价值观的培育环境已经发生了深刻变化，培育环境不再是孤立的、闭塞的，而是开放、多维、立体和相互影响的。如果把以前的大学生价值观培育的途径称为"海陆空"，那么今天就是"海陆空天"。互联网的广泛运用，使全球化经济、多元化文化、多元化政治冲击着大学生的意识形态。这对于大学生来讲既有积极的意义，也有消极的影响。积极方面是开阔了眼界，丰富了知识，消极方面则是由于其思想理论知识欠缺，社会经验不足，分辨能力有限，在铺天盖地的信息面前容易出现迷茫甚至被误导，给学生发展带来消极影响。

因此，今天开放的、立体的价值观培育环境要求思政课主渠道、日常思政教育主阵地、校园文化重要载体以及校园网络平台打破各自为政的局面，树立核心价值观培育一盘棋的整体意识，自上而下实现系统化设计与实施。

（3）对培育效果的时时监控需要实现系统化设计与实施

梁启超曾说："今日之责任不在他人，而全在我少年，少年强则

中国强。"① 大学生是社会的精英力量，关系到国家的未来和希望，因此，大学生社会主义核心价值观培育与践行不能搞花架子，做表面文章，而应注重建设的实效性。这就需要高校建立起行之有效的核心价值观培育监控系统，时时了解和掌握高校培育和践行社会主义核心价值观的效果，及时发现问题，分析原因，并探索解决的途径。要实现这一目标，只靠哪一个部门是无法完成的，需要以学生为本，由主管领导负责，各部门联动，通过自上而下的整体设计，以及自下而上的操作调整，实现对社会主义核心价值观培育效果的时时管控。

2. 高校"铸魂"工程系统化设计与实施缺失的具体体现及其影响

当前，在高校社会主义价值观培育与践行过程中，系统化设计与实施普遍缺失，常常使得高校教育各项工作的开展处于相互矛盾状态。

（1）系统化设计与实施的缺失使高校各项工作的开展呈现碎片化

缺少系统化设计与实施，使高校教育工作缺少社会主义核心价值观的统领而呈现碎片化。

高校所有的工作概括起来不外乎两项：塑造灵魂和培养能力。其中塑造灵魂是一个涉及高校各个环节工作的系统工程。"大学之道在明明德，在亲民，在止于至善。"② 要实现此目标，除老师的教育引导外，还需要生活的感悟、实践的磨炼和环境的熏陶。对于大学生来说，大学生活的点点滴滴都影响着其对核心价值观的领悟和形成。高校社会主义核心价值观的培育和践行渗透于高校管理、教学、实践、生活之中，甚至渗透于学校的一砖一瓦、一花一草之中。其中任何一个环节，任何一个侧面的疏漏都可能成为核心价值观培育过程中的负能量，产生副作用。因此，要创造一个完善的育人环境，需要高校所有工作以社会主义核心价值观为高校工作之魂，以它来统领高校的各项工作。

缺乏核心价值观统领的碎片化的管理模式导致部门利益至上，缺乏整体观念的弊端。高校工作是一个整体，育人工作相互联系，每一

---

① 梁启超：《少年中国说》，吉林出版集团2015年版，第1页。
② 陈戍国点校：《四书五经·大学》，岳麓书社2002年版，第1页。

个部门的每一项工作都是高校育人工作的一部分，因此，需要有一个灵魂来统领，这个灵魂就是社会主义核心价值观。无论是教育战线上的管理工作者、教师还是服务人员都是教育战车上的一个零件，都承担着培育大学生社会主义核心价值观的重任，因此，所有环节的工作都必须围绕"育人"来进行。凡是与培育大学生社会主义核心价值观相悖的理念、制度、措施、环境等都要去改变，唯有如此，才能保证高校的所有工作围绕育人这个中心，员工才能自觉把自己的工作看成学校育人工作的一部分，高校管理部门在规章制度制定时也才能更加关注各项工作、各个部门之间的关系以及相互影响，使各项教育工作的开展不再是碎片化的行为，这样，才能把大学生社会主义核心价值观培育与践行落到实处。

（2）系统化设计与实施的缺失使高校制定一些政策时常常陷入功利化的泥淖

缺少系统化设计与实施，使高校政策的制定常常缺乏长远性考虑，功利化考虑明显，导致在执行过程中出现与社会主义核心价值观精神相悖的结果。

功利化管理理念最大的弊端就是使高校管理理念和政策实施丧失了对大学内在价值精神和终极目标的关注和追求。目前，表现最突出也是遭受诟病最多的就是高校实行的科研业绩考评体系和职称评聘体系，导致教师把主要精力用在了申报和完成各类科研课题上，注重短平快，注重所谓"显性成果"，一定程度上忽视了综合的、缓慢的、长期的、潜移默化的传道授业过程，而后者恰恰是培育核心价值观的关键所在。这在一定程度上导致了科研与核心价值观培育的脱节。主要表现在：一是科研成了衡量工作业绩和晋升职称的最有含金量的标准。各种以科研排名为导向的高校评比使高校的管理者都纷纷制订本单位的科研目标，甚至出台政策把获取科研资金的多少作为衡量科研业绩的主要标准，这使高校各院系领导和普通老师背负着沉重的科研负担。在高校职称评审中，唯一能拉开分数的项目也是完成课题级别和数量。高校教师们或是为了完成任务，或是为自己晋升职称增添砝码，不得不把主要精力用于科研，而读书备课只能趋于应付，了解学生、关心学生更是无从谈起。当教师们意识到只有科研才能给他们带来名利双收时，在观念里上课就成了不得不完成的任务。上课就开讲，下课就走人，不愿意在与学生的沟通交流上浪费更多的时间，这种状况名牌高校更严重。虽然，教师们知道应把主要精力放在教书育人上，但是又有多少教师愿意为此而牺牲自己的前途呢？毕竟这不仅关乎个人利益，还关乎个人荣誉。二是高校科研腐败，学术不端时有发生，恶化了育人环境。近几年来，从国家级项目、省部级项目再到市厅级项目，虽然项目数量逐年增加，但相对于有需要的庞大的教师人群依然是僧多粥少，于是科研"寻租"应运而生。为了拿到项目挖空心思，又跑又送；为了尽快结题，托人花钱发表论文。一段时间以来，各级学术项目主管部门、学术刊物发行单位等曾经的"清水衙门"充斥着权力、名誉、金钱和物质，变成了污浊不堪的"名利场"。代发论文、代写论文的中介掮客遍布网络，形成了一个庞大的产业，似乎只要舍得花钱，一切皆可搞定。面对这些不正常的"常态"，教师们早已习以为常，但是如果一个教师都已经习惯了抄袭造假走捷径，他还怎么可能理直气壮地要求学生不这样去做呢？因此，当一个政策的实施逼得绝大多数从业者都"不务正业"和"不走寻常路"时，那这个政策的合理性就值得怀疑了。而一旦高校育人者本身的"灵魂"都布满暗尘，那就难以完成为大学生"铸魂"的重任了。

（3）系统化设计与实施的缺失使高校校园文化建设在核心价值观的培育和践行中充斥着短视化的实用主义氛围

高校社会主义核心价值观的培育不间断地慢滴浸润，需要系统化设计与实施。短期的运动式的学习教育活动就只能做到水过地皮湿，很难使社会主义核心价值观培育与践行入脑、入心并自觉践行，难以形成持久的影响。

如果想使一种理念成为工作、生活的指南，那首先需要知晓其内容，理解其含义，并与日常的学习、生活结合起来，否则就是一阵风。

校园文化建设主要包括校园精神文化建设、制度文化建设和物质文化建设三个方面。近年来，随着市场经济的发展，重视现实利益、重视短期效果的实用主义观点在社会中日益盛行，社会心态表现得越来越浮躁。高校作为社会的一部分也难以超然世外，突出表现为短视化的实用主义校园文化盛行。一是轻精神培育重成果显示。表现为从教师到学生都过分追逐学校圈定的可供量化的"成绩"，而对圈外的或是不好量化的一些工作则不愿投入，尽管这些工作对大学生健康成才、对社会主义核心价值观的培育和践行都很重要；二是制度文化建设在突出可操作性的同时却忽略了整体性和长远性，导致制度运行的结果常常和社会主义核心价值观精神相抵触。诟病较多的职称评审制度、工作业绩考评办法等运行过程中导致的弊端对高校育人环境的负面影响就说明了这一问题；三是物质文化建设投入不足，没有把社会主义核心价值观培育与校园物质文化建设有机结合。大学生要牢记社会主义核心价值观的内容，最好的办法就是经常做到耳闻目睹。如果在校园内以灵活多样，或妙趣横生，或美丽宜人的方式把核心价值观的内容融入其生活的环境之中，不仅能使大学生记得住，而且还能潜移默化地浸润学生的心灵。

总之，对大学生进行社会主义核心价值观培育与践行需要顶层设计整体实施，实现社会主义核心价值观培育与践行的日常化、具体化、形象化、生活化，让学生看得见、摸得着、感受得到。不仅要使社会主义核心价值观一改板起面孔训人的严肃形象，变得通俗和亲切，而且还要让社会主义核心价值观与学生生活深度融合，内化为学生的思想观念，外化为学生的生活方式。

3. 系统化设计与实施需要处理好的四个关系

高校大学生社会主义核心价值观培育与践行工程，需要上至教育主管部门下至普通教师明确目标，相互配合，任何一个环节的疏漏都会成为培育与践行过程中的负能量。概括起来，这一过程需要处理好四个方面的关系。

（1）处理好根本目标和具体目标之间的关系

高校大学生社会主义核心价值观培育与践行是大学生的铸魂工程，

也是高校教育要实现的根本目标。但这个根本目标的实现不只是要求大学生把内容背下来就完成任务了，而是需要大学生把这些观念融化到血液中，体现在行动上。这就需要把这一根本目标的实现分解到具体的阶段性目标中，在每一个具体目标实现的过程中，促进大学生增长才干，提高思想和道德素质。

根本目标和具体目标之间的关系要求二者之间必须并行不悖，无论是教育主管部门还是高校管理部门，都要对每一阶段的具体目标的制定与实施结果时时监控，一旦具体目标的实现过程中出现有损高校社会主义核心价值观培育与践行的现象，无论这一具体目标针对的是教育管理者、教师还是学生，都需要及时做出调整。

（2）处理好全局利益与局部利益之间的关系

不同的价值观选择说到底就是如何处理利益关系的分配问题，这也是个人与社会之间、局部与全局之间、自己与他人之间矛盾产生的根本原因。

高校大学生社会主义核心价值观培育与践行需要一个风清气正、健康和谐的教育环境。这就需要上至教育主管部门，下至普通老师都要自觉树立大局意识，摒弃本位主义，一切以全局利益为重，放弃固守部门利益的狭隘行为。

只有通过政策调整完善制度，处理好全局利益与局部利益的关系，才能从根本上解决广大教师职称晋升中存在的"拉关系、走后门"的现象，才能平衡教师心态，才能使广大教师的科研论文发表不再以付出了智慧还要付出工资，付出了辛苦还要付出尊严为代价，否则这种局面的持续存在和发展必然消解高校社会主义核心价值观培育与践行的效果。总之，只有以社会主义核心价值观统领高校工作，实行自上而下系统化设计与实施，才能处理好全局利益与局部利益之间的关系，彻底解决教育领域存在多年的顽疾，为大学生建设一个风清气正的校园环境。

（3）处理好教育者和被教育者之间的关系

尊师爱生师生关系是教育者完成好"传道、授业、解惑"任务的前提条件，尊师爱生师生关系的建立需要在高校的规章制度中摆正老师和学生的位置。

近年来，"一切为了学生，为了学生的一切，为了一切学生"教育理念广为传播，耳熟能详，但这一理念需要立足学生的长远发展，立足学生的素质提高。如果为了提高及格率、毕业率而牺牲课程的严肃性和老师的尊严来迁就学生；为了突出学生的主体性而容忍学生在课堂上恣意妄为，无视老师的存在；为了获得学生评教高分而极力讨好学生；教师教育、校园服务则把"市场规则"放在首位，考虑的不是学生发展，而是有无回报。凡此种种，教育者和被教育者正常的师生关系就被扭曲了。

良好的师生关系需要以师生之间充满友情与亲情、感恩与回报的师生情感为基础，如果师生之间感情基础越来越淡，利益约束越来越多，那么，师生二者随时都可能因为利益天平的倾斜而心理失衡，产生各种各样的不可调和的矛盾。因此，无论从教育理念上还是从制度设计上都要努力维护以情感维系为基础的师生关系，摒弃以利益为基础的师生关系，使"尊师爱生"成为一种习惯，一种常态。

（4）处理好高校管理者和教师之间的关系

高校管理者和教师之间应该是服务和被服务的关系，有时也被称为"坐凳子"和"搬凳子"的关系，而非管理和被管理的关系。二者关系的错位不仅会影响其关系的和谐，而且会直接影响教育活动的顺利进行。长期以来，中国文化中的官本位思想深刻影响着中国高校的管理工作，突出表现为管理职位的行政化、职责服务的权力化、管理心理的优越化、利益关系的网络化。

多年以来，身处高校教育教学活动主体与核心地位的教师承受着巨大的心理压力，教师在完成繁重的教学任务的同时，还必须完成各类科研项目。教学与科研的双重压力，导致教师们学期忙教学、假期忙科研的生活模式成为一种常态。在职称晋升竞争中，不仅要承受异常激烈的竞争压力，往往还要承受过程中某些不公带来的心理冲击。为了晋升职称，教师们不仅要夙兴夜寐报课题，寻找关系立项目，耗尽心血做课题，甚至还要花钱发文章。其结果往往是力没少出，钱没少花，文章没少写，成果发表了却没人看，形同"封存"，渐成故纸。社会效果多数无从谈起，对社会主义核心价值观的培育没有帮助。

正常来讲，高校教师的科研活动一定是教学过程中的所思、所想、所悟，是有感而发，而为了科研而科研，就抽掉了科研的思想和情感灵魂，成了没有色彩的文字游戏。加之在课题经费管理中仅仅重视课题的有形花费，却忽视教师研究过程中脑力和体力的付出，导致教师投入与产出不成比例。在这种长期缺乏人文关怀的管理制度中，教师的身心遭受极大压力。

清华大学校长梅贻琦先生曾说：所谓大学者，非谓有大楼之谓也，有大师之谓也。高校大师的塑造需要轻松的教学与科研环境，需要教师有发自内心的家国情怀，有对教育事业的热爱，需要有十年磨一剑的韧劲，而这一切只有在良好和谐的高校管理者和被管理者关系中才能形成。只有高校广大教师真切感觉到被重视、被尊重、被服务，教学上可以放下更多的担心，科研上源于一种内心的渴望而不是被强迫时，高校才可能诞生更多的大师。

综上所述，处理好高校教育教学活动中的各类关系，需要社会主义核心价值观的统领，需要自上而下系统化设计与实施，需要打破"常规"，深化教育改革，唯有如此，才可能实现中国高等教育的质的改变与发展。

（三）继承与创新相结合，探索与完善"铸魂"工程实施的有效方式

1. 系统设计法——强化顶层的领导力

高校培育与践行社会主义核心价值观是一个系统工程，从培养方案的制定、教学环节的完成、管理环节的实施，再到后勤服务的运行，各个环节既相对独立，又相互联系。各个环节需要相互合作，相互促进，而不能相互掣肘。就是说，无论是学校的哪个环节、哪个单位、哪个员工都需要心往一处想，劲往一处使，"铸魂"工程最终才能取得良好的效果。因此，强化顶层的领导力，对高校培育与践行社会主义核心价值观进行总体设计与领导，势在必行。

（1）高校党委是大学生"铸魂"工程的设计者和领导者

大学生社会主义核心价值观的培育与践行，涉及高校各机构，渗透到教育教学的各个方面，这不仅是教务、宣传、学工等部门的事情，更是高校党委和行政的共同责任。在高校培育与践行社会主义核心价值观过程中，最具伤害性的是，高校党委和行政领导仅仅是把高校培育与践行社会主义核心价值观当成开会讲话时不得不说的时代用语，当成会议文件的点缀，只是宣传归宣传，从来没有想过如何把它落到实处。因此，高校领导真正把它提到高校"铸魂"工程的高度，只有自上而下，贯穿始终，才能保证每一个运作细节与培养理念的一致，保证校内各机构、各环节能够相互配合，不会各自为政，相互矛盾，相互掣肘。

（2）校内各机构目标一致，分工协作，齐抓共管

校宣传部、学工部、团委等部门要在校党委的领导下，履行好组织协调、加强对重点工作的谋划和督导的职责。校教务处、两课主管部门抓好思想政治理论课教师的评聘、培养，思想政治理论课教学质量的提高等工作。保卫处、后勤处等职能部门，要做好服务工作，密切配合党委各部门的安排，把"培养大学生具有社会主义核心价值观"这一总目标融入各自工作中，形成合力，确保落实。

（3）化理念为具体行为规范，建章立制，激励约束

学校的规章制度对大学生培育和践行社会主义核心价值观具有明确的导向作用。高校以国家法律法规为依据，结合学校的实际情况，制定高校的规章制度，不断修改和完善大学生行为规范。并且依据制度规范，该奖励的奖励，该惩罚的惩罚，形成崇德向善、见贤思齐的校园氛围。

（4）变短期行为为长期关注，统筹安排、贯穿始终

一方面，从横向来说，就是把大学生"铸魂"工程贯穿到校内各部门的工作中去，把教书育人、管理育人和服务育人结合起来。从学校工作的不同层面、不同角度，来推进"铸魂"工程。从纵向来说，

就是把大学生的"铸魂"工程,贯穿到大学生活的始终,从入学进校门到毕业出校门,做到培育、践行不间断。

(5)及时反馈与修正,始终保持上下同心,目标一致

"铸魂"工程是一个系统工程,不可能一蹴而就,需要一步一个脚印地向前推进。在这期间,由于高校员工的思想觉悟和认知水平参差不齐,难免会出现有悖于高校"铸魂"工程的各种问题。如果没有一个畅通的反馈渠道,这些问题不能及时发现和解决而作为一种负能量长期存在,久而久之,必然伤害到高校"铸魂"工程的实施。

古语有"纲举目张",系统化设计需要抓住"铸魂"工程的牛鼻子,提纲挈领,统领全局,建立健全培育和践行的工作机制,各个单位、各个环节目标明确,彼此相互配合,形成推进合力,推动"铸魂"工程的实施。

2. 理论阐释法——提升学生的辨识力

理论阐释法就是教师提出理论观点,通过符合逻辑的理论分析,辅以实践事例作为佐证,来阐述观点的正确性,以引导大学生世界观、人生观的形成。大学生处于世界观、人生观形成但还未最终成熟的时期,由于其社会经验缺乏、理论水平不高,容易受到周围环境的影响,因此高校通过课堂理论阐释法向大学生进行正确的世界观、人生观教育,就是为了提高大学生的社会辨识能力。

高校思想政治理论课不同于自然科学类课程,它关注的不是"是什么"的问题,而是"怎么样"的问题,大学生学习的不是必然结果,而是价值判断。并且这一价值判断的学习,不是在不染点墨的白纸上,而是在经过了20年左右的家庭和学校教育描摹的思想上进行的,因此,对于思政老师讲授的内容是否接受,不仅要看讲授内容是否契合了大学生的心理需要,还要看讲授观点是否令大学生认同,甚至心悦诚服。通过调查发现,国内大学的思想政治类课程的授课受欢迎程度普遍不高,其根本原因不是课的问题,而是人的问题。授课内容令人感到乏味的不受欢迎,而一些既有理论深度,又结合社会实际,表述清晰富有感染力的课却受到欢迎。从调查来看,令人乏味的课一

般表现为"口号式"讲课，不仅缺乏令人信服的理论分析，而且缺乏与实际有血有肉的联系，更缺乏与现实、学生的针对性，不仅缺乏说服力，而且更缺乏趣味性。运用理论阐释法来提升学生的辨识力需要注意以下三个方面。

首先，思想政治理论课教师群体是优秀人才的集结地，不是转岗人员的收纳场。优秀的思想政治理论课教师不仅需要扎实的理论功底、广博的知识和丰富的社会经验，还需要良好的语言表达能力。然而，在高校教师队伍中，却存在思想政治理论课是"广场舞"，不需要专业训练，谁都可以蹦跶几下的误区，因此在高校的受重视程度不高。在高校人才培养中，也由于认为"思政"专业的学习内容比较空，就业面比较窄，而成为分数不够高只能退而求其次同学的无奈选择。正是因为优秀教师的缺乏使思想政治理论课教学缺乏吸引力。反之，吸引力的缺乏又影响思想政治理论课的声誉，影响到对优秀人才的吸引。

其次，思想政治理论课新教师需要培训上岗，老教师需要不断学习充电，总结经验教训。教授专业技能课程的新教师，只要能照着教材，把问题讲清楚，一般都能得到学生的接受，但是思想政治理论课新教师却不行。这是因为专业技能对学生来说一般没接触过，是新东西，而思想政治理论课的内容在多年学习过程中都有接触，对大学生来讲已不新鲜。因此，如果思想政治理论课教师讲不出深度、广度，语言上又没有感染力，课堂自然就没有吸引力了。

一个优秀的思想政治理论课需要避免三个方面的问题，一是以所谓的"贴近学生，贴近生活"为目的，教学无分析、无归纳，不讲理论深度，只是罗列一些生活事例，甚至为了迎合学生，使教学内容低俗化的世俗化教学；二是只重视理论的系统性和整体性，教师陶醉于理论的推导，而忽略了课堂上与学生的交流及学生的反馈，你讲你的，我干我的，师生互不交流的自我陶醉型教学；三是缺乏扎实的理论功底，不能做到融会贯通，灵活运用，在教学过程中，往往会陷入思维混乱的糊涂型教学。一个优秀的思想政治理论课教师不仅需要良好的智力水平，而且还需要多年工作的磨炼。

最后，领会思政教育的核心，掌握更多的讲课技巧，重视发挥大学生的主体性。思政教育的核心是"立人"，是培养大学生健全的人格。但是这需要有一个前提条件，那就是"反应"。只有学生听进去了，而且能够和自己的观念有碰撞，有反应，师生之间有交流，教师的教学才能起到作用。

大学生已处于青年中期，心智上趋于成熟，独立意识、成人意识越来越强，且经过近20年的生活及学习，已经具备了较丰富的生活经验和知识积累，所以大学生对思想政治理论课的学习已不满足于被动地接受，他们已经有了自己的分析、判断和选择。因此重视大学生的主体性，在师生的互动中通过引导而不是灌输，鼓励学生自己去思考、分析、寻找答案，既是一个学习的过程也是一个自我教育、内化的过程。由学生主导的讨论、辩论、演讲、情景模拟等活动是一些学生主题性发挥的不错的尝试，但是大班教学给这些活动的开展带来了一些困难。要解决这一难题，就要发挥学生的主体作用，让学生唱主角。活动由学生来组织、实施，由老师来检查、评说。活动时间就要由课上改为课下，活动规模要由大班改为小班。这样一来就需要任课教师付出更多的时间、精力、心血和爱心，这也是对师德的一个考验。

3. 情感熏陶法——激发学生的感受力

一个人道德品质的形成需要经过道德认知、道德情感、道德意志和道德行为四个环节，其中，道德情感是把道德认知内化为道德意志和道德行为的桥梁。

鲁迅认为教育是立人，陶行知认为教育是生活，意大利作家亚米契斯认为教育是爱。虽然不同的人对于教育的真谛有着不同的理解，但是有一点是相同的，那就是成功的教育都不能缺少情感。大学生世界观、人生观的形成除了理智上的认同外，还需要通过情感上的共鸣以及行为上的践行来完成内化，这是一个循序渐进熏陶养成的过程。高校培育大学生道德情感的途径主要有三个方面。

首先，以知育情，即通过教师课上知识的讲授和课下与学生的交流来培育道德情感。这不仅要求教师理论阐释有说服力，观点鲜明，表现出强烈的理论自信，而且需要教师在阐释过程中声情并茂地来感染学生。此外，还需要教师以德为先，公道正派，以身作则，以德学双馨的魅力来影响大学生。要实现这一目标，就必须加强思想政治理论课师资队伍建设，不仅要对思想政治理论课教师提出高要求，而且要通过一些措施来提高思想政治理论课教师的社会认可度和自身的获得感，以此把社会优秀的人才吸引到这一工作中来。

其次，以行育情，通过实施有效的校规校纪和开展一系列的校园文化活动来培育道德情感。校园规章制度明确地规范着大学生的日常行为，引导着大学生的价值选择，它不仅影响面广，影响时间长，而且有些内容影响力度也非常大。因此，学校规章制度的出台，要慎重，要严肃，要有可操作性，需要广泛征求意见，既要体现严明执纪，又要以生为本，以有利于学生的健康成长为依归。而管理部门的拍脑袋决策，朝令夕改，或是有令不行，有禁不止，或是因人而异，都是对大学生道德情感培育的伤害。

大学生作为充满活力的年轻群体，多种多样的校园文化活动是大学生丰富生活，展示自我，陶冶情操，培育情感的有效途径。因此，学工部门应加强对学生社团的引导、支持和监督，帮助他们举办更多、更好的充满正能量的校园文化活动，以行育情，激发大学生的道德感受力，陶冶道德情操。

以行育情，还应建立学生综合动态考核系统，发挥核心价值观的导向作用。日常行为规范的养成，是道德情感积淀的重要途径。而习惯的养成离不开有效的制度约束，尤其是考核制度的约束，因为考核制度起着一个导向的作用。

最后，以境育情，通过营造友爱、和谐、优美的校园环境潜移默化地促进大学生道德情感的形成。营造良好的校园育人环境，使学生置身其中，感受人情、陶冶性情、养成良好习惯，这被教育家称为"泡菜原理"。这一育人环境既包括硬件环境也包括软件环境。

硬件建设主要是加强校园的设施建设。教学设施运行良好，能很好地服务于教学；校园休闲环境整洁美观，使学生徜徉其中，愉悦身心，陶冶情操；将以核心价值观为主题的文字、绘画、雕塑、景观等作品融入校园环境中，独具匠心，与整体环境协调一致，使学生徜徉其中，既感受到环境的美好，又在不知不觉中受到了教育；建设强大的主旋律网络系统，适应大学生网络依赖的特点，加强校园网络建设，通过新闻转播、实事辩论、问题讨论、现象曝光、事迹宣传等，使大学生在不知不觉中接受社会主义核心价值观建设。

软件建设主要是校园人际关系的建设，这既包括师生关系建设，也包括学生关系建设。"尊师爱生"是良好的师生关系的体现，一方面要加强师德建设，实行师德问题一票否决制，学校各项工作均应体现以生为本，强调"为了学生的一切，为了一切的学生"。另一方面也要加强学生的法纪规范及礼仪知识教育，对于个别学生损害教师形象、利益的言行要有理、有力、及时地处理，以维护教师的形象与权威。"友爱进步"是良好学生关系的体现，一方面要强调同学之间的团结友爱，树立集体观念；另一方面要互相勉励，共同进步。良好学生关系的形成需要发挥学生社团组织和班委会的作用，学工部门应加强与学生的沟通与引导，重视对学生个案问题的解决，以点带面，协助大学生建立良好的同学关系。总之，在良好的校园成长环境浸润熏陶下，大学生不断完成核心价值观的内化，形成道德情感。

4. 实践磨砺法——提高学生的领悟力

俗话说，读万卷书还要行万里路。大学是大学生专业知识的学习期、专业能力的形成期，也是走上社会的过渡期。经过十多年不间断的学习，大学生已经有了较为丰厚的知识积累，这其中既有通用知识也有专业知识。然而，要使这些知识转化为能力还需要实践的磨炼，需要理论与实践相结合。陆游在《冬夜读书示子书》中说，"古人学问无遗力，少壮工夫老始成"，然而，只有踏踏实实地刻苦努力还不够，"纸上得来终觉浅，绝知此事要躬行"，在实践中去运用知识，才能深刻地理解知识，久而久之才能提高自身的领悟力。

社会主义核心价值观的形成建立在对社会主义核心价值理论体系

学习、了解、认同的基础之上，对每一个阶段的学习内容都需要结合社会实际，只坐在教室里听老师讲一讲难以对理论有深刻的领悟。

当前在思想政治理论课教学中，教育主管部门还是意识到了理论与实践的结合的重要性，也安排了一定比例的实践学时。然而在各学校具体的操作过程中却存在一些明显的问题。一是缺少实践经费，一些需要经费的实地参观、调研、教育无法实现；二是过度的安全意识，限制了学生走出校门。学校强调保护学生的安全是必要的，但是不能因噎废食。如果因为担心组织学生走出校门出现意外而承担责任就把学生圈在学校内，那就使学生失去了接触社会、了解社会的机会，失去了自我锻炼的机会，也失去了对学习理论领悟提高的机会；三是重实践记录，轻实践质量。当前的实践课程安排、检查评定基本上都是思想政治理论课教师完成的，社会实践的内容一般也安排3—4个内容。由于思想政治理论课一般都是大班授课，理论课的学时安排也非常紧张，因此学生社会实践基本上都是课下完成，至于完成的效果如何也只能由教师依据学生上交的实习报告做出判断。由于学生人数众多，实践内容又比较多，对实践的真实性一一查证不太现实，加之有些教师对此事缺乏认真负责的态度，基本上只要不是明显的抄袭就算过关了。因此，社会实践的质量也就大打折扣，所起的作用也就有限了。

要解决大学生社会实践中存在问题，真正发挥其作用，就需要在两个方面下功夫。一是重视。上至学校主管领导，下至任课教师，真正认识到大学生社会实践对"铸魂"工程所起的作用，对每一个实践项目都要认真讨论设计，从实践所要达到的目的到可完成性，一旦确定就要严格完成。二是认真。首先是学校主管领导要认真，对这一工作要有要求，有落实，有检查。其次是教师认真，按照要求检查、评判，对于弄虚作假者要求一律返工，重新完成。只有这样，才能把大学生社会实践落到实处。

5. 自我教育法——增强学生的管控力

大学生一般都是年龄在18岁以上的年轻人，无论是生理还是心理都在走向成熟。此时，大学生的自我意识越来越强，他们渴望自由、自主、自立，渴望体验到自我价值、自我存在感，对漠视他们存在的命令式管理、灌输式教育非常反感。大学阶段也是他们走向社会的过渡期，此时培养大学生自我管理、自我约束、自我教育能力不但是非常必要的而且也是可能的。

自我教育法就是通过大学生各类社团组织、班委会来组织管理学生、引导带动学生开展自我教育，以便使同学们在相互影响、相互学习中提高学生自我管控的能力，为将来走上社会打下良好的基础。

运用自我教育法的关键是把握好四个原则：宜粗不宜细、宜大不宜小、宜宏观不宜微观、宜建议不宜命令。自我教育法虽然主要是发挥学生的作用，但并不是放任不管，应处理好管与放的关系，对于事关方向、事关大局、事关前途、事关健康生命的事要管住、管好。对于多数细枝末节的小问题应尽量交由学生自己完成。但在沟通方式上多数应该是建议协商，而不是生硬的命令。

学生社团、班集体是学生自己的组织，是学生之家，它通过所承办的各级各类的活动，担负着对学生的管理、教育和锻炼提高的重任。它与学生联系最多、接触最广、关系最密切、影响也最大，社团风气、班级风气直接影响到学校风气。因此，建设民主公正的社团、班集体组织，形成既有竞争又有协作的合作理念，不断开拓创新的办事作风，汇成一股强大的凝聚力，把学生团结起来，激励学生不断进步。然而，校园不是世外桃源，当今社会的腐败之风不可避免地要渗透到校园中来，因此对学生社团、班集体建设不能听之任之，要有必要的监督和引导，以保证其健康发展，使学生通过自我教育心理不断成熟，能力不断提高，思想不断进步。

6. 榜样示范法——引导学生的向善力

榜样是什么？榜样是一个灯塔，可以指引方向；榜样是一面旗帜，可以鼓舞士气；榜样是一个希望，可以给人以力量。在《旧唐书·魏徵传》中，有"夫以铜为镜，可以正衣冠；以古为镜，可以知兴替；以人为镜，可以明得失"的感悟。

榜样示范法就是通过树立典范，引导鼓励大学生去学习和效仿，激发大学生内在的向善力，促进其核心价值观的形成。

榜样示范法的运用，需要注意三个方面。

首先，把历史楷模和当代楷模相结合。我国历史悠久，历朝历代英才辈出，正是这些模范人物顺应了时代潮流，引导了社会的发展。所以，学习历史就是要学习先辈楷模顺应时代发展，跳出自我藩篱，以天下为己任的胸襟与抱负。当然，学习过程中应该明白任何历史人物都会有其时代局限性，作为当代大学生最主要的还是应顺应时代发展，以当代楷模为榜样。

其次，把社会楷模和身边楷模相结合。近年来，我国社会非常重视模范人物的树立，一年一度的感动中国十大人物、全国道德模范等社会影响力非常大的模范人物评选活动评出了一大批英雄模范，这对于引导高校的思想道德建设、对于大学生核心价值观的形成起了积极推动作用。但是，这些模范人物毕竟与大学生的现实生活还有一定距离，而身边的楷模对他们的影响会更直接、更大，因此，学校应在学习社会楷模的同时，还要注意发现和树立大学生身边的楷模，尤其是平凡之中显现出伟大的模范人物，使学生更有现实感，更有学习的可行性。

最后，把荣誉奖励和物质奖励相结合。榜样是一种引导、一种激励，但是不同的人看重的东西不一样。当然多数人看重的是无上的荣誉，而有些人看重的是荣誉带来的实惠。为了对所有的人都能有影响作用，让更多的人去学习效仿，就应该把荣誉和物质结合起来，这与我们今天社会主义市场经济的社会体制也是相符合的。

7. 环境塑造法——培养学生的践行力

荀子在《劝学》中有"君子居必择乡，游必就士，所以防邪辟而近中正也"的劝告，孟母也曾为了培养孟子而三易居处，这是因为古人早就注意到了成长环境对孩子的重要影响。人生活在社会环境中，人与环境相互影响，人可以影响和改造环境，但环境也可以影响和改造个人。

校园环境在大学生成长过程中不仅可以"增智"，而且可以"育情"。大学生的校园成长环境包括两个方面：一是以物为媒介的环境，二是以人为媒介的环境。在校园物质环境建设方面，如果能把社会主义核心价值观思想通过书、画、雕塑、影像等艺术形式，动静结合，渗透到校园的各个角落，使学生目之所及、耳之所闻，就一定能使学生在耳濡目染中受到社会主义核心价值观思想的熏陶，在不知不觉中增智育情。而以人为媒介的环境建设，就需要以社会主义核心价值观为导向，以服务育人为宗旨，对高校各部门教职员工，对高校各社团组织，加强教育引导和组织协调，以营造良好的育人环境。

环境塑造人，在良好的高校育人环境中，大学生在不知不觉中，会把社会主义核心价值观内容铭记在心坎上，并逐渐融化到情感中，继而体现在行动上，真正转化成大学生道德实践的动力。

综上所述，高校社会主义核心价值观培育与践行是一个系统工程，其中每一个环节都是不可或缺的组成部分，其运行的好坏都关系到"铸魂"工程的最终成效。尽管每一个环节、每一个侧面因为培育践行内容和目标的不同而重点采用的方式方法会有所差异，但是，"铸魂"工程的系统性和复杂性要求实事求是地对各种方法加以综合运用，才可能取得最佳的培育效果。

第九章

构建大学生社会主义核心价值观培育与践行的长效机制

我们正处于一个急剧变革的时代。国家的日渐强大并不一定能自然而然地凝聚民族力量，人民收入水平不断提高也不一定必然导致幸福感提升。怎样在物质丰富的基础上让人们的精神世界更加丰富？历史告诉我们，必须以一股积极向上的精神力量和一个温暖和谐的精神家园将最广大人民群众团结在一起，为着共同理想而奋斗，才能实现伟大的中国梦。这种精神力量和精神家园，在当代就是社会主义核心价值观。积极培育和践行社会主义核心价值观，是党的十八大提出的一项战略任务。社会主义核心价值观建设，做的是为国家立心、为民族铸魂的工作，要把培育和弘扬社会主义核心价值观作为凝魂聚气、强基固本的基础工程，切实抓紧抓好，不断引向深入。在实践中，要着力构建一套行之有效的运行机制，通过教育、践行、立制、执行、监督、评价等机制的良性运行，推动社会主义核心价值观建设不断取得新成效。

一、构建学习认同机制

大学生思想道德品质的最终成型是大学生思想政治教育的落脚点，有效的观念引导又是大学生思想道德品质养成的必要而且重要的举措。相对而言，外部引导的作用需要借助内部的转化才能够得以发挥。毛泽东曾指出："唯物辩证法认为外因是变化的条件，内因是变化的根据,外因通过内因而起作用"。① 社会主义核心价值观的培养就是要使大学生对社会主义核心价值观做到认同并且内化。其首要任务就是对师生进行理想信念的学习教育,"在思想上形成共识,成为思想的指引、精神的追求、价值的坐标"。②

(一) 建立理论学习机制

"欲求木之长者,必固其根本;欲求流之远者,必浚其泉源。"③加强学习,增强内功就是培元固本。从高校培育和践行社会主义核心价值观的内外转化机制建设中存在的多种不足和弊端而言,大学生并没有在实际行动中表现出学校教育的成果,大学生目前所具备的核心价值观理论基础不强。这在一定程度上是源于对科学理论学习不足,也体现了大学生社会主义核心价值观理论根基不深的问题。这就需要建立理论学习机制。

第一,明确理论教育的主体。思想政治理论课教师是开展教育的第一责任人,也是第一主体,而学生则是接受教育的客体。一方面,主体应该通过正面灌输和思想政治的五门课程衔接式地把核心价值观教育循序渐进地传输给教育客体,使其接纳核心价值观的理念,开始主动学习和自我教育。另一方面,教育主体即所有的教师也要加强学习,汲取知识,注重自己知识结构的全面性,不断内化到自己的内心深处。例如,北华航天工业学院的理论课教师通过到各个学院(系)进行社会主义核心价值观宣讲,以及对学生的课程辅导,从而增强对核心价值观的理解,达到核心价值观"入心、入脑"的效果。

第二,优化社会主义核心价值观理论学习的组织形式。其一,针

---

① 《毛泽东选集》第1卷,人民出版社1991年版,第302页。
② 《中共中央办公厅关于培育和践行社会主义核心价值观的意见》(中办发〔2013〕24号),中华人民共和国中央人民政府网站:http://www.gov.cn/jrzg/2013-12/23/content_2553019.htm。
③ (唐)魏征《谏太宗十思疏》,引用自2014年11月14日习近平在澳大利亚《澳金融评论报》发表署名文章《开创中澳关系更加精彩新篇章》,中共中央党校网站:http://www.ccps.gov.cn/theory/llyl/201411/t20141114_55285.html。

对教师的理论学习培养，由学校的党群部门、宣传部和组织部来负责，这些部门会利用理论学习日、党团活动日等形式组织学习，也会及时对他们进行考核和反馈其学习情况。其二，针对大学生的理论学习，应包括课上和课外两种，课上学习主要是由思政课教师作为实施主体通过课堂进行相关理论教学，在课外学生工作部门通过党团活动、"青马工程"、理论社等形式组织客体对社会主义核心价值观进行实践学习。

第三，建立科学的理论学习评估子系统。主要是针对学生学习的评估反馈，对其理论学习的考核和评估，应采用多元化的方式。在课堂上，思想政治理论教师通过课程考试、课程报告等对学生的学习情况做评分，来反馈学生对于核心价值观的学习是否形成了体系，通过此反馈检验"三进三入"，即"进课堂、进教材、进头脑"情况是否做到了"入耳、入脑、入心"。在课外，学生工作部门作为实施主体对学生也会进行考核，通过对大学生是否全程学习、入党积极性、报告会和演讲会等学习交流情况来反馈其学习现状。通过对这几个方面的分析，可以反映出学生的学习反馈状况，然后实施者不断地去调整优化理论学习机制的各个环节，使学生深刻把握核心价值观的科学内涵和目标要求。

（二）建立思想教育机制

通过对资料的研究，我们认为高校的思想教育包括对大学生进行思想教育、道德教育、政治教育和法制教育等。构建思想教育机制，包括三个方面：第一，教学中的思想教育，高校要科学合理地设置大学期间的教学规划，要把"立德树人"的教育理念贯穿到教育教学全过程，即思想政治理论课教育和人文素质教育，突出对学生的思想教育、政治教育、道德教育和形势教育；第二，校园文化中的思想教育，要在校园文化建设之中融入"道德修养、修身、诚信做人"等方面的理念；第三，日常中的思想教育，要渗透"见贤思齐""三人行必有我师"等理念。三个方面的思想教育最根本的落脚点是对大学生的三观和品行方面的教育。一个学生的成长成才不仅要体现在学习方面，最重要的是要有一个良好的道德素养和精神风貌，这也是高校培养人才的任务，即做到立德为先、育人为本。实施者要对思想教育机制包含的三个方面及时地检查和反馈，比如通过同学和老师对受教育者的思想和行为进行打分和评价，施教者对学生的三观和品行情况了解得越充分，对于思想教育机制的运行状态就会越清晰，及时调整思想教育机制。学生也可以充分沐浴在课堂、校园文化和生活的思想教育氛围之中，使学生在培养最基本的思想素质以外，不断地加深对社会主义核心价值观内涵的理解。

（三）建立价值认同机制

内化教育机制的核心是人的意识，人的意识是行为的指导，人所持有的某一种价值观念必须要依靠自我的转化才能够作用于实践，并通过行动外化表现出来。这一过程的核心要素是认同，即主体对某一价值观念的心理认可、同意与接纳。价值认同指的是"人们对某种或某类价值认可并形成相应的价值观念。有了价值认同，人们之间就有了共同的价值观念"。[①]一旦个体对一种价值观念产生了心理认同，便决定着个体对人生价值规划方向的理念和思维。而从社会共同体角度来说，一旦对某种价值观念形成了认同，便会对集体价值观的形成和发展产生一种整合和凝聚的作用。从我们调查的结果中可以发现，各高校内部对社会主义核心价值观无论是个体认同还是共同体认同，都还有一定的提升空间。所以，要想确保核心价值观培育的长效机制能够最终产出教育成果，就必须要建立并运行价值认同机制。

第一，思想认同机制。思想认同是大学生结合自我价值的基本取向，对社会主流价值引导的认可、接纳与选择，价值观的认同要受到自身固有的思维观念的影响，其不仅是大学生对社会主导价值理念的

---

① 汪信砚：《普世价值·价值认同·价值共识——当前我国价值论研究中三个重要概念辨析》，载《学术研究》2009 年第 11 期。

心理接纳，也是大学生思想认同机制功能发挥的一种体现。第二，情感认同机制。马克思曾经指出"激情、热情是人强烈追求自己的对象的本质力量"。① 情感是一种心理和生理要素，情感具有一定的非理性特点，在主体认同社会主义核心价值观的过程中，情感的作用是非常关键的。应理性把握大学生价值认同情感的基本特点，运用大学生喜闻乐见的形式，注重人文关怀与心理疏导，从大学生现实生活出发，增强与其之间的情感共鸣。拉近与大学生之间的心理距离，只要内容、形式和方法有利于激发认同主体对认同客体的情感认同，就能增强教育效果以达内化的目的。第三，行为认同机制。社会主义核心价值观能够被主体认同，还要考察教育对象是否能够做出与核心价值观要求相契合的行动，体现为一种继心理认同之后的"行为认同"。行为认同即自觉地以社会主义核心价值观的规范要求自己，并按照所认可的规范行事。行为认同包括人们在社会主义核心价值观教育影响下，认同主体将教育内容由观念型、知识型掌握转化为信仰型、实践型掌握所形成的符合社会有效运行要求的行为习惯。因此，教育、思想认同与行为认同三者的关系是，思想认同是价值认同的第一步，升华后会达到情感认同，只有完成了这两者的认同，主体才会出现行为认同，反过来，主体达到了行为认同就验证了思想认同和情感认同已经实现。最终，这三者的完成就构建出了价值认同，三者各自建立的认同机制也就促成了价值认同机制的形成。针对调查中所体现的大学生对社会主义核心价值观存在知行不一、外显不足的问题，应及时启动并促进认同机制的运转，推动大学生的知行转化，有效呼应内外转化机制的功能作用，促进行为认同机制的运转。

（四）建立研究宣传机制

核心价值观是个"理念问题"，重在普及和持续不断地宣传教育。

---

① 马克思：《1844年经济学哲学手稿》，中央编译局译，人民出版社2000年版，第107页。

"国无常俗，教则移风。"社会主义核心价值观作为一种全新的理念，要想让更多的师生熟悉了解和深刻认知，离不开广泛深入的普及宣传和扎实有效的教育引导。只有通过持续不断的思想灌输、潜移默化的熏陶，才能使社会主义核心价值观在师生心中播下种子，进而生根、开花、结果。第一，健全理论研究机制。高校党委作为实施主体要充分依托高校在理论研究方面的自身优势，教育组织者、实施者与管理者不仅自身要加强相关的理论研究，还要鼓励和带动部分学生加强对社会主义核心价值观的科学内涵、时代特征、价值意蕴以及践行策略方面的深入研究，不断夯实高校培育和践行社会主义核心价值观的理论基础，为长效机制的构建创造条件。在实践中不断践行理论研究成果，与时俱进，不断完善理论研究机制。第二，优化教育宣传机制。高校应树立大宣传观，把社会主义核心价值观作为宣传的重点，实施主体分为两支队伍，第一支队伍由学校层面、宣传部门层面、学生工作部门层面、辅导员层面作为实施主体；第二支队伍由各个院系的宣传员，包括网络宣传员和学生中的精英构成。两支队伍采取线上、线下协同工作的办法，加强教育宣传，通过有效的教育和宣传实践，帮助大学生更好地认识和理解社会主义核心价值观的内涵层次、历史背景和文化底蕴。使大学生能够在当前复杂的社会环境中始终坚持正确的价值取向，积极维护我国社会的主流价值观念，不断强化制度自信与文化自信。其中，教育者要看重教育和宣传方式的科学性，讲究一定的方法和宣传的艺术，加强科学调查，不断选拔和培育宣传典型，所选的榜样和典型在自觉践行社会主义核心价值观层面要表现出众，榜样的综合形象要感染力强，具有亲和力，要广受好评、在高校师生中认可度高等条件。第三，丰富网络传播机制。实施主体要高度重视对网络平台的利用，主动通过校园网络、官方微博、微信（公众号）等信息沟通和交流平台，不断增强对社会主义核心价值观的专题传播，进一步丰富网络传播机制。通过一定的媒介进行网络传播，如可以采用微视频、微电影、创意海报征集等形式，对社会主义核心价值观采取人性化、故事化、艺术化、直观化的表达和呈现。从身边的好人好事中选择素材，不断强化教育宣传的凝聚力与吸引力，更好地提升宣传的最终效果。高校可以经常以院系为单位组织类似的比赛、征文等活动，加强对赛事进程和相关活动的新媒体跟踪宣传，持续扩大相关教育工作在大学生群体中的热度和号召力。第四，话语转化机制。习近平指出："要使核心价值观的影响像空气一样无所不在、无时不有。"① 而话语转化机制是实现这一效果的重点，话语转化机制的构建要求实施主体应化单纯说教为真情感召、化简单灌输为生动灌输、化封闭讲授为开放实践、化单向告知为双向互动。实施主体也应将思想政治教育话语与网络话语、时代话语、经典话语相结合，只有把社会主义核心价值观转化为高校师生最熟悉、最亲近的话语，才能够获得更广泛的价值认同，争取大学生的认可，促进全体大学生自觉内化。

二、构建行为养成机制

（一）建立社会实践机制

在当前的高校教育中，大学生获取知识的来源主要是封闭的课堂教育。虽然课堂教育具有一定的系统性，但课堂教育的理论传达往往存在间接性，大学生接收和消化理论需要一定的转化时间，因而大学生掌握的科学理论并不能及时在个人的生活实践中体现出来。而大学生可以在丰富的社会实践活动中不断寻找理论与现实生活的契合点，深刻理解核心价值观内涵，真正做到有所实践有所认识，从而巩固所学的理论知识。第一，把社会主义核心价值观培育融入大学生创新创业机制中。老师要把社会主义核心价值观培育与大学生的一切社会实践行为和接受锻炼的活动结合起来，例如大学生创业、暑期实习、社团活动、志愿服务、山区支教以及勤工俭学、慰问军烈属、关爱留守儿童等，进一步促进大学生的社会化过渡。第二，大力发展实践育人的协同创新机制。充分调动企业、政府、社会组织、院校等多元主体

---

① 《习近平谈治国理政》，外文出版社2014年版，第165页。

的积极能动性，形成目标一致、资源共享、机制协调的协同教育实践机制，使多种教育资源得到整合和充分的利用。高校可以联合社会公益组织和团体的力量，鼓励广大师生积极参与社会化服务，大胆创新创业，勇于到国家更需要的落后地区努力创造、服务社会。高校要用开放的心态面向社会领域，联合公益组织机构、慈善基金会等，为大学生的社会实践创造机会。同时应不断提升社会实践机制的整体运行水平。

（二）建立志愿服务机制

社会主义核心价值观蕴含着凝聚全社会向上向善、和谐进步的思想共识和推动力，为整个国家和人民群众提供了重要的价值遵循。而志愿服务是志愿者自愿参加，其所凝结的奉献、友爱、互助、进步的志愿服务精神，彰显了个人对生命价值的理性审视和积极实践，在精神层面与社会主义核心价值观具有内在统一性。

志愿服务能够得以不断开展的重要保障因素是制度，这是一种必然的要求，完备的制度管理机制是促使志愿服务有序开展的核心要素。志愿服务机制的建立应努力探索和创新当前更适应于当代大学生多样性需求的灵活、动态的志愿服务项目，快速建立相配套的教育培训、思想引导、激励保障等相关机制，为高校志愿服务实践的发展创造良好的条件。

第一，在高校志愿服务招募机制方面，高校应及时构建志愿者报名、准入等相关机制，使志愿服务者的吸纳更加严格，确保志愿者队伍管理的系统化与规范化。要尽可能地拓宽志愿者的招募渠道，有效满足高校志愿者的知情权，使志愿参与公益服务的高校师生可以借助微博、微信、校园网等多种不同的渠道获得志愿者招募的及时信息。与此同时，要进一步丰富志愿者招募的方式，可尝试运用目标招募与非目标招募相结合的办法。在志愿者报名方面要按照相应的注册程序对报名者提出要求，从而加强对全体志愿者综合情况的把握，有效地进行统一的管理，使志愿者的资源能够进入志愿者资源库。第二，在培训机制方面，应快速建立多样性的教育培训机制。应设计科学合理的年度培训计划，有组织、有计划地开展短期与长期相结合的专业技能、通识教育、媒体素养以及专业性知识等培训。要将社会主义核心价值观的"三个倡导"全面渗透到志愿服务的培训之中，进一步提升志愿者服务的整体水平和质量，使大学生志愿者的实践学习得到社会各界的支持和帮助。高校要将志愿服务纳入高校人才培养的宏观计划中来，并提供必要的人力与物力的基础性保障，使大学生志愿服务队伍得到正规的建设，相应志愿服务培训机制逐步走向正轨。第三，在志愿服务管理机制建设方面，要充分调动和整合社会、高校以及各院系的综合管理力量。高校应把各类型的志愿服务与社会主义核心价值观培育计划全面融合起来，进一步优化人才培养的模式；高校还应该把大学生参与的多项志愿服务与大学生的日常学习和生活联系起来，并与日常管理制度结合起来，充分发挥出院校基层组织管理的灵活性和动态性优势，为大学生志愿服务实践提供良好的管理机制保障。第四，在高校志愿服务评价机制建设方面，评价标准的不完善与评价方法单一，容易导致评价的公正性与合理性受到损害。因此，要通过建立志愿服务的科学评价机制，使志愿服务整体机制不断提升效能。评价标准的制定应综合考虑志愿者自身所能提供的服务能力和水平，对志愿服务的评价应该贯穿于志愿服务的始终，对那些在志愿服务中表现优异的志愿者应启动激励机制，表彰先进，并在新媒体平台中加强公告表扬。第五，在激励机制建设方面，首先在精神激励方面，应看重榜样与典型对大学生的模范教育作用，要对那些能够自觉学习和运用核心价值观理念的大学生进行精神嘉奖。采取校园表彰、新媒体公告等形式，肯定大学生在践行社会主义核心价值观方面的积极作为。在物质激励方面，可将大学生对社会主义核心价值观的践行考评与奖学金挂钩，对那些表现优异的大学生予以物质上的资助。并为这部分大学生提供一定的勤工俭学岗位，激发大学生积极参与志愿服务的热情，并在志愿服务的过程中加强对社会主义核心价值观的践行。第六，在志愿服务保障机制的建设方面，要注意构建志愿服务保障机制包含的多种子系统。实现各个子系统的整合可以为志愿服务的运行提供保障。主要包括资金保障、物质保障、人力保障、教育保障以及集体性商业保险等。各个子系统的协调运行，可以更好地保障大学生参与志愿服务的基本权益。为此，高校应进一步拓宽资金筹措渠道，加强对志愿服务机制建设的资金投入，建立相关管理和指导的人才队伍，提供志愿服务活动所需要的多种物品，从而有效地保障高校各种志愿服务的长期开展。

（三）建立约束规范机制

要注意用制度的刚性约束力来推动社会主义核心价值观的培育和践行工作。制度的最大特点是刚性，带有一定的强制性色彩。制度是对人的行为的一种明文约束。通过约束规范机制的建立，可以保证高校在培育和践行社会主义核心价值观的过程中各项目标有计划地逐步完成，并依托制度的导向，使教育主题得到实现。

一是落实到学校的各个章程和详细的制度中。高校应主动将培育和践行社会主义核心价值观的内容和要求在章程中载明。不断改良和细化高校的各项制度规定，特别是高校的学生管理、教师管理以及行为准则等具体规定，要全面融入社会主义核心价值观的内容，不断规范高校统一的文明礼仪和行为制度，使高校师生能够自觉地遵循社会主义核心价值观的要求。二是要做好顶层设计，将"三个倡导"渗透到规章制度设计，包括高校的整体发展规划、育人政策、社会实践制度、创先争优、教师考核及晋升等，都应以社会主义核心价值观为准绳。三是要与师德师风建设统一起来。高校要长期开展师德师风建设活动，加强"两学一做""不忘初心、牢记使命"学习实践，组织开展师德师风大讨论活动，使社会主义核心价值观能够贯穿到教师的入职教育、终身教育和日常管理之中，激励教师能够重内省、重慎独，不断提高自己的师德修养。四是落实到学生管理与教育制度中。高校在制定学生管理与教育制度时，应在教育部关于高校管理的相关规定的基础上，结合本校的办学特点和基础条件，在大学学生管理的相关制度细则中，比如违规违纪的处理办法、学分制条例、素质测评以及学位授予规定等方面，体现培育和践行核心价值观的要求，涵盖核心价值观的内容。不断通过制度的力量来增强大学生对核心价值观的认知和自觉践行意识。

三、构建典型示范机制

（一）典型选拔机制

高校要确立教育典型的遴选标准，所选的典型应具备社会示范引领价值和宣传教育价值，满足核心价值观的内涵要求。具体的标准包括：第一，要重视选择那些具有影响力和代表性的优秀人物或先进团体。例如，曾获得过大学生志愿服务西部计划评选的"优秀志愿者"等，这些优秀的大学生志愿者用自己的行动践行着社会主义核心价值观的"三个倡导"，实现了个人价值与社会价值、民族价值的统一，这些具有代表性的优秀典型是高校要重点考察和宣传的对象。第二，要在本校的大学生群体和教师队伍中挖掘"身边的典型"，要关注和选择那些学习和生活在高校内部、高校师生认可度高、具有亲近感的身边典型，激发受教育者的心理认同进而接纳他们。发生在我们周围的大学生先进典型都是大家亲耳所闻、亲眼所见的鲜活实例，对周围大学生所起的示范带头作用更具感召力和亲和力。为了更好地顺应大学生的主体意识，高校可以突破"关门自评"的框架，让大学生亲自参与民主推选先进事例，通过班级投票，或者利用微博、微信、校园论坛等新媒体互动，广泛地多渠道地征集候选人信息，推荐选举自己认同的榜样人物和事例，这样既尊重了民意，又夸大了宣传，提升了榜样的公信度，增强了大家的认同感，一举两得。第三，要选择那些拥有较好群众基础的典型，群众的广泛认可充分地表明了该人物的优秀品质，此类典型可以迅速形成榜样示范的效应，凭借其自身的凝聚力和感召力，促进核心价值观的教育发展。榜样的选取应注重多样性，先进典型的树立要从大学生的不同角度出发，评价角度要涉及大学生的方方面面，不应只注重学习成绩的高低而忽视了人文精神的关怀；不应只把目光局限在学生干部、学生党员中，而要细微观察到每一个学生身上，发现他们身上的闪光点和优秀品格并加以宣传和奖励。

（二）典型示范机制

引导受教育者积极学习和宣传典型，发挥典型的示范带动作用。通过不断地深挖、宣传以及教育和学习，使典型的榜样示范力量得到充分的显现，使思想宣传工作的"传帮带"优势更好地发挥出来，更好地调动起高校师生争相学习榜样、向榜样模范人物看齐的热情。自觉将榜样人物所奉行的社会主义核心价值观内化为自己的成长需求。近年的网络红人——复旦大学讲授思政课的陈果老师，就是比较典型的模范人物。高校要注重加强师德师风建设，发挥教师的模范带头作用。"学高为师，身正为范。"思想政治教育工作者要注重言传身教，所谓"言传"即思想政治理论教师在课堂上阐释、解读社会主义核心价值观的理论内涵，做好理论传授、讲解的工作。所谓"身教"即高校教师要在中国特色社会主义理想信念、社会主义核心价值观的确立和践行方面，在思想政治、道德品质、学识作风上，全面地以身作则，自觉率先垂范。另外，广大的教育工作者应时刻铭记树人立德、教书育人的责任感和使命感，爱岗敬业，尽职尽责，为人师表。正如俗语所说："正人先正己，其身正，不令而行；其身不正，虽令不行。"高校教师只有坚持言传与身教相结合，用自己的实际行动去潜移默化地影响学生、教导学生，不但要激发学生强烈的求知欲和学习热情，更要像一面镜子那样，让学生时时刻刻对照自己的言行举止，使其精神境界得以升华和净化。

（三）表彰和宣传机制

高校要让师生充分了解到真正的榜样和典型并不是高不可攀的，他可能是自己的同学、老师，一切具有代表性的典型都值得尊敬和学习。使高校师生了解到榜样并不遥远，榜样就在身边。为此，高校要重点宣传和表扬那些师生认可度较高，能够在平凡的岗位中承担起社会责任的优秀人物，将这部分典型塑造成为高校培育和践行社会主义核心价值观的示范人物。不断地优化和创新学习和宣传的方式方法，关心关爱榜样示范典型的需求，形成德者有得、好人好报的鲜明价值观导向。通过对典型的选拔机制、示范机制即表彰和宣传机制的构建，建立出典型引领机制，为保障典型引领机制能够有效地发挥出应有的作用，一是应根据教育对象的基本认知特点，增强教育的针对性，以适应不同学生群体认知特点的需求，还要结合教育对象的差异性进行分层次的典型选择和教育。获得河北省优秀教师的北华航天工业学院思政课教师刘霞，以行动感染学生，以学识感召学生，以敬业精神感动学生，比较适合树立为典型示范人物。二是要集中针对重点环节实施隐性教育。隐性教育有着显性教育所难以达到的功效，教育者要尽可能地通过隐性教育来增强大学生对典型人物的心理认同，引导大学生产生情感共鸣。应科学设计榜样示范教育的实施方案，从大学生的真实生活中寻找典型，大力加强典型的宣传和褒扬，使大学生从自己身边的优秀人物的言行中获得启示。用更贴近大学生生活实际的方法，增强典型教育的实效性。三是进一步加强实践层面的教育，促进大学生养成良好的实践行为。通过反复、多次的实践引导，使大学生更进一步地加强理论吸收和消化，并真正让理论变成实际的行动，达到知行统一。

（四）网络互动机制

高校要注意利用好网络媒体，强化社会主义核心价值观教育的效果。当代大学生从小学到大学基本上一直都在接受着显性的意识形态宣传教育，难免会产生厌倦感和距离感，对类似的教育方式所传递的教育信息会设置接受屏障刻意回避。在社会主义核心价值观宣传中恰当使用好网络新媒体可以较好地化解这种问题。首先，有关部门可以在网上建立马克思主义理论宣传阵地，例如建立相关微信公众号，打造高效能的思政品牌微博、主题网站、管控论坛，开发宣传核心价值观的相关手机 APP 客户端等途径，将社会主义核心价值观的相关内容和有关的先进个人事迹等及时传递给大学生；其次，高校要突破组织屏障，建立直接高效的沟通渠道。各级教职员工可以通过博客、微博、QQ 交流、微信推送、论坛交流、社区讨论、邮件回复等方式，与广大学生进行课外交流，打破了课堂教育时间和空间上的局限，让大学生能合理安排自主时间进行核心价值观的学习。最后，高校应注重把握隐性宣传的技巧。要言之有物，"微言大义"。高校在进行社会主义核心价值观宣传教育的时候，需注意跳出宏大的官方叙事体系，借助大学生熟悉的文明的网络流行语言、文体和表达方式，创作出让大学生有兴趣主动浏览、乐于分享的主流评论员文章，以提升文章的亲切感，使教育内容更具形象性和生命力。当然，社会主义核心价值观的专题网站发布的主流信息不仅要有正确的价值导向，更要形式活泼，词汇语句更具时代感。网页内容安排方面，既要有严肃的理论性文章，也应有文笔轻松活泼的随笔、小品文之类的教育素材，使宣传资源不再让学生觉得官方、死板、空洞。这种柔性的、隐蔽的宣传模式对于宣传核心价值观起到不可忽视的潜移默化的推动作用，使培育工作的效果得到切实的提高。

四、构建环境熏陶机制

环境对人的品德的形成起着决定性的影响。大学生价值观的构建和塑造，需要健康环境的熏陶、感染和同化。党的十七届六中全会强调"要把社会主义核心价值观融入国民教育、精神文明建设和党的建设全过程"。[1] 高校要坚持构建有利于社会主义核心价值观融入的环境建设机制。

---

[1] 《中共中央关于深化文化体制改革推动社会主义文化大发展大繁荣若干重大问题的决定》，《人民日报》2011 年 10 月 26 日第 1 版。

（一）构建教学体系环境机制

社会主义核心价值观是我们党带领全国各族人民开拓前进的精神旗帜。高等学校担负着培养复合型实用人才的重要责任，因此，高校要自觉承担起这一责任，积极构建利于社会主义核心价值观融入的教学体系环境机制，将社会主义核心价值观与高校的整体教育教学工作结合起来。

第一，教学体系环境包括五个方面：一是构建能融入社会主义核心价值观内容的多层次教学体系；二是构建能融入社会主义核心价值观的思想政治教育课和哲学社会科学课程体系，三是构建能融入社会主义核心价值观的专业课程体系。教学体系环境机制的运转应突出专业课教育的补充和辅助作用，为此，应在各个院系的不同专业课中开展社会主义核心价值观教育，充分进行课程设计，在专业课教育的过程中，围绕专业课的基本性质和行业特征，积极开展职业道德教育和诚信教育；四是要构建能融入社会主义核心价值观的实践育人课程体系；五是构建能融入社会主义核心价值观的创业就业课程体系。

第二，构建社会主义核心价值观融入教学体系环境机制。综合考虑高校所指定的核心价值观教育的各个阶段性的目标，加强教育内容、环节的设计，使核心价值观融入教学理念以及师资队伍建设等多个方面，形成完整、立体的教学体系环境机制。首先，高校需要在理论研究方面下大功夫，对核心价值观的理论加强梳理和研究，立足于本学科的教育特点，思考社会主义核心价值观培育的有效路径，做好教学衔接，并可以在各个环节中充分体现出社会主义核心价值观的"三个倡导"。其次，应重视课外教学体系的建设，即将社会主义核心价值观与高校的校外教育、社会实践活动、教育实习基地建设结合起来，加强与大学生实习单位等社会实践机会提供者的联系，始终保持在人才培养过程中包含社会主义核心价值观的内容。

第三，拓宽环境建设路径。首先，围绕课堂这一主要路径提升融入的水平。主要包括思想政治理论课与专业课两种渠道。应将社会主义核心价值观与教材、教学以及不同学科的课堂实践糅合起来，发挥理论课系统性教育优势。例如，在《中国近代史纲要》的教育过程中，应结合历史因素强化大学生对社会主义核心价值观"富强、民主、文明、和谐"的理解，而在《思想道德修养和法律基础》教学中，则应针对大学生开展道德意识、诚信意识、法治意识的培育。其次，课外实践活动要丰富多彩，精心打造第二课堂。第二课堂是思想政治理论课课堂教育的课下延伸，具有一定的灵活性、实践性与趣味性。为此，高校对社会主义核心价值观培育的第二课堂活动应精心设计，一方面要充分发挥校内学习型社团的作用，积极组织开展社团讨论，同时还应结合优秀传统文化的教育实践延伸社会主义核心价值观的课堂空间。除此之外，应建构多元化、形式新颖、内容丰富、灵活机动的实践教学机制。经常性组织大学生开展学习生活大讨论，集中针对政策制度、法律法规、道德文化、传统文化等进行话题设置，同时鼓励大学生勇敢地踏进社会，将自己所学习到的知识应用到社会服务中去。例如，北华航天工业学院艺术专业类大学生，积极参与新农村建设的志愿服务活动，学校也要为学生创造相关机会，将学生输送到农村基层参与基层实践，使大学生发挥出作用。再如对于有艺术表演能力的大学生，高校则应尽量组织他们走进福利院、养老院去关心弱势群体，走进村镇、大山深处，为留守儿童、空巢老人展现艺术才华，用表演为这部分人群送去欢声笑语。让大学生深入基础社会，接触身边最平凡的人群，到基层的环境中去感受人间的冷暖，增强大学生对社会、对世界、对家庭、对自我的认识，使大学生认识到作为一名时代青年应该做什么，努力的方向是什么，所要坚持的价值理念是什么，从而鞭策大学生按照核心价值观的要求去生活和实践。此外，创新融入的方式。应建立健全宣传思想工作的微博自媒体与微信公众账号，集中精力关注大学生在新媒体平台中活跃度较高的区域，如微信、微博、天涯社区、知乎等，把相关教育专题内容渗透到校园官方账号中，开放评论区。应从高校的思想政治教育工作者中重点选拔那些具有一定新媒体素养，并且具有较高的思想政治素养和高水平的学术能力的教师,加入教育专题的设计和实施队伍,制作理论水平高、贴近大学生生活语言,与社会实事内容关联度密切,适合大学生年龄和认知特点的教育专题。使相关教育专题能够在一段时间内在大学生群体中保持一定的热度。

(二)构建校园文化环境机制

第一,构建利于社会主义核心价值观融入的校园精神文化环境。首先,坚持高校的各项文化建设都要以社会主义核心价值观为思想坐标,使校园精神文化建设始终不离开"三个倡导"的要求。从高校的校史和传承出发,找寻借助校史开展核心价值观培育的切入点,使以核心价值观为基础的校园精神文化在大学生的寝室、食堂、图书馆、运动场所、实验室体现出来。其次,通过不同的渠道围绕社会主义核心价值观加强宣传,例如汇报演出、朗读大赛、才艺比赛等,形成社会主义核心价值观的校园主流话语权,积极弘扬社会正义。最后,从大学文化中提取精神文化培育的素材。我国许多高校都有着久远的传承,在漫长的发展中,为社会培养了一代代的优秀建设者。大学生文化因此而不断地增强底蕴,为当前高校培育和践行社会主义核心价值观提供精神动力。为此,高校要发挥出优秀校友的激励作用,使那些从高校走出去的并在各行各业中为社会做出卓越贡献的榜样校友,成为精神文化建设的重要宣传对象。

第二,构建利于社会主义核心价值观融入的校园物质文化环境。物质文化作为一种有形的、看得见的文化,对大学生的教育和熏陶将产生直接的作用:校园物质文化的建设应该秉持自然、融合、开放、育人的原则,在融入社会主义核心价值观培育的过程中,应循序渐进、自然亲和,采用蕴含传统文化的亭台楼阁、具有榜样教育意义的人物雕像、校园内历史久远的藏书阁、校友名录等。此外,高校还要设计制订优雅的校园规划,提供功能完备的基础教育设施等,从而使大学生在有形的物质文化中接受无形的教育。

第三,构建利于社会主义核心价值观融入的校园制度文化环境。

在调查中可知，一部分高校的制度文化缺少对核心价值观的思考，在学校的校规、校训以及校纪中体现不明显。针对这一现象，应将社会主义核心价值观的"三个倡导"作为高校纪律制度的基本准则之一，全面融入高校的校规、校纪以及校训等制度建设，使大学生更进一步地接受制度的规约和鞭策，鼓励大学生可以发自内心地去奉行核心价值观的基本行为准则，鼓励大学生加强自我规约。

第四，构建利于社会主义核心价值观融入的校园行为文化环境。大学的行为文化是一所高校综合文化的外化载体。大学生的整体行为文化是处于高校内部全体成员的共同行为取向，包括语言、教学、求学的风格等，是高校成员长期、共同自觉追求的一种行为选择。从微观来看，大学生的行为文化指的就是高校师生日常生活的言行举止，包括在学习和教学中的行为，食堂、宿舍活动等生活化行为，社团活动的实践行为等。高校培育和践行社会主义核心价值观应借助高校的行为文化，引导高校师生的行为始终遵循社会主义核心价值观的要求。为此，应重点选拔那些在行为方面具有示范作用的人物加强宣传，包括教师的科研精神、大学生的刻苦学习、行政人员的默默付出以及党组织成员的为校服务精神等。使这些在行为活动方面可圈可点的榜样成为传递社会主义核心价值观的载体。同时，借助包含社会主义核心价值观的制度来推动行为文化的发展，在包括图书馆、教学楼、食堂、实验室等不同的行为场所对师生的行为提出详细的要求，例如在图书馆应爱惜图书、尊重知识，在寝室中应团结友爱、干净整洁，在实验室行为中要严谨求实、一丝不苟、勤劳敬业等。从而在高校内部形成以社会主义核心价值观为鲜明特征的大学行为文化。

（三）构建传统文化环境机制

优秀传统文化凝结了几千年来我国人民群众的智慧和价值思想，社会主义核心价值观中便流淌着中华民族传统文化的基因。社会主义核心价值观的24字要求与我国传统文化中对国家治理以及对人的要求具有共通之处，当前高校培育和践行社会主义核心价值观应不断地从中华民族优秀传统文化中汲取资源和养料，建立融入传统文化的机制。

　　首先，可以在高校的教学课程体系中增加"国学课堂"的内容，让承载着优秀传统文化的国学文化走进大学教育课程体系之中，使大学生通过"国学课堂"学习优秀传统文化知识，感受优秀传统文化中国家治理、社会道德、自我修养方面的内容与社会主义核心价值观的共鸣。"国学课堂"应成为大学生的必修内容，参与学分的累积和期末测试，以使国学教育得到规范。其次，高校可以经常性组织开展优秀传统文化研讨活动，调动高校师生参与优秀传统文化传承与研究的热情，积极推进专项研究，从传统文化的"儒""释""道"中提炼精华，从千百年来历朝历代的文化精华中寻找素材，使中华民族优秀传统文化中所包含的天人合一、仁义道德、诚实守信转换为社会主义核心价值观所倡导的优秀品质从而借助大学而得到弘扬。最后，应经常组织开展传统文化活动，例如"经典诵读""书香班级"评选等。高校要鼓励和支持大学生积极创办和参加优秀传统文化学生社团，并予以必要的经济层面的帮助，引导大学生主动地加强活动设计，社团活动形式可包括文学研究、国画诗词、传统服饰研究等，使大学生从中华民族优秀传统文化中不断获得启示。

（四）构建日常生活环境机制

　　社会主义核心价值观源于日常生活，为此，高校要想收获教育成效，应快速建立融入日常生活的机制。习近平曾强调："一种价值观要真正发挥作用，必须融入社会生活，让人们在实践中感知它、领悟它。要注意把我们所提倡的与人们日常生活紧密联系起来。"[①] 价值观的形成需要一个长期的过程，可以尝试把社会主义核心价值观渗透到大学生课后的寝室生活和娱乐中，使大学生不仅能够在课堂中学习到社会主义核心价值观的内容，同时还可以在宿舍文化中一边学、一边实践，对自己提出更高的生活化要求。高校应组织开展文明寝室评比

---

① 《习近平谈治国理政》，外文出版社2014年版，第165页。

活动，通过民意测评选出践行社会主义核心价值观的文明标兵，将寝室生活开办得有声有色。

（五）构建组织保障环境机制

机制建设具有根本性、全局性、稳定性和长期性等特征。有了机制保障，弹性的要求才能有刚性的约束，分散的力量才能有牢固的纽带来聚合。大学生社会主义核心价值观培育工作任重道远，是一项长期性、系统性、复杂性工程，切不可流于"一阵风"，或毕其功于一役，更不能搞形式主义，走过场，要以"踏石留印、抓铁有痕"的决心开展工作，需要我们着力探索有效路径、创新方式方法、构建组织保障环境机制。

第一，明确工作分工，建立健全组织领导责任机制。一是要建立和健全党委统一领导，党政团体齐抓共管，相关部门各负其责，全体教职工全员育人、全程育人的工作机制。在各级党组织的领导下，制定教育过程的总体规划，在总体规划的指导和引领下对各项培育措施加以细化，把总的培育目标和具体决策分解落实到培育工作的各体系内的机构和人员身上，使各部门和人员自觉承担起工作任务，力求工作井然有序，教育目标达到实效。二是要依据制定的工作程序，建立合理、有效、规范的运行制度，以保证培育工作运行的高效率。目前，高校的相关组织领导工作没有发挥应有的作用：党委宣传部门和学生工作部门的工作重心都只是流于表面，偏离了主题方向。这就需要广大高校在核心价值观培育的运作制度上应健全党团组织，层次分明，形成党委—党总支—党支部、团委—团总支—团支部合理的管理链，形成领导有力、组织健全、制度规范、贯彻有效的良好局面。三是要注重发挥高校学生会、社团等大学生自发管理组织的作用，把社会主义核心价值观需要认知、践行的内容融入日常开展的活动中，融入组织管理和建设中，用核心价值观所倡导的理念加强服务工作和社会实践活动，以学生为本，为广大学生办实事、办好事。第二，做好督查考核，建立综合评价制度。一方面，一套完整的领导干部考核评价机制是选好、用好干部的基础，是推进大学生核心价值观教育的关键，对于形成正确的选人用人导向，加强干部管理、建设富有生机与活力的干部队伍有着十分重要的意义。因此，要坚持"一个中心、三个发展主线"的根本价值取向来制定干部考核评价机制。即必须以大学生社会主义核心价值观教育为中心，把社会主义核心价值观融入思想政治教育中，融入马克思主义理论教育过程中，融入大学生的世界观、人生观、价值观和荣辱观教育中，要进入意识形态教育主阵地，弘扬主旋律，发挥正能量。另一方面，要尽可能地对教育效果、教育过程做出量化、数字化的透明的评价。这种力求公正的评价标准有利于调动主客体的积极性，关系到教育工作的成败。要围绕"德才兼备，以德为先"的用人标准，对干部的工作绩效和品德作风全部进行量化审核。对于难以用效果量化衡量的指标，可以选择管理对象中共同的指标，通过对象之间的比较，排出名次或者划分等级进行量化评比。要坚持多层次、立体式的考核评价制度，针对不同层级的人员制定相应的考核标准，力求做到客观、合理，为培育工作提供坚实的保障环境基础。

五、构建有效反馈机制

（一）建立调节反馈机制

从系统控制角度来看，高校培育和践行社会主义核心价值观长效机制的实现通常运用以下四种控制方式进行系统控制，来实现调节反馈。

第一，多级递阶控制。例如培育和践行社会主义核心价值观的决策与实施通常由校党委、行政最高决策层传递到各职能部门、各学院的中间决策层，再由各职能部门、各学院传递到各学年、班级等较低决策层，最后由各年级、班级传递到每个学生中去，从系统控制角度实现了多级递阶式的控制。第二，多层递阶控制。高校培育和践行社会主义核心价值观长效机制这个大的复杂系统可划分为多个层次的子系统。例如，较高层次系统的任务和功能比较复杂，它的任务包括顶层设计、出台方案、布置检查、评比总结、奖惩激励等，要对长期、复杂、不确定性的变化做出反应与控制；较低层次系统的任务和功能较为简单具体，例如学院要对各个年级、班级进行具体实施、总结检查、评比反馈等，对小群体的变化做出及时反应、反馈和调整，从系统控制角度实现了多层递阶式的控制。第三，多段递阶控制。从受控过程的角度看，若按照时间顺序把培育和践行社会主义核心价值观的过程划分为若干阶段，再按各段之间的衔接条件进行协调控制，即为多段递阶控制。例如，大一新生侧重适应教育、养成教育以及核心价值观的学习认知教育，大二、大三学生侧重内化教育和融入教育，大四学生侧重专业实践教育和核心价值观的外化实践。四个阶段有各自的培养目标和控制系统，它们之间既有区别又有衔接，最终形成多段递阶式的控制系统。第四，反馈补偿控制。反馈补偿控制通过监测客体的实际运行情况，把客体实际的信息反向传送到主体，与体系目标要求的控制变量进行比较，进行动态调整和补偿，达到控制目标。例如校院领导要通过及时有效的反馈，修正错误、赏罚分明、明确进度、实时调控，不断完善相关制度和机制。在培育和践行社会主义核心价值观的长效机制中，有时可能运用一种控制方式，有时可能四种控制方式交叉叠加使用来发挥系统控制理论的基本优势。

（二）建立主动反馈机制

要实现大学生对社会主义核心价值观培育进行主动反馈，必须尊重他们的主体性。人的主体性是人作为主体的特殊规定性，是人为了达到一定的目的而在实践活动中所蕴含的独特的功能特性，是人们在社会实践活动中体现出来的自主、能动和创造特征。只有把握好大学生的主体性才能进一步促进社会主义核心价值观的内化。

第一，注意满足大学生的合理需求。人的需求引发行为动机，动机决定一个人的行为特征。从大学生的学习和生活实际入手开展教育，更能真正解决大学生的困惑和不解，社会主义核心价值观所蕴含的针对性和感染力才能传递给学生们。相反，凡是高高在上、脱离大学生实际需求的教育措施和方针，都会因其不接"地气"而失效，也就不可能达到大学生主动接受和内化的目的。而核心价值观反过来又可以指引大学生不断调整自身的需求体系，深化认同水平。所以一定不能忽视大学生的实际情况，要采取多种措施去满足他们的合理需求，否则大学生内化社会主义核心价值观就缺少动力。且人"一旦满足了某一范围的需要，又会游离出、创造出新的需要"。[①] 这要求高校及教师特别是与学生交往密切的辅导员和班主任要用发展的眼光看待大学生的合理需求，针对不同年级的大学生在接受知识、提高修养水平、加强人际交往能力、塑造高尚品格、增强就业技能等方面的不同需求，开展一对一的学业、人际帮扶小组等活动，有效引导、改善大学生的缺陷，提升能力水平和道德境界。

第二，注意尊重大学生的选择权利。大学生具有较强自主性，懂得自身作为独立个体是具备选择能力和需求的，在促进他们内化核心价值观时要从理念上给予他们一定的自主选择权利，要尊重大学生在受教育中所具有的权益。这不仅不会阻碍他们体验和建构价值观，而且对促进大学生自觉内化核心价值观来说也是有益的。作为能够自主选择的个体，大学生会将外界对他们提出的要求与自身的认识和需求加以对比并进行判断、择取。因而在内容选择上，应立足于大学生的实际，关注他们的生活、学习现实情况和未来发展的需求，不能脱离主导性价值观的地位。在内容安排上，根据大学生实际能力和发展需要，充分考虑他们的选择能力，通过提高价值观教育方式的选择性和有益性来促使大学生选择接受它，加深认同和促进内化。除此之外，还要合理安排价值观的教育方式，让大学生有选择的余地。比如开始思想政治理论课教学之前，先让学生提出对本门课和任课教师的要求和想法，比如教学方法是以研究性学习还是小组分类学习为主等这类问题。教师根据学生的选择设定恰当的教学内容和形式，同时要对学

---

① 《马克思恩格斯全集》第47卷，人民出版社1979年版，第260页。

生提出可行的具体的学习要求,互相监督,扩大大学生在学习方法、教学评价方面的可选择性,把大学生实际存在的价值观念冲突和困惑与价值观教育的目标和内容巧妙结合起来,让他们自主参与解疑,从自己选择的答案和体验中感受到自身精神需要的满足,既尊重大学生的选择权利,也提高了教育的针对性,有助于形成内化合力,从而切实提高社会主义核心价值观的内化实效。

第三,注意调动大学生的主观能动性。调动主观能动性有利于提升大学生的自制力和学习动机。内外因是相互作用的,且外因无法离开内因单独起作用。所以大学生社会主义核心价值观内化最终只能依靠于他们的主观能动性,只有促进大学生主观能动性的发挥,这样的内化才会是大学生自愿自觉的内化。在实际操作中,应发挥班主任和辅导员的指导作用,引导大学生正确开展自我教育学习,让大学生能够发挥自己的自觉性、目的性和计划性,通过同伴互帮,学会自己教育自己,做好自己的思想工作,端正认识态度,改正思想和行为偏差。一定程度上让学生亲自参与学校的教育教学、行政管理和后勤服务等工作,让他们通过自我认识和体验产生积极进取之心,主动接受先进思想和正确行为的影响,形成良好的思想和行为。

(三) 建立评估检查机制

高校培育和践行社会主义核心价值观的检查评估部门应定期或不定期地对机制的具体运行状态进行检查,以衡量和检测机制的整体有效性,还要对相应的要素性能发挥状况和机制运行的整体发展趋势进行全面评估检查。为提升社会主义核心价值观培育和践行评估工作的有效性和科学性,并预防和减少评估过程中可能出现的主观臆断性和随意性,评估检查机制应坚持以下原则:第一,坚持动态性和开放性相结合的原则。社会主义核心价值观培养工作是内外因素共同作用的系统和运行过程,因而其进程必然充满着变化与发展,运行机制也必然不断发生相应的变化和调整。所以设立评估检查指标时,要把学生工作视为一个动态的、有思想的、有灵活的生命来珍视,学生是一个有机体，并不是被动的，而应是主动的、可变的。一切教育都应重视大学生的这种动态性的特点，结合大学生成长的动态变化，用前瞻性的视角来分析大学生这一可变性较强的群体，采取动态和静态相结合的评估办法，任何修正和调整都要根据学生身心状况的变化和工作的进展状况而展开。第二，坚持系统性和可操作性相结合原则。必须坚持评估机制的系统性与可操作性原则。系统性要求把握培育和践行工作的全局和各个组成部分的内在联系，建立层次分明、要求明确、反映学生工作实质的评估指标体系。第三，坚持多层次、多角度、多主体、多渠道和灵活性原则。一个有效的评估检查体系来自对社会主义核心价值观培养目标的层层分解和对工作过程的分析，因此在评估检查方法和类型上呈现出多样性。就评估类型来说，既包括了上级主管部门对各社会主义核心价值观培养工作的总体性综合评估，以及对高校职能部门和教学院（系）社会主义核心价值观培养工作的指导性、检查性评估，同时也包括院（系）等单位的自我评价和自我反思，大学生也应具备对培养工作和工作者进行评估的权利；整个评估过程既包括对评估对象基本活动结束后的最终结果进行鉴定，还包括对社会主义核心价值观培养工作全过程的各个阶段的经常性检测与督导。

（四）构建舆情引导机制

网络舆情本身并不带有倾向性与感情色彩，但是一些别有用心的境外势力对与社会主义有关的问题所进行否定的、负面的歪曲，使网络舆情偏离正常轨道，形成网络舆情危机，冲击社会主义核心价值观，而作为网络原住民的大学生，则首当其冲。

第一，运用大数据技术对网络舆情进行分析。网络舆情往往在其发展的过程当中，经过发酵或是歪曲事实，形成舆情危机，所以很难进行预警。进入大数据时代，一方面可对网络舆情事件前后进行数据监控，建立"网络舆情量化指标体系"，对于网络舆情事件发生过程中大学生对这一事件的倾向性进行可视化数据呈现，分析出数据背后隐藏的规律性，将某些能够促使舆情演变为危机的因素扼杀在萌芽阶段；另一方面，网络舆情演变为舆情危机主要是信息不够公开，缺乏大学生在内的网民的信任。通过大数据技术，全面地收集某事件的相关数据，运用信息可视化呈现技术，将事情的全过程无保留地展现出来，消除大学生的疑惑，则杜绝了不法分子"浑水摸鱼"的企图。

第二，充分利用新兴网络平台进行价值观网络舆情疏导。微博、微信等已成为大学生主流交流工具和个人展示平台，而这也往往成为不良信息传播的"沃土"，需要从根本上遏制不良信息的传播，并加以正确的网络舆情引导。一方面可根据大学生平时浏览的网页，通过关联性原则和信息索引，分析大学生的信息阅读兴趣，有针对性地将社会主义核心价值观内容进行智能推送；另一方面，要促进社会主义核心价值观内容呈现的多样化。因此要利用大学生喜闻乐见的方式对其进行价值观宣传和教育，要及时根据时代的发展更新价值观内容的表现形式，多通过图片、音频、视频等直观的表达方式以适应大学生的心理反应与现实需求，提升价值观教育内容的吸引力。

第三，建立师生平等互动机制。社会主义核心价值观在培育过程中，要注意大学生的意见表达及政治参与机制建构。当代大学生群体的核心价值观培育，要实行师生平等互动机制。从教育学的施教角度看，施教主体是老师，客体是学生；但从受教育的向度看，主体是学生，客体是教师。根据教育学中的"双向度理论"，引入师生互动机制对提高当代大学生核心价值观培育的效率有着重要意义。

六、构建评价激励机制

大学生践行社会主义核心价值观，是一个规范的实践育人活动，要和其他教育活动一样，着力于做好评估激励工作。评估激励机制建立的目的是通过激发内在动力和给予外在压力最大限度地调动各级各类高校、地方政府相关部门及企事业单位和社会机构参与大学生践行社会主义核心价值观工作的积极性。这一机制包括定期评估机制、正向激励机制和问责建议机制三部分的内容，这三者之间相互联系、相互作用、互相支撑、相辅相成。评估机制，是构建激励机制的前提和基础。正向激励机制是激发各级各类高校、地方政府相关部门及企事业单位和社会机构内在动力的机制，是大学生践行社会主义核心价值观工作评估激励机制的主体，是发挥长效作用的机制。问责建议机制是对正向激励机制的有益补充。

（一）建立科学合理的定期评估机制

由于评估是对参与大学生践行社会主义核心价值观工作的各个相关单位在工作推进过程中是否态度端正、是否尽到了职责、做出了多大努力、成效如何的检查，因此，必然会对各个相关单位起到一种鞭策和督促的作用。同时，这一评估机制也是进一步对参与大学生践行社会主义核心价值观工作的各个相关单位进行有效激励的基础和前提。需要注意的是，科学合理的定期评估机制的建立，一是需要设立科学、合理、客观具有可操作性的社会主义核心价值观实践育人工作评估指标体系，使评估有依据、有凭借，在评估中尤其要注重突出是否有利于大学生主体性、积极性的发挥；二是要建立包括自我评估、协调机构评估、专家评估、师生评估在内的社会主义核心价值观实践育人工作立体化评估体系，以保证评估工作的客观与公正；三是要建立评估结果的反馈与公开制度，既为社会主义核心价值观实践育人工作奖惩提供客观依据，又为相关部门的工作指明了前进方向。

（二）构建三位一体的正向激励机制

大学生践行社会主义核心价值观工作中的激励，就是以相关参与者的客观需要和主观动机为根据，利用一定的激励机制，激发他们的内在需求，调动主动性、积极性，这一机制主要包括政策激励、榜样激励、精神激励。所谓政策激励，就是要对参与大学生践行社会主义核心价值观工作的校内相关部门依据其所提供的人员、基地给予政策扶持和建设经费倾斜，对于相关企业依据其在这一过程中贡献的大小给予政策照顾和税收减免，对于相关事业单位和社会机构则给予适当的经费支持。所谓榜样激励,就是选择在大学生践行社会主义核心价值观工作中事迹感人的单位或个人加以肯定和表扬,树立典型,要求大家学习,从而激发各个相关单位和部门努力做好工作。进行榜样激励,不仅需要教育行政部门通过组织定期评估,大力挖掘先进典型,还需要注重精心培育先进典型。同时,还要充分利用广播电视、报纸杂志、网络等媒介,表扬先进,努力营造良好的工作氛围。所谓精神激励,就是以口头表扬、奖状、荣誉称号等作为对大学生践行社会主义核心价值观工作中表现突出的单位和个人进行内在激励的一种激励方法。精神激励可通过定期评选优秀基地、优秀"导师"、先进个人来实施,达到以评促建的目的,使相关单位及其主要负责人产生成就感、荣誉感,从而激发他们为做好大学生社会主义核心价值观教育工作不断努力。

(三) 形成软硬结合的问题处理机制

当大学生践行社会主义核心价值观工作相关参与各方的行为不符合要求时,应给予批评、教育,以致进行必要的问责,从而来抑制这种行为的发生和发展。这一机制主要包括批评、教育机制和问责建议机制。批评、教育,是一种较为柔和的问题处理手段,可以帮助被批判、教育对象认识并改正错误。问责,是一种较为激烈的问题处理手段,目的在于对虽经多次批评教育仍不思改正且影响极坏的参与单位的负责人,受到一定的惩处,起到防治跟风的作用。问责,既可以通过组织程序给予参与单位负责人警告、记过,也可以向其上级主管单位提出降职、降级以致免除职务的处分建议。

大学生社会主义核心价值观的培育与践行路径既是一个理论问题、机制问题,更是一个实践问题。我们现在知之较多的,需要在实践中检验;知之不多的,需要在实践中完善;完全未知的,则需要在实践中探索。因此,坚持实践第一,勇于探索,善于总结实践经验,这是不断深化和完善大学生社会主义核心价值观培育与践行路径的根本途径和活水源泉。

结　语

大学生社会主义核心价值观的培育与践行是引导大学生的灵魂之旅，是高校对青年学生实施的"铸魂工程"，它渗透于大学生培养计划的全过程，只有做好顶层设计，正确确立大学生社会主义核心价值观培育与践行的目标和原则，实施行之有效的培育与践行方式，构建培育与践行的长效机制，才能完成为实现伟大的民族复兴培养更多合格的接班人与建设者的重任。

后　　记

本书是河北省教育厅人文社会科学重大课题攻关项目"大学生社会主义核心价值观培育与践行路径研究"（项目编号：ZD201431）的最终成果。本书是集体智慧的结晶，郑克卿为项目负责人，刘霞、郑雅维、毕孟琴分别为第一篇、第二篇、第三篇负责人，各章的撰稿人为：朱明贤（第一章）、赵国龙（第二章）、刘霞（第三章）、李鸿雁（第四章）、郑雅维（第五章）、李寿荣（第六章）、吕健（第七章）、毕孟琴（第八章）、孙海军（第九章）。全书由郑克卿、孙海军、刘霞统改定稿。

感谢河北师范大学邢建昌教授、王玉平教授对本课题研究的悉心指导。

感谢北华航天工业学院领导对本课题研究给予的指导和帮助，感谢校科技处领导对本课题研究的大力支持。

由于作者水平所限，书中所述观点难免失当，敬请学界同仁批评指正。

郑克卿

2018年2月10日